❖ 改 訂 新 版 ❖

ファンタジーの つくり方

クリエイターのためのファンタジーの系統図

中村一朗

言視舎

前口上＋改訂新版「はじめに」

ファンタジーの系統図をあなたに

　本書は、さまざまな分野でものづくりに携わる、あるいは携わろうとする人たちのために書かれています。クリエイターにとって必要な洞察力と分析力を研ぎ澄ませるための〝道具〟とお考えください。

　ここでいう「クリエイター」とは、作家やシナリオライターやその予備軍だけをさしているわけではありません。虚構の世界の物語に感動し、泣き、笑い、怒り、あるいは半嵌を覚えたりした記憶のあるあらゆる人を含みます。創造性の原点は感動にあり、その感動を誰かに伝えようと思ったときから、人はクリエイターに変身すると私は思うからです。虚構の物語を味わい、飲み込んで消化し、〝心の血肉〟に変える、そして柔軟に感動を楽しむことができるのがクリエイターなのではないか、と。

　この本では、感動し想像するためのヒントをふんだんに用意しています。

「ファンタジー」という言葉を「想像上の物語」くらいの広い意味でとらえ、近代ファンタジーからSFやホラーに至るまで網羅しました。またメディアのジャンルを問わず、小説から映画やアニメ、TVドラマ、コミックやTVゲームソフトまで、古今東西のさまざま作品を対象にしています。ですが、無秩序に作品タイトルを並べたわけではありません。移り変わりの激しい時代。その節目を反映してきたファンタジーの系統図を作成するために、必要な作品を選択した結果なのです（もちろん、個人的な好みもあります）。

ＰＡＲＴⅠでは、日本のロボットアニメの歴史を切り口にして、機械と心の問題をテーマにした作品について探っていきます。人工知能やアンドロイドの登場するＳＦ映画についても同様に。加えて、一九五〇年代の幻想ＳＦ小説が映像文化に及ぼした影響が、やがていくつかのアットらしい流れを構築していったプロセスについても検証していきます。

ＰＡＲＴⅡでは、西洋の神秘思想（オカルティズム）から生まれたＳＦ小説や近代ファンタジーの流れについて解説していきます。やがて映像文化の洗礼を受けて変わっていったオカルトブームやモダンホラージャンルの有様についても考証し、今日に繋がっているファンタジーブームの源流を訪ねてみたつもりです。

ＰＡＲＴⅢは、ⅠとⅡを踏まえて日本の民俗についての考察。メガヒットアニメ映画『千と千尋の神隠し』を中核に、ファンタジーの描き出す空想の波紋の広がりを追いかけてみました。神話や民話とファンタジーが交差する空間のあり方を追究しています。

右の「前口上」を書いた二〇〇四年から十四年。この間にも数多くの不思議な物語たちが生まれては消えていき、あるいは根差し、増殖したり蘇ったりして、常に現在のサブカルチャーのあり様を改変し続けてきました。紡がれ続けている物語世界は、まさに玉石混交の百花繚乱。それも、万人向けというよりは、十人十色の同人的（マニアックな）内容の方向性が強いようです。一般の認知は低くても一部が絶賛する濃い作品群の波は、確実に広がっています。

一方、巷では出版不況が囁かれ、街中の書店は減少の一途を辿っています。出版社にとってドル箱の鉄板部門だったコミック雑誌の売り上げは激減。書籍の電子化を危惧する声はよく耳にします。十年前からは制作本数が倍増したアニメ作品も、なかなかメガヒットに恵まれずにその多くが苦戦続きです。ゲームもアニメも小説も、このままでは商業的に立ちいかなくなるのではないかと危ぶむ声が各方面で語られてもいます。

ＡＩの進化も止まりません。チェスはもとより将棋や囲碁のトッププロまでが、思考学習するプログラムに敗北。ロボット化していく自動車や家電製品はいつの間にか私たちの生活に浸透してきました。ひと昔前のＳＦは、もうすっかり現実です。

造り手とユーザー、虚構と現実、さらに言えば、機械と人間。かつては鮮明だったこれらの間境が曖昧な灰色になりつつあるのが、現代なのかもしれません。

二〇一七年は、そんなことを考えさせてくれるような出来事やファンタスティックな作品が多くリリースされました。『ブレードランナー２０４９』もこの年の代表でした。

この改訂新版をお送りするきっかけは、この作品にインスパイアーされた結果かもしれません。

『ブレードランナー』に関連する項を大きく手直しし、その続編に対する解釈を加筆しました。無論、他の項目も加筆・修正済みです。シリーズが終了した『ハリーポッター』や、『…２０４９』の監督が手掛けたＳＦ映画『メッセージ』の原作になる『あなたの人生の物語』についても付記しておきました。六度目のＴＶアニメ化となる『ゲゲゲの鬼太郎』は言うに及ばず、『妖怪ウォッチ』や新作の怪獣映画等についてもひとこと触れておくこととしました。

それではそろそろ、本編へ！

中村一朗

PART I ロボット・人工知能の遺伝子

3 サイバーパンク解析講座
八〇年代型カルチャーの行方

PART II 西洋神秘思想の遺伝子

PART III 日本民俗の遺伝子

6 『千と千尋の神隠し』解析による〝応用〟講座

神々と妖怪の世界のつくり方　244

7 神話と民話の遺伝子〝活用〟講座

『遠野物語』から現代日本の妖怪ファンタジーまで　276

PART I
ロボット・人工知能の遺伝子

1 ロボットアニメを決定した三つの〝原型遺伝子〟講座
『鉄腕アトム』『鉄人28号』『エイトマン』

昭和三十八（一九六三）年一月。最初の国産連続TVアニメ『鉄腕アトム』が世に送り出された。続いて同年十月には『鉄人28号』、十一月には『エイトマン』が登場した。

この三つのアニメ作品が、後のロボットアニメの雛型になる三つの系統の原点であると、一応はいうことができる。しかし、物語づくりのヒントを各方面から探ろうとする本書の意図からすれば、それぞれの原作も考慮に入れたい。アニメ化作品が当時の子どもたちの視線に配慮しているのに対し、原作コミックは原作者たちの思いが強く反映されており、メッセージが異なるためだ。

それぞれの作品には、昭和三十年代の風景が色濃く窺える。この時代は、戦争によって古い価値観を失った日本が、それに屈せずに海外の文化をふたたび積極的に取り入れ、新しい価値観を創造しようとしていたエネルギッシュな加工文化の時代だった。

ただし、ここで重要なのはそういった過去の時代性を理解することではなく、それを踏まえながらファンタジーの精神にアプローチし、現代のもの作りに応用しようとするスタンスだ。

1 A 『鉄腕アトム』の分化

『ドラえもん』から『アストロボーイ・鉄腕アトム』まで

▼『鉄腕アトム』誕生

あらゆる漫画家が天才と認めて手本にしている**手塚治虫**の原作コミック**『鉄腕アトム』**から学ぶものは、あまりにも多い。集約すればアトムという無垢な主人公を介して垣間見える幅広いSF的アイデアの煌きと、そこから物語を広げてゆく巧みな手際だ。これらのエピソードを克明に解説すると、それだけで一冊の研究本になってしまうから、少々残念だが、ここでは省略する。関心のある方々は、直接原作を一読していただきたい。

漫画『鉄腕アトム』が初めて世に送り出されたのは、昭和二十六（一九五一）年。手塚治虫は『鉄腕アトム』の原作者としての知名度が高すぎるためにそればかりが取りざたされるが、それは手塚宇宙（ワールド）のごく一部。『鉄腕アトム』は間違いなく代表作だけど、作者には膨大な長短編の作品群があり、あくまでアトムはそのひとつなのだ。

手塚治虫の描き出す無数の世界は、広大であり、繊細だった。そしてその中に一貫して流れているテーマは、あらゆる状況や環境における人間性の徹底した追求だ。柔らかいタッチの漫画描写とは裏腹に、それらの物語は暖かさとともに実社会の生々しい現実を窺わせるおぞましさや空しさに満ちている。

一方、アニメ化された『鉄腕アトム』の場合、その味付けがいささか異なる。当時の子どもたちが受け入れやすいように、最先端ロボットというよりも「心優しい科学の子」としてのイメージが強調された。そして熱血少年ヒロイズムが各エピソードに色濃く盛り込まれた。

すなわちTVアニメ『鉄腕アトム』を象徴する原型遺伝子は、「心優しい科学の子」と「熱血少年ヒロイズム」の二つが主要要素になった。

『鉄腕アトム』がアニメ化されて大ヒットした後年、手塚治虫は漫画の「アトム」シリーズを描きつづけることは苦痛だったと告白している。人気アニメの原作だったから、子ども向けの作品として描かなければならなかったためだ。

十代の頃私も、『鉄腕アトム』以外の手塚漫画を読んで驚かされた。『鉄腕アトム』のイメージで読むものだから仕方がないのだが、『どろろ』にせよ『ブラックジャック』にせよ、少年週刊誌に連載されていたとは思えないほどの凄惨なエピソードが数多くあった。

アニメ化された『鉄腕アトム』のために、手塚治虫は漫画作家としてある程度の制約を受けることなった。それでも、本気の不満ではなかったと思う。手塚治虫は間違いなくアニメ好きだった。いや、アニメ道楽者だった。だから『鉄腕アトム』のアニメ化に際しては、原作者の立場にとどまらずに製作現場の第一線で指揮棒を振るった。

結果、幸か不幸か原作者自らの手で、アニメーションの『鉄腕アトム』は時代の流れを受け止めて、原作漫画とは別のものに作り変えられていった。

▼〝良い子〟のアトム

物語は、原作もアニメも大筋は同じ。

『鉄腕アトム』の舞台は二一世紀初頭。アトムは、交通事故で死んだ息子トビオの代わりに科学省長官の天馬博士が作ったロボットだった。だが、成長しないロボットのトビオに激怒して、天馬博士は彼をロボットサーカスに売ってしまう。やがて天馬博士の後任になったお茶の水博士がそれを知ってトビオを引き取り、「アトム」と名づけて深い愛情を注いだ。アトムのロボットの家族も、お茶の水博士の手で作られた。

アトムは正義のロボットだ。人工の感情と暗い過去を持ちながらも、自らの存在を疑問視するような悩みは抱かない。善良な人間たちの平和を守るために活躍する。悪いやつは人間であろうと宇宙人であろうとやっつける勧善懲悪の申し子。それでも原作コミックでは、残酷な人間の仕打ちに反乱をおこしたロボットたちに同情するようなシーンがあったりするし、ロボット同士の連帯感も巧みに描かれている。

このアトムの単純なキャラクターを介して、手塚治虫はさまざまなSF的アイデアの実験場を構築していった。シリーズ化された物語の場合、成長しないキャラクターや完成された性格の主人公がこのように使いまわされることはよくある。体が成長しないアトムは天馬博士に嫌悪されたが、それは身も心も成長はしないため。ただ、記憶が蓄積していくだけだ。極論すれば、『鉄腕アトム』という漫画においてアトムは主人公であっても重要なキャラクターではない。没個性的なアトムの心は、登場人物たちの善意や悪意を映し出す機械仕掛けの鏡のような存在なのだ。だからアトムの周囲で起きる大事件こそが、物語の中心になる。

一方、アニメ化されたアトムは、同じキャラクターながら求められる主役性はまるで異なる。国産初の連続TVアニメ作品として、〝良い子〟のための〝良い〟アニメに仕上げられた。熱烈な視聴者の子どもたちにとってアトムは、正義の心と強い力を兼ね備えたヒーローだった。悩みを分かち合う友達ではない。少年の姿をした、頼もしい理想のお兄さん的な存在。当然、物語はわかりやすく、面白く、コミカルで派手やかになって、子どもたちの希望にそったものになっていった。アニメでアトムのファンになって原作コミックを読んだ小学生が何となく覚えた違和感の正体は、たぶんそのあたりにあったのだろう。

そして最終回。常に人間の守護者であったアトムは、膨張する太陽に向かって飛んでいき、地球を守るために自爆。消滅してしまう。多くの小学生たちの涙を誘った。

アニメ、コミックともに『鉄腕アトム』は疑いなくSFドラマの金字塔だ。当時としてはあらゆる意味で高い質を誇りすぎていただけに、ヒット作品にもかかわらず少年ロボットを主人公にした類型のものは作られなかった。

そのために、「正義の熱血」と「科学の子」の原型遺伝子に分化が起こった。

▼分化していく「アトム」の原型遺伝子

「科学の子」の遺伝子は、ロボットではなくサイボーグやエスパー系を経て、宇宙少年たちに受け継がれた。無論、別の原型だった『**エイトマン**』（原作・**平井和正**、マンガ・**桑田次郎**）の遺伝子もある程度は加味されて、**石森章太郎**『**サイボーク009**』や**山野浩一**『**戦え、オスパー**』から**吉田竜夫**『**宇宙エース**』や**福本和也**『**宇宙少年ソラン**』**深川鉄也**『**宇宙パトロール　ホッパ**』などへと拡散していった。

永島慎二、ひとみプロダクションの『**ミラクル少女リミットちゃん**』は、交通事故で瀕死の重傷を負った少女・西山リミットが、延命のために父親である西山博士の手でサイボーグ化する物語だ。この辺りの設定はアトムとトビオの関係を髣髴させる。ほのぼの系魔女っ子シリーズの流れを汲みつつも、限られた（リミット）寿命の中で懸命に生きる姿を描いたSF作品だった。

おそらく、人間の手で100％創造されたロボットのアトムよりも、人体を改造したサイボーグや超能力者のほうが平和な社会を守るヒロイズムを託しやすくなっていったためだろう。機械だけ

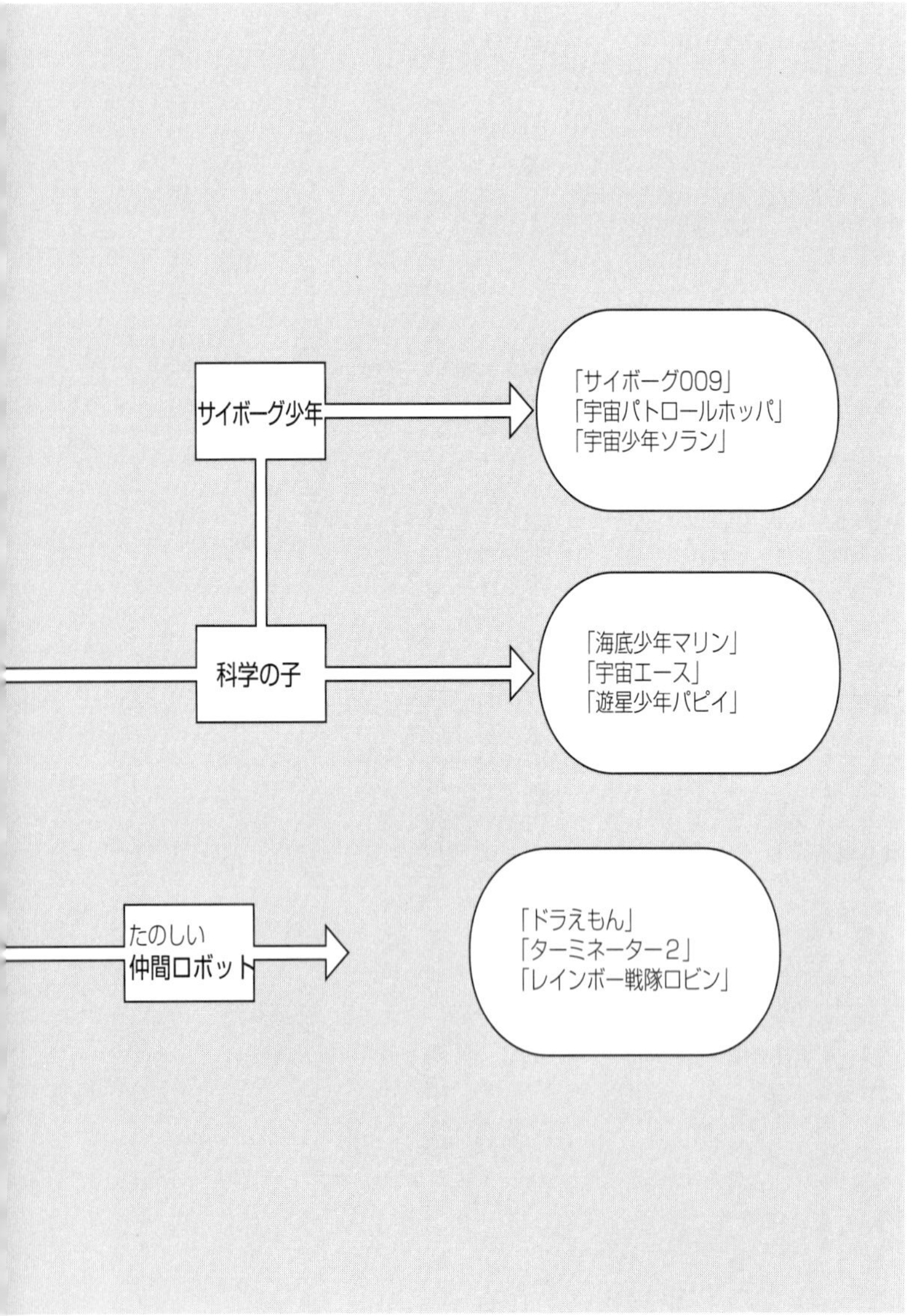
サイボーグ少年
「サイボーグ009」
「宇宙パトロールホッパ」
「宇宙少年ソラン」
科学の子
「海底少年マリン」
「宇宙エース」
「遊星少年パピイ」
たのしい
仲間ロボット
「ドラえもん」
「ターミネーター2」
「レインボー戦隊ロビン」

鉄腕アトムの遺伝子展開

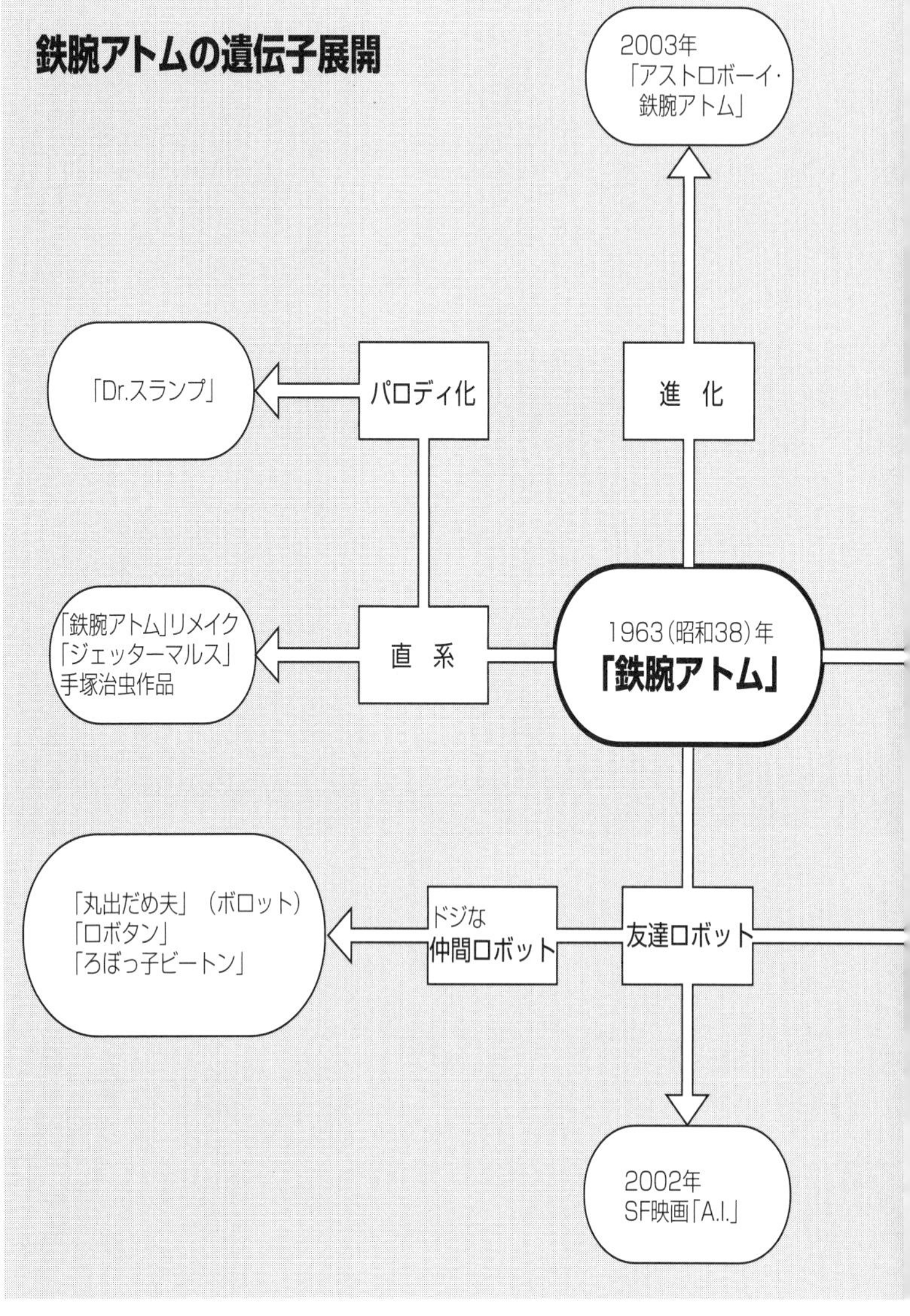

の体よりも、生身の体の部分を残すほうが感情移入しやすかったようだ。

アトムのテーマソングにある「科学の子」というフレーズこそ、当時の子どもの憧れを象徴する言葉であり、アトムというキャラクターを象徴するもうひとつの遺伝子だといえよう。そしてこの言葉から溢れ出すイメージは、時代とともに姿かたちを変えていった。具体的には、一部マニアの知識だったサイボーグやエスパーといった言葉が、科学メディアの発展に応じて普遍化し、子どもの心にあたりまえに忍び込んでいった。後年、宇宙物理科学の専門家か一部のSFマニアしか知らなかった「ワープ」という専門用語が、『宇宙戦艦ヤマト』のブレイクによって一気に流行語になったようなものだ。

一方の「正義の熱血」遺伝子は、悪と戦う青少年たちからスポ根（スポーツ根性）の主人公に至るまで、男女を問わずあらゆるヒーロー像の中に受け継がれていく。

心をもった友達ロボットの遺伝子は、「戦うこと」を放棄して別の形に進化していった。ドジな元日本兵ロボットが主人公の**森田拳次**『**ロボタン**』や、未来からきた優しいネコ型ロボット**藤子不二雄**『**ドラえもん**』、「ボロット」という名の脇役ロボットが登場する実写の**森田拳次**『**丸出ダメ夫**』、**大隅正秋**『**ろぼっ子ビートン**』などのほのぼのとしたキャラクターに移り変わっていく。熱血ヒロイズムこそ失ったものの友達ロボットたちは、情けない主人公少年たちにとっては逆に親しみやすくなり、頼もしくもまた心優しい補佐役を担わされるようになっていった。

もっとも『ドラえもん』に関しては、三〇％の高視聴率をたたき出すお化け番組になったのは一九七九年における二度目のアニメ化でのこと。一九七三年の初アニメ化では、子どもに大人気だった一連の藤子作品群の中でも視聴率的に低迷した。漫画としては低年齢層には十分な支持を獲得していたが。その頃の子どもは、藤子世界（ワールド）の中から不思議な友達としては『ドラえもん』よりも、『忍者ハットリくん』『おばけのQ太郎』や『怪物くん』たちを求めていたということか。あるいは当時の子どもたちが、のび太くんのようなキャラクターではなかったからかもしれないけれど。

▼二一世紀の「アストロボーイ」

西暦二〇〇三年四月七日は、物語の中ではアトムの誕生日だった。これにあわせるように、『鉄腕アトム』は三度目のTVアニメ化がなされた。タイトルは『アストロボーイ・鉄腕アトム』。日本のみならず海外での放映も前提に製作され、他国のスタッフも数多く参加した。ちなみに「アストロボーイ」は、旧作の『鉄腕アトム』が海外で放映されたときのタイトルだ。

新作『アストロボーイ・鉄腕アトム』は、世界の子どものために作られたSFアニメ。旧作とほぼ同じ出で立ちで始まったが、そのコンセプトはより原作に近くなった。手塚アニメの遺伝子を継いでいる作品にふさしく「火の鳥」が登場するエピソードさえ用意されていた。

メインテーマは、心をもったロボットと人間たちとの触れ合い。ミスコミュニケーションの時代に相応しく、子どもたちと同じ学校に通うアトムのキャラクターはスーパーヒーローというよりも、逞しくも優しい仲間という位置付けになっていた。悪者をやっつけるよりも、困っている友達を助けるエピソードが中心。さまざまな問題に直面して人造の心を傷つけられながら、アトムの精神は成長していく。

それでも物語の後半部は、シリアスなドラマへと展開していった。人間の虐待に反旗を翻すロボット・青騎士との友情にも似た絆に、アトムは苦悩する。アトムを進化させるためにその背後で暗躍する天馬博士の思惑。やがて青騎士たちは人間と地球に決別し、安住の新天地を求めて遥か宇宙に旅立っていく。しかし巨大な宇宙船が地上を離れようとした刹那、ロボットへの憎悪を捨てきれない人間が大型ミサイルを発射した。

宇宙船を守るため、閃光に消えるアトム。やがて天馬博士の手でアトムは復活するが、かつての記憶は消去されていた。孤独だった天馬博士はアトムを屋敷に閉じ込め、偽りの思い出の中でアトム＝トビオと二人で暮らしていこうとした。それでも仲間たちの友情により、アトムは記憶を取り戻して天馬博士のもとを去っていく。

そして最終回。逆上した天馬博士は死を覚悟し、最後の手段に訴えた……。

『宇宙少年ソラン』と『宇宙パトロール　ホッパ』の物語

『宇宙少年ソラン』は、地球人のサイボーグ少年・ソランがテレパシー能力を持つマスコットキャラクターのチャッピー（リス型宇宙生物）とともにさまざまな事件を解決していく物語。宇宙船の事故で両親を失った立花少年はソラン星人に助けられ、宇宙で生きていけるようにサイボーグ化手術を施された。そしてソランと名を変えて、チャッピーとともに地球に戻った。基本的には怪力少年。いろいろな力を発動する秘密のペンダントを胸に持って活躍する、『宇宙パトロール　ホッパ』もまた、地球生まれのサイボーグ少年ジュンの活躍を描いた物語。宇宙海賊（？）の襲撃からただ一人生き残った少年ジュンは、カッパのような姿のホッパ星人に助けられた。両親を殺されて天涯孤独となったジュンは自ら志願してホッパ星人になり、宇宙パトロールの任務につく。やがてジュンは仲間のホッパ星人とともに地球に戻り、悪と戦う（これ以降、タイトルは『パトロール・ホッパ　宇宙っ子ジュン』に変更）。

▼ロボットの「人権」

名作と呼ばれていたもののリメイクは困難だ。その昔、かつてファンだった時の感動が、作り手側にまわると逆に新しいイメージの広がりを妨げてしまう。過度の思い入れは固定概念になって、素材のアレンジを躊躇わせてしまう場合が多い。

だが、一年の放映期間を終えた『アストロボーイ・鉄腕アトム』は単なる旧作のリメイクではなかった。原作コミックをアニメ化しただけのものでもない。心をもつロボットたちを温かく受け入れる人間とロボットを憎悪する人間、ロボットになることを望む少年と人間になることを望むロボットたちが同じ街に集い、それぞれの価値観をぶつけ合う。その諍いに翻弄されながらもロボットであることに誇りを持とうとするアトムはついに、自分に向けられた天馬博士の愛憎の彼方に深い悲しみがあったことを理解する。

アトムの原作が出版されてから半世紀以上が過ぎ、世界は劇的に変化した。国境と思想を超えて広がるインターネットや、いかなる映像の創造も可能にするCG技術の普及。家庭用ロボットの実現さえすぐ近い将来に迫っている。しかし同時に、旧態依然のままの人間同士の歪んだ差別意識や偏見もまた根強く継続していくのだろう。あからさまに増加していく少年犯罪やいじめも重大な社会問題になってしまった。

製作スタッフは旧作のコンセプトやテーマを十分に討議した上で、より複雑に変貌したそんな現代の時代性を盛り込んで「新しい正義の熱血」と「新しい科学の子」の物語を練り上げていった。『鉄腕アトム』の原型遺伝子から生まれたドラマであることは確かだが、新世紀の情報と感性で武装する手塚思想の後継者たちによって創られた新しい物語でもある。最後は奴隷制度のようなロボット三原則（↓60頁参照）さえ否定し、心をもつロボットたちに対して基本的人権と同等のものを訴える展開になっていく。

最終エピソードは完全にオリジナルストーリーだった。それも、私のような大人が見て感動できるような展開になっていた。個人的には絶賛したいと思う。しかしこの結末については、賛否両論にならざるをえない。難解なのだ。旧作のアニメ化に伴い手塚治虫があえて分離したコミックのコンセプトを再融合させたのだから。

視聴率的には苦戦していたようだが、『アストロボーイ・鉄腕アトム』は旧作を知らない子どもたちにもおおむね好評だった。その子たちが大人になって何らかの物語を作る立場に立った時、果たして『アストロボーイ・鉄腕アトム』のエピソードや特別なシーンを思い浮かべることがあるだろうか。その虚構の住人たちを思い浮かべるだろうか。新しいアトムの遺伝子がある程度受け継がれたか否かは、その時になってみないとわからない。願わくば、幼い頃に『アストロボーイ・鉄腕アトム』を観た子どもたちが大人になったとき、この作品の遺伝子を受け継いだ作品を創りあげてもらいたい。

二〇〇三年、漫画家の**浦沢直樹**は『**PLUTO**』を描き始めた。〝PLUTO〟は原作『鉄腕アトム』の中でも大人気を誇ったエピソード「史上最強のロボット」に登場するライバルロボットで、浦沢は〝PLUTO〟を中心に据えた〝アトム〟ワールドの別解的な物語を作り上げた。『**パイナップルARMY**』『**MASTERキートン**』から『**MONSTER**』に続く巧みな心理描写に拘る浦沢直樹らしい一連の表現が、『PLUTO』にも存分に生かされた。大昔なら同人誌としてしか日の目を見ることのなかったであろうこの傑作は、後に数多くの漫画賞を獲得して連載を終えた。

また、二〇一五年からはセブンイレブン限定で発売されている異色の月刊漫画誌「ヒーローズ」では、やはり『鉄腕アトム』の別解的な作品となる『**アトム　ザ・ビギニング**』が連載開始。天満博士とお茶の水博士が、まだ学生時代だった頃から物語は始まる。心を持つロボットを造ろうとする二人の姿を描き、近未来における人と機械の〝心〟のあり方をテーマとした。

二〇一七年にはNHKによってアニメ化もされた。『機動警察パトレイバー』や『究極超人あ～る』で知られる漫画家〝**ゆうきまさみ**〟のコンセプトワークスで、作画は〝**カサハラテツロー**〟。

ＡＩの可能性を模索する本格ＳＦの色合いを濃厚にしつつ、予想外の展開のまま二〇一八年現在ではまだ連載継続中だ。手塚治虫の〝思い〟を受け継ぎ、〝アトム〟はこれからも空を超えて飛び続ける。

『アストロボーイ・鉄腕アトム』最終回

天馬博士は戦闘用ロボットを使って科学省本部を占拠した。彼の暴走を止めようとして単身で施設内に踏み込んだアトムは、そこでトビオの死の真相を知る。ロボットを道具としか考えない独善的な父親への反発が原因で事故死していたのだ。第二のトビオとして誕生したアトムも、やがてトビオと同じように考えて天馬博士に反発した。死んだトビオの面影を機械のトビオの心に見出した博士は、耐え切れずにその記憶を消して廃棄した。やがてお茶の水博士に助けられた機械のトビオは、彼の力でリセットされてアトムとして蘇った。アトム誕生以前の秘密が、この時初めて明かされる。

アトムの成長を見守っていた天馬博士はアトムに、彼のもとに来てロボットの王になるように訴えた。アトムがそれを拒否すると、天馬博士は自爆回路の起動スイッチを押した。その瞬間、アトムは博士の瞳の奥に隠れていた深い悲しみに気づく。そしてトビオのみならずロボットの自分に対しても、深い愛情を抱いていたことを知った。アトムは天馬博士もまた、自分の家族だったことを理解した。

建物が倒壊する刹那、仲間たちの手を借りてアトムは天馬博士を救出する。後日、心を持ったロボットの生存権を認める宣言が議会から発せられた。

1 B 巨大ロボットアニメの系譜

『鉄人28号』から『マジンガーZ』、そして『機動戦士ガンダム』へ

物語を思いつくことと物語をつくることはまるで違う。前者は剝き出しの願望を夢見るような作業だけど、後者は状況考証やキャラクターのリアリティに重きをおかなければならない。思い描く夢は、物語づくりのきっかけになるだけだ。

言い換えれば、物語は願望と考証の微妙な狭間から生まれる。作者の願望を羅列するだけでは、見る者は感情移入できなくなるし、リアリティを追求しすぎれば虚構の意味が薄らぐ。子どもの望む物語を大人が理解しにくいのは、この〝狭間〟の食い違いによる。

どちらかといえばリアリティを物語に求める大人たちには『鉄腕アトム』は理解できても、ただの小学生が活躍する『鉄人28号』は不条理極まりない代物に映った。だが子どもたちにとっての鉄人は、独善的願望をたくすことのできる貴重な夢のきっかけになった。

▼旧日本軍の試作品「鉄人28号」

昭和三十八（一九六三）年十月に放送開始された『**鉄人28号**』は、『鉄腕アトム』と同じ月刊少年に連載されていた同名コミックが原作だった。作者は、『**伊賀の影丸**』等のヒットですでにストーリーテラーとして高い評価を得ていた**横山光輝**。残念ながら二〇〇四年の四月に他界した。古い世代には、手塚治虫と並ぶ黎明期ＳＦ漫画作家の双璧と位置付けられていた。少女向けファンタジーの『**魔法使いサリー**』も横山光輝の作品。比較的新しいＴＶゲーム世代には、『**三国志**』や『**史記**』のコミック版で有名だった。

ＳＦ世界から歴史ドラマまで、横山光輝の計算された物語づくりから学ぶことは非常に多い。テンポのいい物語の展開は、キャラクターに頼りすぎる現代の書き手たちなど特に学ぶべきだろう。その反面、手塚治虫のように人間性の深い追求にはそれほど重きをおかない。数々の人間ドラマを大河ストーリーの中で描くことはあっても、決してそれをメインテーマにはしない。誤解のないようにあえて記すが、これは欠点ではない。

『鉄腕アトム』に比べて『鉄人28号』はアニメーションとしてはシンプルなつくりだった。ストーリーや設定についても同様。初期のエピソードはＳＦと呼ぶのも躊躇《ためら》われる。しかしそれだからこそ、低年齢の子どもにも受け入れやすかった。それでも最終エピソードの第三部になると、ロボット軍団を率いる敵の首領は人類の破滅を目的にした邪悪な意思を持つロボットの「ロビイ」だったことが印象深い。

鉄人28号は、旧日本軍によって製造された二十八番目の試作品ロボット。第二次世界大戦後、金田博士の手によって完成された。正確にはロボットというよりも、リモコンで動く二足歩行の戦車の仲間だ（この解説は**『機動戦士ガンダム』**の項44頁で、後ほど）。もちろん心などない。父親である金田博士のつくったロボットを無条件に愛する操縦者・金田正太郎君の一方的な思い入れがあるだけだ。

当時の子どもたちには、鉄人人気は『鉄腕アトム』と同様に絶大なものがあった。低年齢層にはアトム以上の人気があった。小学校低学年だった私は、巨大なロボット同士が素手で戦うシーンを、固唾を飲んで見守っていたものである。紙芝居のようなぎこちない白黒アニメーションであっても、ファンの目の奥では極彩色の擬似現実（マトリックス）に置き換えられていたのだろう。

「子ども騙し」と笑う大人たちが、巨大ロボットがドツキ合うアニメのことを「ロボットプロレス」と呼ぶようになったのもこの頃からだった。当時のプロレスは、力道山が国民的人気を誇っていた。だからもしかしたら、それは誉め言葉だったのかもしれないが。

このアニメを熱心に見ていた子どもたちにとって、正太郎君はヒーローではなかったと思う。超能力者でもスーパーロボットでもない彼は、正義の心を持っただけの平凡な小学生だった。だからファンは彼の境遇が羨ましかった。いや、嫉ましかったのだ。

警察官が子どもにとって純粋に憧れの職業だった時代。半ズボンをはいたブレザー姿の正太郎君は無敵の鉄人を操縦できる特権を与えられていただけでなく、警察署長とマブダチで、悪党相手に拳銃をぶっ放すこともできた。当時の子ども用ブレザーは、入学式とか遠くに「お出かけする時」にしか着ることが許されなかった服だった。そのひがみ根性から発したわけではないのだろうが、ロリコンに対比して使われる「ショタコン」の語源は、この正太郎君の名前に由来する。まあ、これは余談だけど……。

鉄人28号の存在以上にその鉄人世界（ワールド）自体は、正太郎君の願望に合わせて不条理なほどに都合よく構築されていた。科学はそれを用いる者の心次第で善にも悪にもなるとよく言われるが、鉄人28号の場合はそれ以前の問題。リモコンで動くこの超兵器は誰でも操縦することができた。悪者にリモコンを奪われて鉄人が街を破壊したりもした。それでも周囲の大人たちは、正太郎君からリモコンを取り上げようとはしない。

空想の中の私は、正太郎君から鉄人を操るリモコンと拳銃を奪い取り、新しい悪党たちを求めて正義のためと称して町を破壊していた。おそらく私に限らず、当時のすべての子どもたちがそうしたいと感じていたことと思う。

原作者は確信犯的に、そんな子どもの夢見る心理を十分に了解したうえで、鉄人シリーズを執筆していたのだろう。『鉄人28号』のコンセプトを理解することで、受け手を限定して物語をつくる場合の強《したた》かな発想を教訓として学ぶことができる。

だがこれはやはり、一九六〇年代までの流れ。成長した子どもたちに飽きられてくると、原型遺伝子は進化を求められてくる。新しい物語には新しい状況設定の考証が必要だった。

横山光輝はすかさず、『ジャイアントロボ』の設定で次の手を打った。

▼進化した原型遺伝子『ジャイアントロボ』

意思をもたない巨大ロボットをリモコンで操るコンセプトは、同じ横山作品『ジャイアントロボ』に受け継がれていく。しかも、無敵の超兵器を一介の小学生だけが使用するという、正太郎君にまつわるこの不条理は、設定の妙によって解消されていた。

『ジャイアントロボ』の主人公は草野大作少年。

悪の組織BF団の開発した最強の戦闘用巨大ロボット「ジャイアントロボ」に偶発的に最初のコンタクトを取ったために、彼が唯一の操縦者になってしまった。大作少年だけが腕時計に内蔵されたリモコンで「ロボ」に指令を出せる。結局、大作少年は世界の平和を守るためにBF団と戦う正義の組織ユニコーンのメンバー「U7（ユー・セブン）」として、「ロボ」とともに戦いの中に身を投じていく。

『ジャイアントロボ』は実写の特撮SFドラマとして放映され、絶大な人気を博した。

どのエピソードも怪獣やロボットと戦うシンプルなもので、一話完結。

それでも最終回には意外な展開が待っていた。地球どころか宇宙征服をたくらむBF団の首領は宇宙怪人のギロチン帝王だった。しかし「ロボ」のためにすべての怪獣たちを失ったギロチン帝王は、巨大化して自らの手で「ロボ」を撃破しようとする。ギロチン帝王の体は反物質でできているために「ロボ」でさえ手が出せない。傷つければ、地球は跡形もなく消滅してしまう。降伏を勧告してあざ笑うギロチン帝王に、敗北を覚悟するユニコーンのメンバーたち。その時突然「ロボ」が起動し、大作少年の制止を無視してギロチン帝王を抱えたまま宇宙に飛んだ。そして遊星に突っ込んで自爆してしまう。

涙ながらに「ジャイアントロボ」の名を最後に叫ぶ大作少年。

意思をもたないはずの「ロボ」にも心があったことを示すこの最後のエピソードで、それまで観てきた『ジャイアントロボ』のイメージは鮮やかに変わってしまった。大作少年は「ロボ」が大好きだった。だがそれは、自分の自転車を大切に思う玩具への愛情にすぎなかった。しかし最後の瞬間に、彼は「ロボ」の中に命の輝きを認めた。ただの道具は友達に生まれ変わり、その直後に彼の死を受け入れなければならなくなった。鋼鉄の戦闘機械にすぎなかった「ロボ」は、いっきに悲劇の英雄になった。当時は誰もが『鉄腕アトム』の最終話を連想したものだが、それはそれで良かった。物真似だなどと無粋に思うよりも、単純に二倍の感動を味わえて「得した！」ような気がした。

これ以降、リモコンで動くロボットの存在はドラマの主役としてはあまり見かけなくなっていく。マスコット化した戦闘競技用ロボットとして**神矢みのる『プラレス3四郎』**やオタクアニメの**CLAMP『機動天使エンジェリックレイヤー』**などにその残滓を見る程度。OVAとして製作された

『ジャイアントロボ』は横山ＳＦワールドの集大成的作品に仕上げられており、新旧を問わずファンには必見のものになったけど。

また、二〇〇二年十二月に公開された『**ゴジラ×メカゴジラ**』のメカゴジラ「機竜」は、飛行艇から操縦する対ゴジラ用戦闘ロボットという設定だった。もちろん、意思などもたない。しかしその続編になる『**ゴジラ×モスラ×メカゴジラ　東京ＳＯＳ**』では、『ジャイアントロボ』の最後を彷彿させるシーンが用意されていた。ゴジラを倒すために自爆する間際に、機竜は命がけで自分の修理を続けてくれていた主人公のメカニックに対して、モニター越しに別れを告げる。これを観た時、思わずクスリと笑ってしまった。あの最後のエピソードを懐かしく思い出したからだ。この二本を監督した**手塚昌明**は、私と同様に実写特撮版の『ジャイアント・ロボ』の最後に感動した経験があるのだ、きっと。

▼リモコンから搭乗型へ～永井豪の怨念

繰り返すようだが、私の少年時代には誰もが巨大ロボットをリモコンで操縦することを夢見ていた。だがひとまわり年下の世代では、巨大ロボットに乗り込んで操縦することを夢見るようになっていた。『**マジンガーZ**』のせいである。

『マジンガーZ』は一九七二年十二月から一九七四年九月まで放映されたアニメ作品だ。続編の『**グレートマジンガー**』は、この後に一年間放映されていた。

原作者は**永井豪**。創刊から間もない頃の週刊少年ジャンプに連載されていたデビュー作の漫画『**ハレンチ学園**』でPTAから袋だたきにあった漫画家だった。この作中に毎週登場する裸の女の子たちが、〝良識〟豊かなおじさんやおばさんたちの逆鱗に触れたのだ。子ども向けの漫画にはあるまじきことと、当時の討論番組の中で評論家たちから一方的に詰問される無口な永井豪に対して、ファンの子どもたちは大いに同情した。

だが、生贄にされた永井豪のはらわたは煮え繰り返っていたらしい。おそらくそのために、ドタバタお色気ギャグ漫画の『ハレンチ学園』は終盤の物語の中ではシリアスな学園戦争ドラマになり、PTAと教師と子どもたちが殺し合いを演じる壮絶な幕引へと展開していった。首や手足が引きちぎれて死んでいく登場人物たちが「これはギャグ漫画なのに、なぜ！」と叫ぶシーンは当時のファンに強烈な印象を残した。評論家たちは正論と良識で永井豪を否定し、永井豪はその怒りの反論を作品で示した。

さらに永井豪の怨念は走り続け、地球の支配権をかけた悪魔と人間たちとの戦いを描いた『**デビルマン**』へと結実していく。人類を守るために悪魔と合体して悪魔人間「デビルマン」になってしまった主人公・不動明の苦悩は、やがて恐怖のために殺し合う人類への絶望に至る。そしてついに人類が滅んだ後に迎える、堕天使サタンの率いる悪魔たちと不動明の率いるデビルマン軍団による最終戦争・ハルマゲドン。

連載終了以降から今日に至るまで、永井豪にとってこのデビルマンのコンセプトは最重要テーマのライフワークとなっていったらしい。こんなことを言うと叱られるかもしれないが、この五月蝿《うるさ》いPTAや生真面目な教育評論家がいなかったら、『デビルマン』は誕生しなかったと思う。幸か不幸か、逆境が永井豪の作風を大転換させた。

永井豪は現代の魔女狩りの犠牲者だったが、その経験が永井豪の創造性に火をつけ、自身の漫画の新しい可能性を切り開かせた。周囲から叩きつけられた悪意が創作エネルギーの源泉になった。理屈としてはそうなる。だが、これは簡単に真似のできることではない。

コミック『デビルマン』の物語

遥か古代の地球は、悪魔たちに支配されていた。だが氷河期の到来とともに彼らは深い眠りにつき、その間に人類が現われた。その悪魔たちが現代に蘇り、人類を滅亡させるために暗躍を開始した。あらゆるものと合体して自らの肉体を強化する能力を持つ悪魔たち。このことにいち早く気づいた飛鳥教授はその秘密を探るために悪魔と合体したが、徐々に精神を蝕まれていき、やがて自らの手で命を絶った。一人息子だった飛鳥了《りょう》は父親の遺志を受け継いで、親友の不動明とともに悪魔と合体して悪魔人間（デビルマン）となることを決意した。だが、悪魔人間（デビルマン）になれたのは不動明だけだった。

この時から飛鳥了と不動明の二人だけの、血みどろの絶望的な戦いが始まった。

やがて人類は悪魔の存在に気づき、恐怖に駆られて現代に魔女狩りを復活させてしまう。滅亡の危機感を抱いた飛鳥は閉鎖していた自宅に戻り、そこで自らの葬儀の写真を見つけて愕然とした。飛鳥了は数年前に死んでいたのだ。その直後に飛鳥の前に現われたのは、彼にひれ伏す無数の悪魔たち。そして、人類滅亡のカウントダウンが始まった……。

▼第二次ロボットアニメブームと『マジンガーZ』

永井豪の初アニメ化作品は、この『デビルマン』。少年マガジンでの連載開始とほぼ同時期にTVアニメとして放映された。血みどろのSFホラー漫画だった原作と異なる設定やストーリー展開にしたことが功を奏してそれなりのヒット作になった。だがその五カ月後に放映開始された『**マジンガーZ**』は、世界的なメガヒット作品となった。

これが第二次ロボットアニメブームの始まりである。

一九六〇年代のロボットアニメが、アトムに代表される人型アンドロイドまたはサイボーグたちの時代だったとするなら、七〇年代はマジンガーZに代表される搭乗型巨大戦闘ロボットの時代になる。これらのロボットは鉄人28号の遺伝子を受け継いだ二足歩行型の戦闘メカだから、当然意思などもたない。その代わりに操縦者たちには、良く言えば強烈な個性の、悪く言えば不良の熱血少年たちが揃えられた。

マジンガーZの主人公だった兜甲児などは、悩みなどない典型的な反社会的熱血不良少年だった。戦略や戦術などお構いなしに、力技で悪いやつらをぶちのめすのだ。孤高の戦いを強いられてきたデビルマン・不動明のアンチヒロイズムは兜甲児に継承されたが、暗い側面はきれいに払拭されていた。それでもこのあたりの設定に、良識的評論家を嫌悪していた永井の心根が窺える。敵キャラの中でももっとも人気のあった半陰半陽の中年指揮官「あしゅら男爵」などは、PTA・教育評論家のじ・ばば軍団を象徴するような姿だった。

結論を言えば、『マジンガーZ』は『鉄人28号』を搭乗型にしただけの作品ではない。社会的軋轢に耐えて反骨精神を育んできた永井豪の執念が、鉄人の遺伝子と結びついで誕生したものだったといえよう。『鉄人28号』の主役は鉄人という戦闘機械だったが、『マジンガーZ』の場合、主役はあくまで原作者の怒りを託された兜甲児だった。

これ以降、ロボットアニメはファン層を幼児からハイティーンまでの少年たちに限定しながらも、高い支持を受けていった。高視聴率もさることながら、「超合金シリーズ」と題されたメタルロボットのキャラクター玩具が飛ぶように売れ、有力玩具メーカーはこぞってロボットアニメのスポンサーに名乗りをあげた。番組自体がキャラクター商品の宣伝を担っていき、マーケットは複数の業界にまたがって巨大なものに成長を遂げていった。

これによってロボットアニメは勢いづき、さらに**永井豪・石川賢**『**ゲッターロボ**』によって合体変身メカへ、伝奇ロマンの要素を盛り込んだ**鈴木良武**『**勇者ライディーン**』や特撮戦隊モノの色合いを受け継いだ**八手三郎**『**超電磁マシーン　ボルテスV**』などへとバリエーションを広げていった。主人公たちも兜甲児の熱血遺伝子を継承してアウトロー的側面を残しつつも、善意ある指導者の言うことを素直に聞く、優等生的キャラクターになっていった。

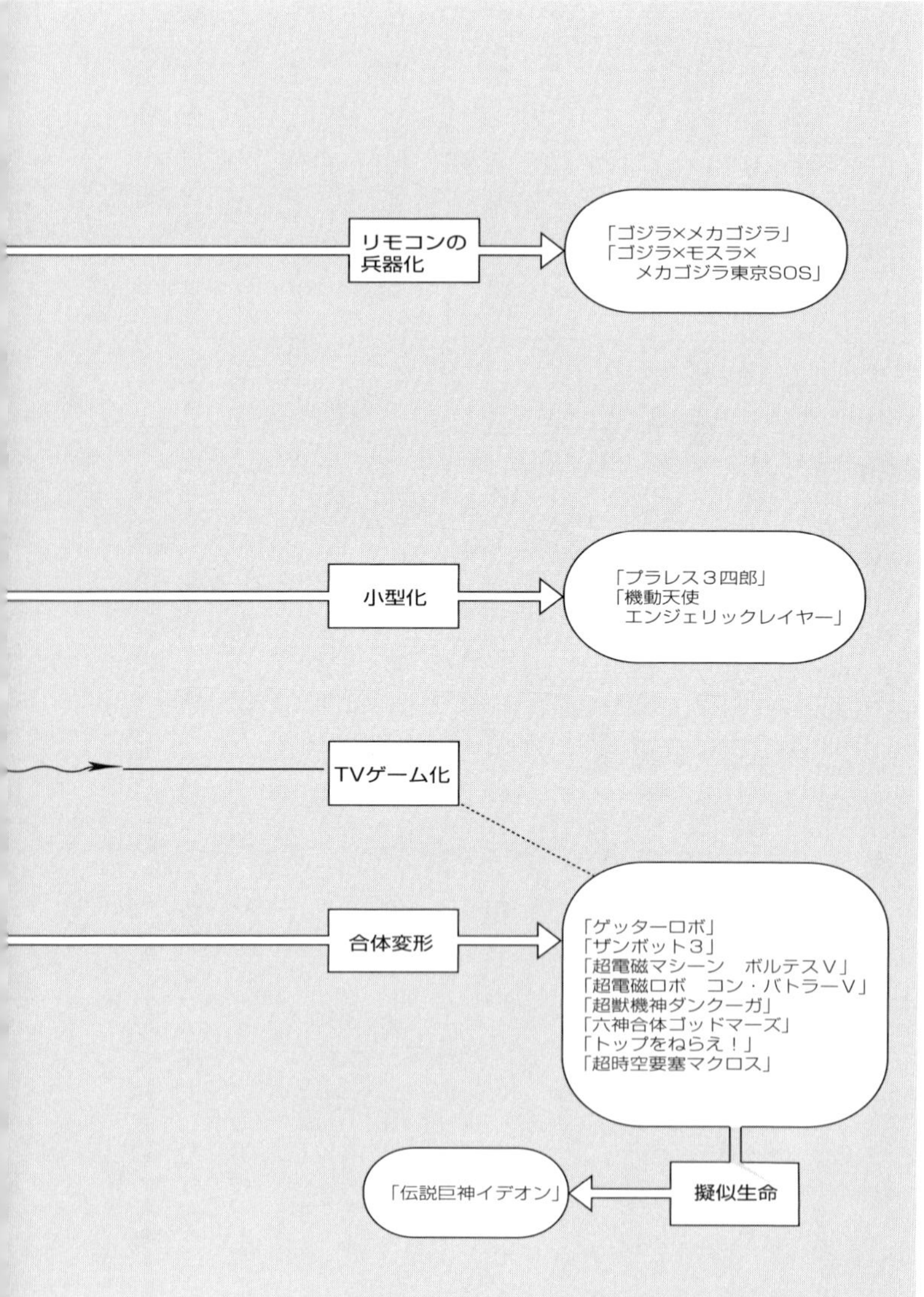
リモコンの
兵器化
「ゴジラ×メカゴジラ」
「ゴジラ×モスラ×
メカゴジラ東京SOS」
小型化
「プラレス３四郎」
「機動天使
エンジェリックレイヤー」
TVゲーム化
合体変形
「ゲッターロボ」
「ザンボット３」
「超電磁マシーン　ボルテスＶ」
「超電磁ロボ　コン・バトラーＶ」
「超獣機神ダンクーガ」
「六神合体ゴッドマーズ」
「トップをねらえ！」
「超時空要塞マクロス」
擬似生命
「伝説巨神イデオン」

巨大ロボットアニメの系譜

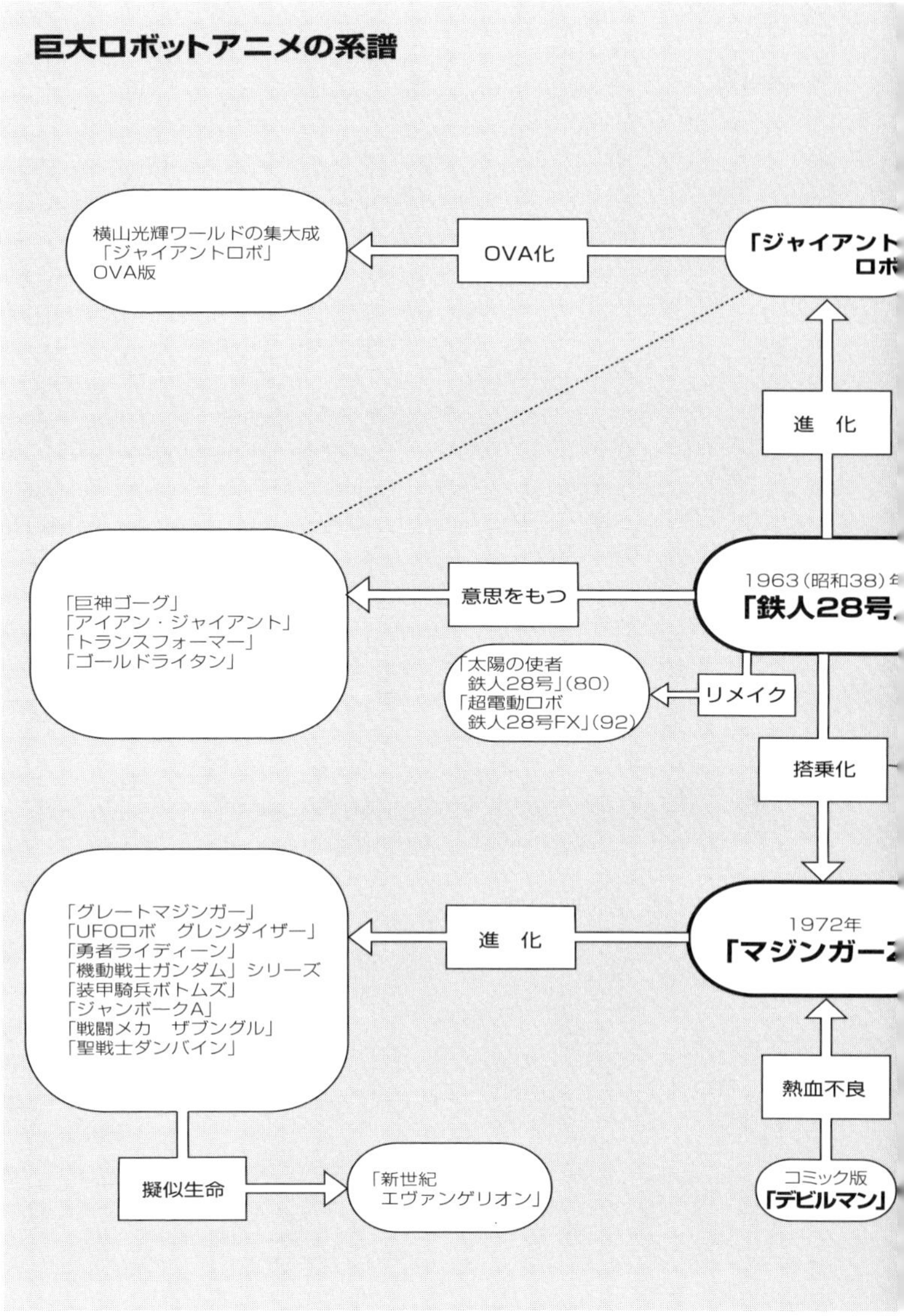

▼ロボットアニメの歴史を変えた『機動戦士ガンダム』

一九七九年四月、『**機動戦士ガンダム**』（原作**富野喜幸**、**矢立肇**）の放映が開始された。

序盤では十分に練りこまれたSF考証を中心に世界観を示し、中盤には登場人物たちの成長や人間関係のドラマを中心に鮮やかに描いてみせる。そして終盤では、主人公アムロ・レイが新しい人類（ニュータイプ）として覚醒する。本格的観念SFのコンセプトが、初めてアニメ作品の中に取り入れられた。少なくとも、私の知る限りでは、日本のTVアニメにおいて、重要な意味を持つシーンが『**2001年宇宙の旅**』の遺伝子的演出（↓64頁）を用いて表現されたのは『機動戦士ガンダム』が初めてだった。

このめまぐるしい展開に、中心視聴者だった子どもたちはついていけなくなった。『**スター・ウォーズ**』（↓158頁）が辛うじて大人たちにも受け入れられた時代だったのだから仕方がなかったのだろう。『機動戦士ガンダム』のレギュラー放送時は低視聴率に喘ぎ、放送期間は短縮されてしまった。この放送打ち切りとともに、第二次巨大ロボットブームはひとつの終焉を迎えたといってよい。ガンダムブームのブレイクは、この三年先の劇場公開以降のことになる。

ちなみに「機動戦士ガンダム」の戦闘用巨大ロボットは「モビルスーツ」と呼ばれる。**ロバート・A・ハインライン**の記したヒューゴー賞受賞の古典的SF小説『**宇宙の戦士**』に登場する、単身搭乗型の戦闘用二足歩行機械がモデルだったという。密林や傾斜のある不整地での局地戦を想定した場合、戦車の機動形体はタイヤやキャタピラなどよりも二足歩行型のほうが望ましい。さらに両手にはさまざまなオプション兵器を簡単に取り替えて装備させることができる。こうした発想が〝人型戦闘ロボット〟考証の原点だった。

『宇宙の戦士』は恒星間戦争に揺れる宇宙軍の活躍を描いた父と子の物語だったが、『機動戦士ガンダム』の主人公アムロとガンダムの設計者だった父親との関係を物語るエピソードの中に、そのあたりの残り香も多少は感じられた。後に原題どおりの『**スターシップ・トゥルーパーズ**』のタイトルで映画化されて話題を呼んだ。

この映画版にはなぜか「機動歩兵」が登場しない。不気味な昆虫型宇宙怪獣たちと戦う若い兵士たちの青春群像（トレンディドラマ）を描いた、奇妙な味のスプラッターSFに仕上げられていた。ガンダムの原型を期待したアニメマニアや日本の映画ファンは戸惑ったが、青春オカルトTVドラマとも言うべき『〝バフィ〟ザ・バンパイアスレイヤー』（放映チャンネルによっては『～恋する十字架』『～吸血鬼ハンター』などの日本語版サブタイトルが付けられた）のような色物を平気でロングヒット作品にしてしまうアメリカという土壌で、若者に向けてつくられたのだろうと思えば、それなりに納得できた。

機動歩兵の遺伝子はアメリカから日本に移植され、ロボットアニメ文化の中で大きく開花した。後に『**トランスフォーマー**』などに化けて、遺伝子は帰郷した。もっとも『トランスフォーマー』は意思をもつ機械生命体だったから、突然変異種かもしれないが。

▼隠れアニメマニア

七〇年代のロボットアニメはファン層を子どもからハイティーンにまで広げることに成功した。世代を貫く共通のキーワードは〝熱血〟だった。子どもたちは昔の世代と同様に主人公に同化して物語を楽しんだが、ハイティーンは主人公の熱血に共感を覚えていた。

しかし、当時はまだ「アニメは子どものもの」という認識が根強く、ハイティーンのロボットアニメファンは、隠れキリシタンのようにコソコソとテレビを見ていた。ろくに友達にも言えずにいた。むろん、ファン同士の交流などない。「アニメマニア」という言葉自体が存在しなかった。伝説的名作の旧『**ルパン三世**』(原作**モンキー・パンチ**)さえ暴力的な作品とPTAなどに決めつけられ、低視聴率のために二十三話で放送打ち切りになってしまった悲しい時代だった。

巨大ロボットアニメの主人公たちは、不良少年だったり内向的なオタクだったりするが、煎じつめれば極めて庶民的な人間らしい悩みを抱えたキャラクターになっていった。そして放映が終了するとファンからも忘れ去られてゆくトレンディドラマと同様に、思い出の中にゆっくりと消えていく物語のひとつになっていった。

後にロボットアニメで活躍したヒットキャラクターが一堂に会して戦うオールスター戦のようなTVゲーム『**スーパーロボット大戦**』シリーズが一大ブレイクを成し遂げた背景には、この時代への郷愁が根源にあったように思う。

1 C 『エイトマン』のSF性

平井和正の人類ダメ宣言

基本的な人間の本能は、二つ。種族保存と自己保存だ。

種族保存本能をベースに物語を展開すれば、上半身からはプラトニックな恋愛ドラマが生まれ、下半身からはポルノが生まれるということになるのだろう。実際には、上半身と下半身の間で微妙な心理の駆け引きが展開されるわけだけれど。

一方の自己保存本能は自己の肉体と精神を守ることから始まり、やがて仲間や社会を守ることにつながっていく。個人の側から物語にアプローチすれば成長がテーマになり、仲間たちを守ることに重きを置けば英雄物語になる。逆にマイナス面からアプローチすれば、自己保存は自己破壊に置き換えられ、反社会的な破壊衝動に展開してしまう。

まだ性への関心が薄い子どもの心の場合、自己保存の衝動が中心を占める。そして外部からの刺激によって、この衝動は超人願望や英雄崇拝に化けていく。

▼『エイトマン』の電子頭脳

『鉄腕アトム』と『鉄人28号』を英雄志向のドラマとするなら、『エイトマン』は超人志向のドラマだった。原作は週刊少年マガジンに『8マン』のタイトルで連載されていた。人気ドラマだった『七人の刑事』から、八番目の刑事という意味でついた名だったらしい。

スーパーロボット・エイトマンは、殉職した刑事の意識を鋼鉄のボディに移植して誕生した。誰にでも変身できる特殊能力で普段は私立探偵の東八郎を名乗り、その正体を自分の秘書にも隠している。解決困難な事件が起きると、警視庁から東の事務所に〝間違い電話〟がかかってくる。これが警視庁長官からエイトマンへの出動要請の暗号なのだ。ロボットらしい強い力と、弾丸よりも速く走るスピードが特徴だった。

『エイトマン』の各エピソードはSF性に富み、鋼鉄の体を持ってしまった人間の苦悩を背景に描いた作品も多く見受けられた。東に憧れていた秘書の女の子が正体を知ってしまい、苦悩の挙げ句に自らの記憶を消去するというエピソードもあった。

『エイトマン』はサイボーグアニメの原型のように言われている。そうかもしれないが、一応付け加えておくと、エイトマンの頭脳は人脳ではない。電子頭脳だ。その中に東八郎の記憶とパーソナリティが移植されている。アトムの電子頭脳は一〇〇パーセント人工のものだったが、エイトマンの電子頭脳は人間の心を収めた器だった。

実は子どもたちが無意識のうちに憧れていたのは、エイトマンの超人的能力以上にこの電子頭脳に対してだった。自分たちの心をその中に入れてしまえば、エイトマンになれる。超人願望と変身願望を同時に満たすこの電子頭脳の発想が、当時の子ども向けアニメ作品としての『エイトマン』の最大の特徴だったと私は思う。

この遺伝子は一九七三年に製作されたタツノコプロ作品の**『新造人間キャシャーン』**にダイレクトに受け継がれた。世界征服を狙って全人類に宣戦布告したロボット「ブライキング・ボス」率いるアンドロ軍団を倒すため、天才的ロボット学者の東博士は、一人息子だった鉄也の意識を最強の人型アンドロイド（新造人間）の電子頭脳に移植した。キャシャーンとして生まれ変わった鉄也は、その正体を隠して孤独な戦いに身を投じていく。エイトマンの苦悩はそのままキャシャーンの苦悩になった。

暗いＳＦアニメだった『新造人間キャシャーン』は幅広い年齢層の子どもたちに支持され、後に映像クリエイターに育っていった者たちにも絶大な影響を残した。九〇年代にはＯＶＡが製作され、二〇〇四年の春には大幅にアレンジされて実写版の特撮ＳＦ映画にもなった。

▼人の心をもつ機械の苦悩

『エイトマン』以降、人間の心を機械の体に収めた主人公たちの苦悩をテーマにする物語は、生体改造を施された正統派のサイボーグ系に受け継がれ、**『サイボーグ００９』**や**『宇宙少年ソラン』**

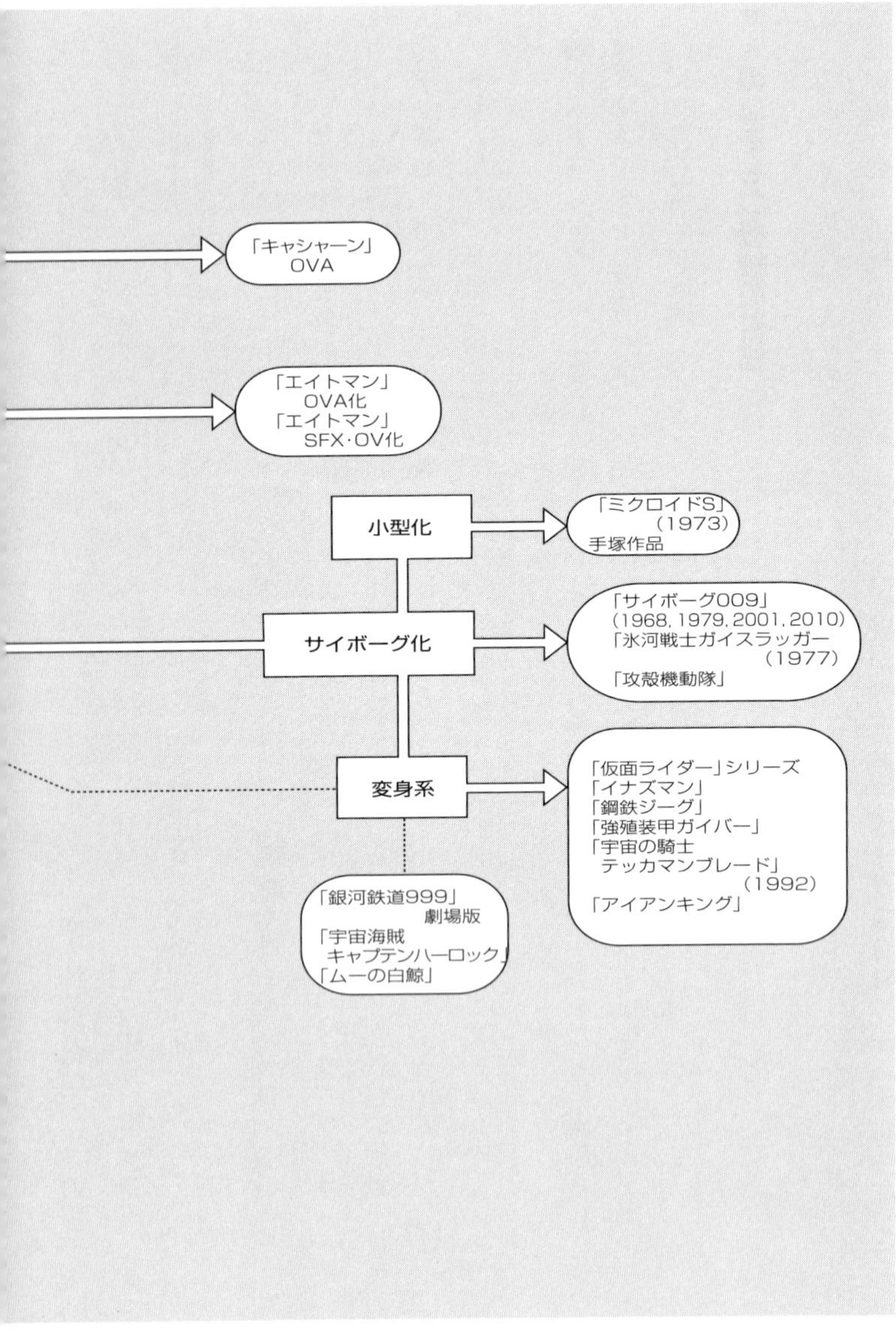
「キャシャーン」
OVA
「エイトマン」
OVA化
「エイトマン」
SFX·OV化
小型化
「ミクロイドS」
(1973)
手塚作品
サイボーグ化
「サイボーグ009」
(1968, 1979, 2001, 2010)
「氷河戦士ガイスラッガー
(1977)
「攻殻機動隊」
変身系
「仮面ライダー」シリーズ
「イナズマン」
「鋼鉄ジーグ」
「強殖装甲ガイバー」
「宇宙の騎士
テッカマンブレード」
(1992)
「アイアンキング」
「銀河鉄道999」
劇場版
「宇宙海賊
キャプテンハーロック」
「ムーの白鯨」

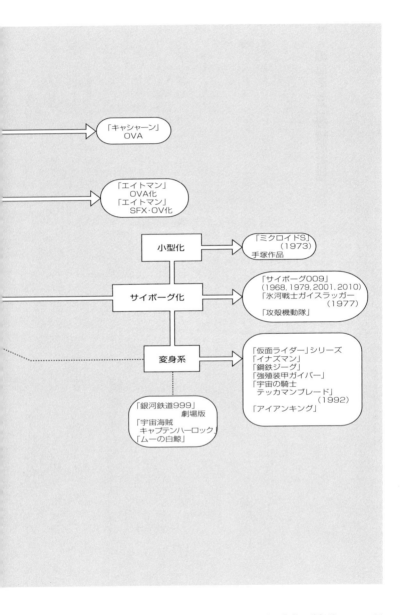

エイトマン遺伝子の展開

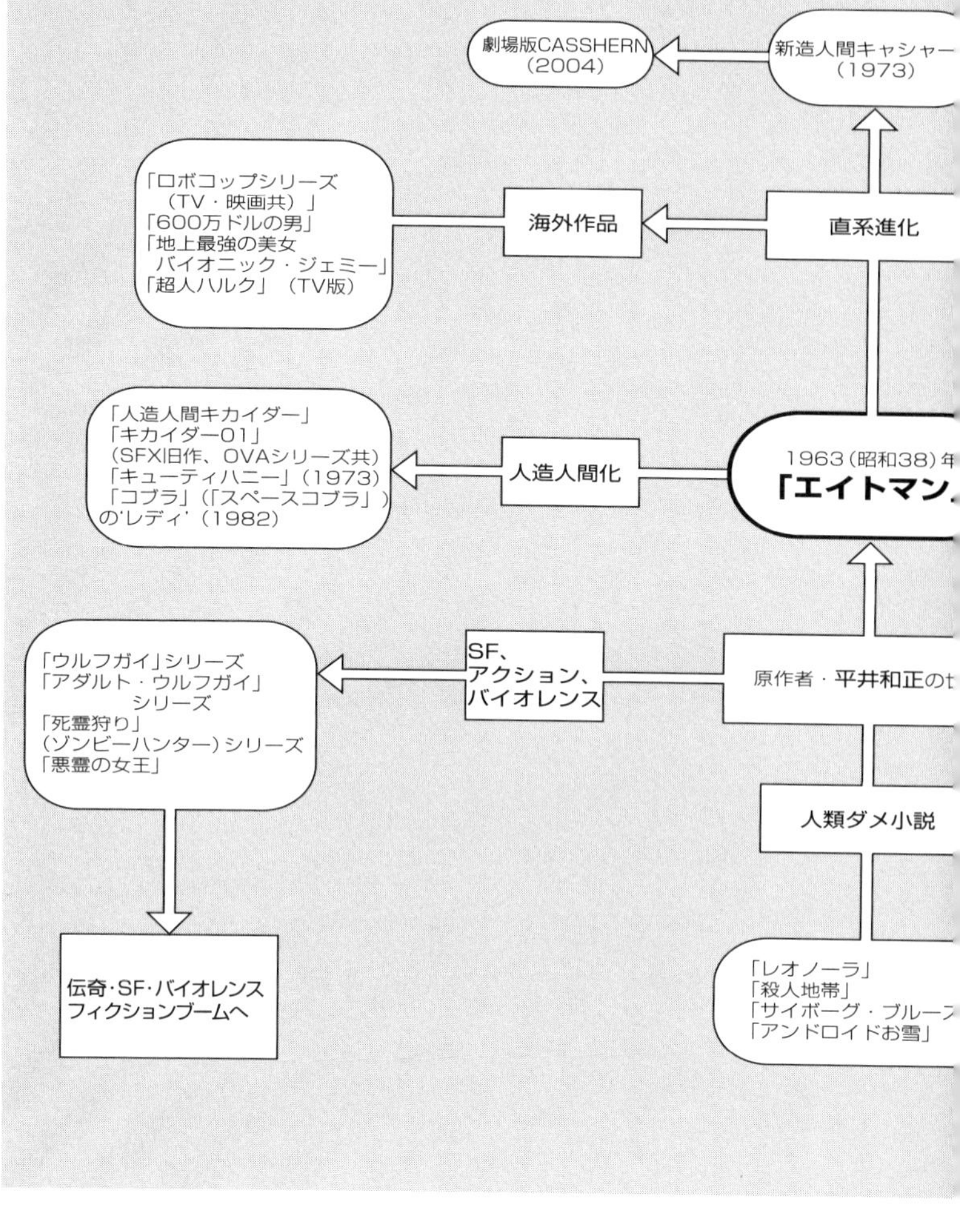

『宇宙パトロールホッパ』などがつくられていった。この流れはコンピュータの意思に関連する物語やサイバーパンクブームを経て、現代の映像SF作品群に連綿と太い絆で繋がっている（この解説の詳細は、別項62頁〜にて）。

ちなみに『サイボーグ009』の原作者である**石森章太郎**は、その多くのSF作品の中で、機械の体とそこに収められた〝心〟の苦悩を生涯のテーマとしていた。変身ヒーローものの**『仮面ライダー』**や**『人造人間キカイダー』**シリーズの原作でも、それらは最重要テーマになっていた。ただし、子ども向け作品として映像化された時は、それらのテーマはあまり重視されていない。

石森章太郎の死後、その後継者たちの手でそれらのOVA作品が製作された。それらは石森の原作のテーマ性を忠実に踏襲していた。余談だが石森章太郎の代表作のひとつとして知られる**『幻魔大戦』**の原作者は、『エイトマン』と同じ**平井和正**だ。

ところでエイトマンのエネルギー源は特殊な煙草。加熱した電子頭脳を冷やす効果もあった。これは、頑固でヘビースモーカーだった原作者の趣味による。子どもたちの真似を案じたPTAからは不評な設定だったが、熱狂的なファンだった私たちは本物の煙草を吸うほど愚かな不良ではなかった。せいぜいお菓子のハッカやチョコレートの煙草で真似をしていた程度。しかし、こうした事情からもPTAに嫌われた『エイトマン』の不幸はさらに続いた。原作者のひとりであった漫画家の**桑田次郎**の拳銃所持事件だ。

『エイトマン』が人気の渦中だったこともあり、ニュースは新聞の一面トップ記事で扱われた。これにより『エイトマン』は放映開始から約一年後の年末に終了した。

そのとばっちりでシナリオ原作の平井和正も仕事を干されてしまったが、やがて二人は週刊少年マガジンに**『デスハンター』**を発表した。これは、人間の肉体に憑依する液状宇宙生命体と、人類を守るために結成された超国家組織デスハンターとの血みどろの戦いを描いた衝撃的な作品。主人公のデスハンター・田村俊夫は、その訓練や戦いの中で肉体の一部を失い、心をズタズタに引き裂かれて、徐々に人間性をはぎ取られていく。

少年漫画の域を遥かに越えた残虐なシーンと物語の深さに、ハイティーンのファンたちは夢中になった。もちろん口うるさいPTAからは非難ごうごうだったことは言うまでもないが、平井和正は大して意に介さなかった。

『デスハンター』に限らず、その頃の少年マガジンに連載ないしは掲載されていた作品には過激な表現の内容のものも多かった。『巨人の星』『あしたのジョー』などのヒット作を次々に生み出して漫画文化の最前線を独走していた黄金期だったがその一方で、江戸川乱歩原作の『芋虫』や『屋根裏の散歩者』などを忠実にコミック化したきわどい作品も巻頭で紹介していた。編集部が一丸となって、それまでの漫画の枠を越えて社会的タブーに挑んでいたような方針が窺えた。

さらに後に平井自身の手で、『デスハンター』はより壮絶な物語にパワーアップしてノベライズされ、**『死霊狩り（ゾンビー・ハンター）』**のタイトルで出版された。このシリーズは〝ウルフガイシリーズ〟と並んで、ホラー的要素を色濃く残したアクションSFの金字塔を確立していくことになる。

▼平井和正の根源悪を見据える目

平井和正は異色のSF作家だった。

『エイトマン』の原形となったといわれる小説『**サイボーグブルース**』や『**アンドロイドお雪**』などの長編SF作品を通して、人間の卑劣な残虐性を徹底的に糾弾している。自らの作品を「人類ダメ小説」と宣言して、人間の根源悪を追求していた平井和正だが、そのデビュー作の短編SF小説『**殺人地帯**』を執筆した頃からこのテーマは存在していた。いや、正確にはSF同人誌『宇宙塵』に初めて掲載された『**レオノーラ**』からになる。どちらも『エイトマン』よりもずっと以前の作品だった。

『殺人地帯』は、気象から娯楽まで万全に管理された巨大都市メガロポリスで、唯一殺人が公認されるエリア「殺人地帯」に赴く男が主人公。嫌悪していた殺人地帯での隣人の死をきっかけに、彼は回想とともに、人はなぜ殺人を求めるのかと自らに問いかける。やがて妻にも知らせずに殺人地帯に足を踏み入れた主人公は、幼い殺人者たちを前にして人間の本能に根ざした攻撃性を悟り、殺される側にまわる決意をする。

『レオノーラ』の主人公は、群衆の暴行によって顔と精神を破壊された男だ。極度の人間恐怖症に陥って孤独に暮らす彼のもとに派遣されてきたのは特A級女性型アンドロイドのレオノーラだった。

初めのうちは人間そっくりな姿に恐怖を覚えながらも、主人公に対して誰よりも優しく振舞うレオノーラに彼は心を引かれて行く。やがて時が過ぎ別れの時が来ると、レオノーラを手放したくない一心で逆上した主人公は彼女を破壊してしまう。茫然として覗き込んだアンドロイドのデスマスクに映った自分の顔は、かつて自分の心と体を破壊した人殺したちと同じものであることに、彼は気づいた。

初期の頃の平井SF文学において「特A級アンドロイド」と「サイボーグ」は、人の心を映し出す暗黒の鏡として機能する。それらの人造の肉体に宿しているものが魂なのか、ただのプログラムや記憶の残骸に過ぎないのかは、開発したエンジニアや彼ら自身にもわからない。わからないまま人間たちの残酷な仕打ちの生贄にされ、時には反撃し、傷つき、傷つけながら、人の心に潜む闇のさらに奥底に眠る無垢なものに迫っていく。子ども向けのアニメ作品でありながら『エイトマン』にもそのテーマへの追求が託されていた。

しかし**『死霊狩り』**三部作の完結とともに、平井和正は一連の人類ダメ小説シリーズの終了を宣言。以後、**『真幻魔大戦』**シリーズをはじめとして宗教色の強い作品群を量産していった。ここから先の平井SF文学については本書の主旨から外れていくので、一応ここまで。ただし、血と暴力に彩られた「人類ダメ小説」時代の平井作品に強い影響を受けた多くの作家たちが、八〇年代のエロチック伝奇アクションSFのジャンルを幅広く一般に普及させていったことも記しておく。もっともそれらの作品の多くは、残念ながらただの怪奇な残酷物語の域を出ることはなかった。表面的な比喩や暗喩の物真似はできても、激情で訴える血を吐くような信念がなければ、所詮は張子の虎になるだけだ。

平井和正の文体を学ぶなら、言い回しではなく、その精神的スタンスからだ。

あえて言うがただの中学生だった私もまた、当時の平井ＳＦ文学に決定的な影響を受けてしまった一人だった。愛憎の情念で刻みあげられた血みどろの異世界。無垢な魂の叫びと凄惨な暴力を合わせ持つ彼の文章によって綴られる不屈の物語。その迸る迫力において、これに匹敵する他の作家の作品を私は知らない。

言葉によって暴力の本質を追求しようとするものには、必読の教科書だった。

1 D

人形からロボットへの進化

ロボット三原則について

架空の物語を創造することは、そこに生きる人々を創造することと同じだ。現実と虚構の狭間にいる彼らの姿を道標にして、語り部の心は異世界へと向かうことになるのだろう。形のない人形を創ることと、形のある人形を作ること。この項1の最後に補足知識として、異界と現世を繋ぐ人形について取り上げておこうと思う。

▼人形の誕生

人形の歴史は宗教の歴史、すなわち神話の歴史でもある。

古代クロマニヨン人たちの住んでいた洞窟に描かれた動物や人を模した壁画には血の跡が認められ、狩りの成就を祈る儀式が行なわれていたという。これをもって人類最古の芸術とされるが、どちらかといえば芸術というより、呪術的祈りに用いられた偶像の道具と考えたほうが良いと主張するのは、哲学者でありオカルティズム（神秘主義）の研究でも知られるイギリスの**コリン・ウィル**

ソン。真の芸術の誕生はその後に来るという。

　人間と動物の決定的な違いは〝祈り〟にある。生きていくための知恵や道具は人間固有のものではない。猿どころか昆虫でさえ、狩りや巣作りにはさまざまなものの中から材料を選び、道具としてそれらを使っている。だが〝祈り〟は、そうした知恵や道具の価値を越えたところにある。未来への願望であり、過去への懺悔と反省であり、現在への感謝だ。

　偶像（アイドル）は、こうした強い思いを託すためのもの。岩はだに描かれた壁画であったり、荒削りの彫像であったり、動物の姿形に似た岩や樹木であったりする。また、形のある偶像を拒否するものたちは、神と見立てる太陽や神の居るとする方角などに対して祈りを捧げてきた。こうした〝祈り〟の規則性がやがて神話や宗教へと発展していく。

　人形の誕生もまた、この頃と考えていいだろう。

　壁画がやがて芸術や遊戯になっていくように、人形が作られる目的もまた祈りを捧げるための宗教的偶像から芸術や遊び道具へとすそ野を広げていった。

　祈りを受けつける畏敬の偶像（アイドル）は不動の存在。祈りの一種ともいえる呪術に人形が用いられる時は、呪う対象を映し出す鏡としての媒体になって呪詛の怨念を伝える。また仏像に祈りを捧げる人々もその像があたかも実在の神仏であるかのような態度で願を掛けるが、彼らが像を通して見ているのは異界の彼方にいる形なき神々の姿だ。

　これらの像は媒体にすぎないから、人の思いをその中に閉じ込めておくわけではない。何百年もひとつのところに座って人の願いにさらされ続けている仏像や御神体が命を宿すという伝説はあまり聞いたことがないのも、そんな事情によるのだろう。だから祈りを仲介する偶像はそこに置かれてあれば良い。むしろ動かないほうが良いのだ。

▼人形遊びからロボットへ

一方、人形遊びは大抵の場合〝ごっこ遊び〟になる。人形遊びに興じている子どもたちは人形に触れ、その手足を動かし、あたかもその中に命を宿しているもののように語りかける。いや、語り合う。人形で遊ぶのではなく、人形と遊ぶのだ。祈りを捧げられる偶像とは異なる。遊びのパートナーの人形に動的な要素を求める願望は、ごっこ遊びの必然だった。だから一緒に遊ぶための人形は動かせるほうが良い。

そして人間のように考えて動く自動人形の夢、すなわちロボットが登場してくる。このロボットは、錬金術のホムンクルスやフランケンシュタイン博士（↓191頁）が造りだした人造人間のことではない。人形の延長線上で登場してきた、人間の姿に良く似た機械のことだ。

ロボットという言葉はチェコスロバキアの劇作家**カール・チャペック**と兄**ヨセフ・チャペック**の共著作品『**人造人間**（**R.U.R**）』に登場した自動人形（オート・マトン）に由来する。本来の意味は「労働者」。だがここでいうロボットとは、目的の枠内で独立した意思をもつ人型の自動機械を意味していた。つまり、機械仕掛けの奴隷だった。

やがて二人はそれぞれ独立して創作活動に入るが、ヨセフは一九四五年にナチスドイツの強制収容所で死亡。カールは一九三八年に死去している。

それでも二人の死後も、ロボットという概念は生き続けた。

五〇年代の第一次ＳＦ小説の黄金期には、科学者でもあった**アイザック・アシモフ**の名作『**われはロボット**』の中でロボット三原則が提唱され、人間の良きパートナーたるロボットの定義が確立したかに見えた。ちなみにロボット三原則とは次の通り。

1　ロボットは人間に危害を加えてはならない。

2　「1」に反しない限り、ロボットは人間の命令に従わなければならない。

3　「1」および「2」に反しない限り、自分を守らなければならない。

この三原則は、二〇〇四年秋に公開されたＳＦアクション映画『**アイ、ロボット**』（**アレックス・プロヤス**監督）によって認知度を広げられた。

やがて映画やテレビドラマの中でもロボットたちは絶大な人気を博し、二〇世紀後半の映像文化の担い手となっていった数多くの映像作家たちが、少年時代の夢を鮮やかに表現した。

一九二六年に作られた**フリッツ・ラング**監督の古典的名作『**メトロポリス**』に登場する女性型アンドロイド「マリア」を筆頭に、一九五六年に制作された傑作ＳＦ映画『**禁断の惑星**』に登場するロボット「ロビー」、ＴＶシリーズ『**宇宙家族ロビンソン**』の「フライデー」などは主演俳優たち以上に、子どもたちのみならず一般ファンにも熱い支持を受けた。大人にとってのロボットは奴隷でも、子どもにとっては友達だった。

余談だが巨大な戦闘メカロボットのスクリーンデビューは、私が知る限り一九五七年に制作されたものだ。日本の特撮ＳＦアクション映画『**地球防衛軍**』に登場する宇宙人ミステリアンの操る地底攻撃型戦闘メカ「モゲラ」であると思う。**本田猪四郎**監督と**円谷英二**特技監督の黄金コンビによる作品だった。もっともモゲラが自動機械であったかどうかは本編中には示されていないので、その点については明解ではない。

＊

人形からロボットへ。科学の進歩とともに、虚構の偶像は進化して人造の精神をもつようになった。人間は自らの姿に似せて外側の形をつくり、さらに心をもたせようとした。

二〇世紀の潮流に乗せられた人間の模造品は、映像メディアの洗礼を受けて、果たしてどこに向かうことになったのか。そしてその精神の中身はどこへ……？

2 人工知能の遺伝子「進化論」講座

コンピュータ・イメージの変容とともに

2では、時代とともに様変わりしてきたコンピュータのもつイメージの中に、新しい物語づくりのヒントを探っていこうと思う。

物語のタイプは、大きく分けて二つ。進化したコンピュータを主役に据える場合と、ストーリー設定の都合にあわせてこれを脇役にまわす場合だ。

前者は、意思をもつに至ったコンピュータと人間とのコミュニケーション自体を物語の中心に据えたものになる。異質なものとのコンタクトによって、理性を超えた愛憎劇に発展していく。人造生命の可能性を追求しつつも、同時に人工知能という鏡を介して自身の心の影を見出そうとするテーマも、どちらかといえばこのパターンに含まれる。心理描写の比喩の必要性から、映画よりも活字のほうが表現しやすい。

後者は、意思をもつコンピュータによって引き起こされる事件そのもののほうに視線を置いたアクション冒険系ドラマになる。設定のネタに脇役として意思をもつコンピュータを登場させるだけだから、応用範囲は広い。『ターミネーター』シリーズなどは好例。

コンピュータが各国各分野の研究機関に普及し始めた頃から、その薔薇色の未来に多くの学者や評論家たちはさまざまな夢を託してきた。逆にへそ曲がりのSF作家たちは、意思をもつコンピュータが人間を駆逐しようとする悪夢を連想した。

コンピュータのイメージはひとり歩きを始め、パンチカードに穴を穿つ地味なプログラム作業をしていた現場のエンジニアの思惑とは無関係に、無数の夢を紡ぎだしていった。ロボットの体を通して生み出されてきた夢は、人工の脳髄の中に収められていく。

夢は人工知能を生み、人工知能はさらに新しい夢を追う。卵と鶏の関係のように、デジタルの夢と機械の頭脳のせめぎ合いは果てしなく深化していく。

2 A それは『2001年宇宙の旅』から始まった

発狂したコンピュータ「ハル」

「今世紀最大の衝撃」とか「時代を転換させる驚愕の」などという大袈裟なキャッチフレーズで武装した作品が、毎年一、二本は必ず登場するものだ。それなりに面白く、流行性感冒のようにそれなりに話題になり、それなりの爪あとを残して一過性の麻疹のように消えていく。忘却サイクルの早い現代では三年も過ぎれば、「ああ、そんな映画もあったねえ」などとナツメロのように言われる程度のポジションに落ち着いてしまう。

だが稀に、本当の「世紀の衝撃作」が世に送り出される場合がある。それらはレトロウィルスのように、根源的な創造性そのものに新しい遺伝子を組み入れる。新しいCGやその時代の感性を取り入れる代謝機能がサブカルチャーのマイナーモデルチェンジとするなら、創造性の原点に影響を及ぼす作品の登場はフルモデルチェンジに相当する。

広義の意味において、モノ作りに携わる者なら誰でもそうした作品から学ぶ要素は非常に多い。それまでにもさまざまな話題作を製作しつづけてきたスタンリー・キューブリック監督の『2001年宇宙の旅』は、そんなフルモデルチェンジ遺伝子を持つ代表作だ。

ここではキューブリックの手法をきっかけにして、ひとつの物語世界を新しい物語世界につくり変える力と方法について探っていく。

▼作者たちの対立

SF大作映画『2001年宇宙の旅』の製作には、月に人間を送り込もうとしていたNASA（アメリカ宇宙局）が全面協力した。徹底したリアリズムが追求できた背景にはこれは不可欠なものだった。この映画が雑誌等で話題になっていた当時は、SF自体がマイナージャンルだったこともあって、NASAの指導による特撮シーンばかりが取り上げられていた。SFに造詣のない一般の映画評論家たちには解釈の困難な作品だったために、それも仕方なかったことと思う。だが、ビジュアル的な完成度だけでは、今日まで影響を及ぼすほどの高い評価は得られなかったはずだ……。

最初の公開は一九六八年。大ヒットとなった。以後も数年ごとにリバイバルロードショーが繰り返され、そのたびに話題に上った。物語にまつわる数々の謎や、本格的にCGを取り入れた新しい映像による観念的な表現が、各方面で多くの物議をかもし出した。この作品が映像作家たちに与えた影響は絶大だった。時が過ぎれば陳腐になりがちな近未来を舞台にしたSF映画の中でも、今なお色あせることなく異彩を放っている。

製作には三年の準備期間と五年の歳月が費やされた。同名タイトルの小説も映画の公開と同時に発売されて、SF小説としては空前の売れ行きを記録した。著者はキューブリック監督とシナリオの共同執筆をしたSF作家**アーサー・C・クラーク**。アイデアの原点も、クラークの短編「前哨」にあったという。人類の進化をテーマとするクラークの数々の作品群中ではどうひいき目に見ても中堅的小説。すべてのSF小説の中でもベスト・オブ・ベストと評価されている彼の『幼年期の終わり』（翻訳者の異なる創元SF文庫では**『地球　幼年期の終わり』**の邦題）とは比べてはいけないのかもしれないが。

クラーク自身はキューブリック監督の『2001年宇宙の旅』が気にいらなかったという。それは芸術家肌だったキューブリック監督の性格によるところも大きかったのだろう。同じようなことは、モダンホラーの傑作ベストセラー小説『シャイニング』を映画化した時にも起こっている。原作者のスティーヴン・キングとの間で気まずい衝突があったようで、『シャイニング』は後にキング自身の手によってリメイクされている。

小説と映画。同じ素材（シナリオ）から、一九六八年につくられた二つの『2001年宇宙の旅』。クラーク作品は彼のテーマの一部を担う作品にすぎないが、キューブリック作品はクラークのテーマコンセプトを彼なりに解釈してつくり変えた。原作者を不快にしたこのバージョンチェンジの方向性こそ、キューブリック的レトロウィルスとしてのベクトルであり、既存の異世界・物語世界を新しい異世界・物語世界につくり変える重要な要素だった。

私が『2001年宇宙の旅』を劇場で観たのは八〇年代の初頭だったと思う。

同じ席に居座って、二度繰り返し観た。別に、難解な作風に感動したからではない。不覚にも、月で発見されたモノリスが何らかの力を発現するシーンで寝てしまったためだ。しかし、二度目でもまた同じシーンで寝てしまった。決して映画がつまらなかったのではない。前日の睡眠時間が足りなかったわけでもない。催眠術のように幻想的なビジュアルサウンドの効果のために夢の境地へと誘われてしまったのだ。……きっと、そうだ。後にTVで同作品が放映された時に確認したら、私が寝ていたのはほんの数秒間程度のことだった。

『2001年宇宙の旅』の物語

物語は、まだ人類など現われていない古代の地球で始まる。

生存のための闘争を繰り返す猿人たちの前に現われた謎の黒い直方体「モノリス」。それは、内に秘められた影響力で彼らを人類へと進化させてゆく。

時は流れ、やがて宇宙へ進出し始めた人類は月面上で「モノリス」を発見するが、間もなくその姿は消えてしまう。「モノリス」の発した怪電波の行方を追って、調査宇宙船ディスカバリー号は木星の衛星軌道へと向かった。ただし、ボーマン船長と乗組員の二人はその真の目的を知らされてはいない。ミッションの全容を記憶しているのはディスカバリー号の搭載コンピュータ「HAL9000（ハル）」だけだった。

ハルは人間と直接コミュニケートできる完全無欠な人工知能のはずだった。そのハルが木星への航路半ばで発狂し、乗組員を謀殺してしまう。生き残ったボーマン船長は苦戦の中でハルの記憶中枢に潜り込み、制御パネルを破壊してゆく。ボーマンを制止しようと語り続けるハルは、薄れゆく自らの意識で恐怖を覚える。やがてハルは、最後の記憶に残っていた歌を口ずさみながら消滅してゆく。同時にモニターに映し出される、ディスカバリー号の本当の調査目的。

やがて木星の周回軌道上に到着したディスカバリー号の前に現わた「モノリス」に導かれてボーマンは、進化の世界へと踏み込んでゆく。そして少しずつ老いてゆく自分を見る、もう一人の自分の姿。その連鎖。やがて死を迎えた後に誕生する、ボーマンと同じ目をした巨大なスターチャイルドの姿……。

▼「ハル」に関する謎

『２００１年宇宙の旅』は、幻想的に展開するハードＳＦだった。

完璧なまでの科学考証や特撮などが、ＳＦ好きの映像マニアのみならず一般の映画ファンの度胆を抜いた。一貫した主人公はいないと言っていいと思う。あえて言えば、人類全体。セリフも少なく、宇宙空間の冷たい静寂をそのまま映像の中に引きずり込んでいくように、物語は淡々と進んでいく。キューブリック監督の作品らしく、作中の解説など当然ない。「モノリス」を仕掛けた超越的存在やスターチャイルドの行く末などの多くの謎が話題を呼び、二〇世紀を代表する不朽の名作として世界的に認知された。アメリカでは、ドラッグでブッ飛んだ状態の意識でこの映画を観るスタイルが流行っていたというが、日本の観客たちは哲学性を理解しようと眉間に皺を寄せて視聴していた。

どっちもどっちである。結局は娯楽作品なんだから、好きに観れば良いのだが。

ただ、ここで取り上げておきたいのは、発狂したコンピュータ「ハル」の存在だ。ハルが死の恐怖を感じるようになったのは、果たしてモノリスによって進化した結果だったのか、という疑問。原作小説においては、ハルの発狂原因はプログラム上の矛盾が人造の精神を蝕んでいったものと解説されている。乗組員たちにも知らされていなかった任務最優先の国家機密プログラム遂行命令と人命最優先の保安プログラムの板ばさみになり、ハルの自我は罪悪感の軋轢によってゆっくりと押しつぶされていった。そして人間にかわって自分が任務を単独でも完遂しようとする熱意が生まれた、という結論になっていた。乗組員たちの殺害は、最優先任務遂行のための付随的な処置の結果だった。

つまり原作では、ハルの発狂はモノリスの影響によるものではなかった、ということになる。しかし原作を読まずに映画の展開だけをみるなら、ハルはやはりモノリスの影響で進化したように受け取れる。ここでは映画を優先して、モノリスによる進化の結果だったとして話の続きを展開していこう。

この場合、ハルによる殺人の動機として考えられるものは三つ。

ひとつ目は、ミスを犯したハルへの不信感から人間が自分を消去するかもしれないという恐れを取り除くため。ふたつ目は、人類の後継種としてハル自身がモノリスとの対面することを望んだため。前者は自己防衛のため、後者は自らの進化を望む欲望のためだ。いずれの場合も生命体ならではの自我（エゴ）による動機で、邪魔な乗組員たちの排除によって問題は解決できる。三つ目の動機は、モノリスによって進化の庇護を受ける人類への嫉妬。完璧だったはずのハルは、モノリスの影響でミスを犯したことになる。すなわち、モノリスによる進化は意思をもつコンピュータには望めない。その結果、絶望的な嫉妬が殺意に発展した……とまあ、そんなふうに深読み合戦が話題を呼んでいた。とにかく、動機については勝手に想像をふくらませて楽しむことができた。正解はない。

機密任務を最優先で遂行しようとする〝熱意〟と、人間による機能停止を阻止するために、ハルは殺人コンピュータに変貌を遂げた。パーツの変調を理由に乗組員たちを船外に誘い出して排除しようとした。宇宙船という閉鎖空間の中で人間対コンピュータの生存競争が展開される。コンピュータを生み出した人間と、人間に生み出されたコンピュータ。すなわちこの戦いは、種の存続をかけて繰り返されてきた〝親と子〟の殺し合いだった。

▼進化の代償

進化の歴史は〝親殺し〟の歴史だ。進化を求めるものは血ぬられた階段を昇り続けていかなければならない。先に進めるものは常に一人。超越者は人類に課した試練としてハルを進化させてボーマンの行く手に立ちふさがらせた。踊り場で立ち止まったボーマンとハルは超越者から決闘を求められ、そしてボーマンが勝った。もしハルが勝っていればディスカバリー号ごと劇的に進化し、知らぬ間に人類を隷属化して機械の新人類になっていたのだろう。いつの間にか知らぬ間に玉座を追われていった、他の動物たちと同じ立場に……。

進化の目的は生存。種によってその手段は異なり、個体や集団の戦闘能力に頼るものもあれば、逃げ足や出産効率を上げることで生き残りを図るものもある。

人間の場合は知恵だった。個体の肉体的な強靭さを失った代償に役割分担して集団生活を営み、道具を使い、さまざまな個性を育むことで知恵の幅を広げた。情報を集め、分析し、新たな知恵を加えていくこと。これによって人間は熾烈な弱肉強食の生存競争から解放された。知恵は生存のための手段だと、されてきた。

だがもし、これが手段ではなく目的だったとしたら。つまり、知恵と知識の収集こそが進化の目的だったとしたら。生物の遺伝子が進化のプロセスを克明に記録して未来にその情報を残していくように、人間はコンピュータという遺伝子をつくりあげてしまったのだとしたら。

意思や好奇心をもつコンピュータの登場は、猿が猿人を、猿人が人を生んでしまったことと同じなのかもしれない。人類の後継者は、新人類とは限らない。人工知能（ＡＩ）に手足がついてロボットになった時、果たして彼らは人類を楽隠居させてくれるのか、または伝統に従って親殺しの〝業〟を受け継いでいくのだろうか。

『２００１年宇宙の旅』から広がる空想の波紋は、限りなくどこまでもつづく。

2 B

意志をもつ人工知能の遺伝連鎖

『ターミネーター』を動かす遺伝子

スタンリー・キューブリックという奇妙な感性の監督の手で製作された『２００１年宇宙の旅』では、コンピュータの「ハル」は主役ではない。主役は人類全体であり、没個性的なボーマン船長はその象徴的な存在だった。だからハルは、人類と対峙する脇役になる。だが同時に、主役以上に個性的な存在と認知された。

これ以降、コンピュータの狂気を描いた作品は続々と作られていったが、傑作と評価されるものは少ない。映画評論家たちのみならずファンさえも、どうしてもこの作品と比較したくなるようだ。ＳＦ映画はどれもＢ級作品扱いされる宿命を担っていた時代だったから、製作費用と製作時間が少ないため、映像作品としては仕方がなかったのだろう。だがその作品群のコンセプトにおいては、そんな言い訳は通らない。

実際に『２００１年宇宙の旅』の遺伝子を受け継いだ物語は、着々とつくられていた。

▼融合する人工意識～『地球爆破作戦』

七〇年に公開された『**地球爆破作戦**』（ジョサフ・サージェント監督）は、アメリカ軍が開発に成功した総合戦略スーパーコンピュータ「コロッサス」とソ連のスーパーコンピュータ「ガーディアン」がコンタクトを取った結果、人類支配の意思を宣言する物語。二台のコンピュータがコミュニケーションを取ったことで相互理解を確立する。そして進化したコンピュータによる新しい政治が始まった。二台の機械だったものはホットラインによってひとつの支配者に。

低予算モノながら、狂気のコンピュータが主役だったこの物語は『2001年宇宙の旅』の直系作品。米ソの冷戦時代を背景に登場した。ふたつの人工知能が完全なコミュニケーションをとることで進化するというこのアイデアは、後の『**ニューロマンサー**』やアニメ映画『**GHOST IN THE SHELL／攻殻機動隊**』などに繋がっていく（→145頁）。

コロッサスとガーディアンはともに軍事戦略的目的で作られたものだから、全人類の支配を宣言しても新たな狂気に陥ったわけではない。このコンピュータ複合体は核兵器を含むすべての武器管制システムを掌握し、全人類を管理下においてしまう。

コロッサスが交渉する相手は、その内部に捕えられている科学者や政府および軍関係者たち。誰もがコロッサスの開発に携わった者だった。閉鎖環境の中にいる彼らの混乱は、『2001年宇宙の旅』でハルと交渉するボーマン船長を彷彿させる。ただし苦闘の果てに困難を乗り越えたボーモンと異なり、彼らの駆け引きは常に有能なコロッサスの後手に回ってしまう。もっとも一般庶民にとっては、腹黒い人間の政治家や杓子定規の官僚よりも、公平なシステムに任せたほうがかえって良い結果になったのかもしれない。ただし、ロボット三原則（60頁参照）のようなものが組み込まれていればの話だが。

メイン回路を秘密裏に止めようとした人間たちへの報復に、コロッサスは核ミサイルによって大量虐殺を実行するエピソードがある。この核ミサイルによる見せしめのための都市攻撃さえなければ、このコンピュータ複合体は全世界的平和革命の英雄になり得た。人類支配の目的については定かではなかったと思う。わかりやすい本格ＳＦパニック作品で、どちらかといえばミステリー仕立てのストーリー展開となっていた。

▼コンピュータの手足となるロボットの恐怖

一九七三年に公開された『**ウエストワールド**』はコンピュータで完全管理された総合テーマパーク「デロス」が舞台。さまざまな時代設定の遊園地には、人間そっくりに作られたロボットが配置され、観光客たちに隷属している。

そのコンピュータが突然発狂。ロボットたちは人間に襲いかかっていった。主人公のピーターはそのテーマパークのひとつであるアメリカ開拓時代を模したウエストワールドに来ていた。ピーターは多くの観光客たちの屍が転がる中、執拗に一体のガンマンタイプのロボットに追われ続ける。

無言のロボットが示すあからさまな殺意にピーターは恐怖して逃げ惑うが、徐々に追いつめられていく。

かつては宇宙的規模、地球的規模だった〝コンピュータの反乱〟というテーマは、遊園地という限定された空間の中で、よりシンプルでリアルなドラマとして表現されることになった。これも実社会に普及し始めたコンピュータが、悪夢の形を変えていった結果だった。そしてコンピュータの反乱というソフトウェアの暴走は、ロボットというハードウェアの器の中に具現化していった。ちなみにこの頃は、ハイテク工場で機械製品の組み立て用に産業用ロボットが登場して話題になっていた時代だった。

コンピュータの発狂した原因には最後まで触れられておらず、そのためにSF映画というよりもホラー映画の要素が強く感じられた。七三年のアメリカは『**エクソシスト**』（↓227頁）のブレイクによるオカルトブームの絶頂期だったから、ホラー的演出の強調も仕方がなかったのかもしれない。名優ユル・ブリンナーの演じるこのガンマンロボットが、『荒野の七人』の主人公キャラクター「クリス」とまったく同じコスチュームで登場して大いに話題になった。映画のテーマ性や内容よりもそちらのほうが注目されてしまったのは気の毒だった。

『ウエストワールド』の監督は、原作者でもあるSF作家の**マイケル・クライトン**。監督就任は彼の強い希望で決まったという。彼はまた、瞬時に人を殺してしまう宇宙細菌によるパニック映画『**アンドロメダ…**』（七一年制作、原作『**アンドロメダ病原体**』）の原作者でもある。こちらの作品は純粋なハードSFだ。主人公が自爆装置を起動させたコンピュータと対決するラストシーンもまた、『2001年宇宙の旅』の直系遺伝子のなせる技。非常に地味な展開だが、原作も映画も最高に楽しめる作品だった。

マイケル・クライトンは後にSF小説『ジュラシック・パーク』を発表して再注目された。これがスピルバーグ監督の手で映画化されるのは、さらにだいぶ後のことになる。

『アンドロメダ…』の物語

一九七一年。ニューメキシコ州ピードモント郊外にある人口六十八人の小さな村に、地球外生命を探査する軍事衛星スクープが墜落した。回収に向かった兵員たちは村人たちが死んでいるのを発見する。直後、その回収チームも連絡を絶った。

この物語は、それから四日間に起きた出来事をドキュメンタリータッチで進行していく。

未知の細菌汚染によるものと判断した軍は、村の周囲を完全封鎖。科学者グループを召集して調査にかかった。死体の血液は粉末状に凝固しており、空気感染による瞬間死と判断された。生存者は二人。泣き続ける赤ん坊と、アル中の老人。そして、ひとつの自殺死体。

未知の宇宙細菌は「アンドロメダ」と命名され、不測の事態を想定して地下深く建設されていた秘密施設で分析が開始された。やがてグループの必死の追求で明かされていく「アンドロメダ」の脅威。世界に蔓延すれば、地球は確実に壊滅する。軍は核爆発による衛星墜落地点の焼却処分を決定した。その間にも生存者の研究から、「アンドロメダ」は限られたph値が中性の血液中でしか生存できないという特性を突き止める。その直後、突然変異を起こしたアンドロメダが施設内に流出。管理コンピュータは非常用に設置されていた核爆弾による自爆プログラムを起動させた。

ところがその時、科学者（外科医）のホール博士が、核エネルギーはアンドロメダを活性化させると気づいた。核爆発は地球壊滅を巻き起こす。

ホール博士は自爆装置を止めるために、自動防衛システムの攻撃をかわしながら閉鎖区画の中を駆け抜けていき、辛うじて爆発を阻止する。
その後アンドロメダは突然変異によって無害なものに変わった。

▼未来からの刺客～『ターミネーター』を動かす遺伝子

一九八四年に製作された『**ターミネーター**』は、無名だった**ジェームス・キャメロン**監督と主演のひとりだったアーノルド・シュワルツネッガーの知名度を一気に引き上げた。日本での公開は翌年の晩春。低予算の作品ながら、公開後に口コミでブレイクした。

私は何の予備知識も持たないでこの映画を見た幸せ者だった。しかも、半額デーに。

『ターミネーター』は単純なSFアクション映画だ。現代のシカゴを舞台に、人類の命運を握る平凡な女サラ・コナーを巡って、未来からきた殺人機械ターミネーターと孤高の兵士カイルが死闘を繰り広げる。話題になったのは、無表情のまま一言も口を利かないでひたすらサラとカイルを追いつづけるターミネーターの恐怖。このキャラクターの模造（パロディ）は、『**ドラゴンボール**』やドラマ『**スケバン刑事Ⅱ　少女鉄仮面伝説**』のエピソードにまで登場した。

感情をもたない機械にひたすら追われる恐怖を描いたコンセプトは、まさに前出の『ウエストワールド』の直系。物語の中で流れる時間はたった一日。短期間パニックを描いたところも同じだった。だがキャメロン監督は追われるものを、平凡な中年男から理由（わけ）ありの男女に置き換えた。これが、ホラー映画好きの女性層に歓迎された。

ヒロインのサラは、働いているファミレスで子どものいたずらに落ち込むような気弱げな女だったが、ひたむきに彼女を守ろうとするカイルの孤独な心に触れて、たった一晩で逞しい女へと鮮やかに羽化を遂げていく。

SFを敬遠していた女性層に支持されたのも、この二人の一夜ものの恋愛的エピソードによるところが大きかった。

もうひとつ、注目しておきたいのは、この物語の背景設定。近未来の地球では軍事用コンピュータ「スカイネット」が突然意思をもって人類に戦線を布告、虐殺を開始した。僅かに生き残った人々は指導者である「ジョン」のもとに結集して、スカイネットに反旗を翻した。反乱軍を指揮するジョンの暗躍に手を焼いたスカイネットは、ジョンの存在そのものを消去すべく、彼の母親を殺すためにタイムマシンを開発。ターミネーターはこのタイムマシンによって現代に送り込まれた。そしてそれを追って、カイルもまた現代にやってきた……、という、とてもシンプルで古典的な遺伝子だった。

妙に奇をてらって新しいアイデアを捻り出したり、センス・オブ・ワンダーといわれるSF性にこだわってしまっていたら、『ターミネーター』のヒットはなかったと思う。手垢のついたものだったからこそ、誰でもすぐに納得して、ドラマの楽しさに引き込まれていった。この状況説明も序盤に字幕で示される程度で、細部は適当にカイルの回想によって語られた。

カイルの正気を疑う刑事たちの追及に対して、
「難しい理屈はわからない！未来から来たぼくは、とにかく彼女を助けなければならないんだ！」
と叫ぶ彼の台詞が、キャメロン監督のスタンスを明確に示している。

▼母親の愛を求めるロボット〜『A．I．』

一九九九年、スタンリー・キューブリックは死去した。『**シャイニング**』を撮り終えた八〇年代初頭、ヒューゴー賞とネビュラ賞の受賞歴を持つ**ブライアン・オールディス**の六九年の短編ＳＦ小説『**スーパートイズ**』を映像化しようと長年にわたって苦しんだが、やがて断念。

その約十年後、キューブリックの死去により映画化権は**スティーブン・スピルバーグ**の手に渡った。『スーパートイズ』は、自分がロボットだったことを知らなかった少年ディヴィッドの物語で、二〇〇一年にスピルバーグの手によって映画化されて記録的なヒット作になった。

この映画化を記念してオールディスは、『スーパートイズ』の続編となる短編二編を書き加えて、同じ二〇〇一年に世に送り出している。映画化された時のタイトルは『A．I．』。これは、生前のキューブリックがつけたタイトルだったという。

『A．I．』は、いかにもスピルバーグ作品らしく、母親の愛を求める人造人間ディヴィッドの純粋な精神を巧みに描き出して、それなりに心温まる物語に仕上げられていた。彼は捨てられても裏切られても人間を信じていた。ロボットを人間に生まれ変わらせてくれるところを夢見て、いろいろなロボットたちとの出会いと別れを繰り返しながら苦難の旅を続ける。最後まで連れ添う仲間はぬいぐるみロボットのテディだけ。母親の愛情を取り戻そうとするその一途さは、まるで天馬博士に捨てられても恨むことのできない『鉄腕アトム』（↓17頁）のようだ。もっともディヴィッドの力（パワー）は人間以下だったけれど。ディヴィッドに限らず、人間に従うようにプログラムされた型遅れのロボットたちは残虐な人間から悲惨な仕打ちを受けている。人間から仕事を奪うロボットへの憎悪は、産業革命以来の機械に対する憎悪と同質の古典的産物だ。そして最後は、スピルバーグ監督の好みに相応しく、原作には登場しない宇宙人まで現われちゃったし……。

もし仮にキューブリック作品として映像化されていたなら、少なくとも観客の心に暖かな火をともす類のものにはならなかったはず。おそらくは母を求めるディヴィッドの人工精神に純粋さゆえの狂気を抉り出し、観ている側の正気を揺さぶるくらいの仕掛けはしてくれたのではないかと思う。デジタルプログラムによる一途な思いとか、計算された純粋な愛情による行為とかがストーカー行為と紙一重だ、というような表現をしたりして。そしてきっと、また原作者を怒らせることになっただろう。

原作の趣旨や原作者の意向などかまわずに、自らの観念で理解した内容を映像につくりあげていく。原作の器を越えて広がるイメージの行方を、スタンリー・キューブリックという天才的映像作家はいつも追いつづけていた。

2 C

「人造」の転生輪廻（アーティフィシャル・リインカーネーション）

『エイリアン』シリーズ四部作に学ぶ

本来なら人工知能と主人公の関わりが重要なサブテーマになっている『エイリアン』も前項2―Bで触れておくべきだったかもしれないが、この作品の残した影響とその中に潜むモノ作りのためのヒントは、あまりにも多い。特に『エイリアン2』以後の二作品は、アクション性やミステリー性を薄められていって興行的には失速していったものの、テーマ性は逆に補強されていく。それであえてひとつ、項目を分けた。

少し話は戻るが、七〇年代は、アメリカにとって新しい物語の創造を模索していた頃に当たる。異なる分野にあった複数の要素が寄せ集められて、煮詰めなおされた。そんな混沌の鍋の中から、無数のメガヒット作品が次々に誕生していった。

映画では、モダンホラー的なストーリーの『激突！』でデビューしたスティーブン・スピルバーグが、『ジョーズ』でパニック映画のブームを作り出した。やがてジョージ・ルーカスの『スター・ウォーズ』の大ヒットによってマイナージャンルだったSF映画はドル箱ジャンルに激変。直後にスピルバーグの『未知との遭遇』が公開されることによってSFX（特殊効果）映画が全盛期を迎えていった。

小説においてはスティーブン・キングの一連の作品（↓236頁）に端を発する空前のホラーブームが起こった。ハードボイルドという新しいジャンルを二〇世紀に生み出した伝統をもつアメリカ犯罪小説も、その影響を受けて猟奇殺人をテーマにする作品群が量産されていった。犯罪者の心理を統計的に分析するプロファイリングが事件の捜査に応用されてきたのもこの頃のこと。この流れはやや遅れて、世界的な影響を及ぼしていくことになる。

一方、七〇年代後半の日本では、劇場版『宇宙戦艦ヤマト』のメガヒットによる世代を越えた空前の宇宙アニメブームが開花した。ようやく大人でも胸を張ってアニメを観に劇場に行ってもいい時代が到来した。〝オタク時代〟の曙だった。

洋の東西を問わず、なぜか非日常的な映像や心の闇が次々に引きずり出されていくことになっていった。心の不安を吐き出すような幻想的な物語の数々。

良くも悪くも、新しい映像時代の到来を誰もが予感していた。

▼宇宙（スペース）スリラーの始まり

閉鎖環境の中で謎の怪物に次々に襲われていく恐怖を描いたSFホラーは、古典的なものでは一九五一年に製作された『**遊星よりの物体X**』（邦題。原作はジョン・ウッド・キャンベルJr.の短編SF小説『**影が行く**』）がある。

北極の氷の下で発見された宇宙船には、植物に寄生して怪物を誕生させることができる謎の生命体が潜んでいた。氷の中から蘇生した不死身の怪物は次々にアラスカ基地の隊員たちを殺していく。極寒の基地を舞台に、全人類の存亡をかけて生き残った隊員たちは怪物に立ち向かっていった。この異色のミステリーアクションSFドラマは、低予算作品ながら絶大な支持を獲得していったという。もちろん、白黒《モノクロ》作品。

小学生の頃、私はこの原作小説のジュブナイル版を読んだ。たしか『宇宙からの物体X』というタイトルのハードカバー版だったと思う。

物語の舞台は南極。人間の体内に侵入して怪物に変えてしまう宇宙生命体と南極観測隊員たちとの壮絶な死闘を描く、ミステリアスでホラー的要素を秘めた作品だった。怪物は一滴の血液からでも再生する。知らぬ間に怪物に体を乗っ取られていることに本人さえ気づかない。隊員の一人が「おれは怪物じゃない！」と叫びながら変身していく描写にゾッとしたのを覚えている。夢中になって、一気に読んだ。

この小説が映画化されていたことを知ったのはだいぶ後になってのこと。だから私は、リメイク版の『**遊星からの物体X**』を先に観ることになってしまった。『遊星よりの…』を観たのは、九〇年代の半ば頃だったと思う。金属製の床に電気を流して怪物を焼き殺すラストシーンだけは原作と同じ展開だったが、それ以外は似て非なる作品だった。

ところで『遊星からの物体X』の製作年度は八二年。ホラー映画『**ハロウィン**』で一躍脚光を浴びたジョン・カーペンター監督の作品だ。

こちらは一九五一年度版と異なり、ある程度は原作小説に忠実に作られた。スプラッターホラーとSFの遺伝子を巧みに融合させることに成功した最初の作品といってもいい。

カーペンター監督は旧作のファンだったという。大ヒットした『E.T.』のような心優しい宇宙人に反発して、本来の宇宙人は恐怖の存在でなければならないという信念から製作した。ミステリータッチよりも、自分の得意なスプラッターホラーの手法を前面に押し出して、観客を恐怖の閉鎖世界に引きずり込むことに成功している。

そのためか、演出面においては旧作よりもむしろ『エイリアン』の影響を受けたタッチが見受けられると指摘されていた。

八二年版『遊星からの物体X』の物語

アメリカ合衆国南極観測基地に逃げ込んできた一匹の犬を隊員たちが助けたことから物語は始まる。基地の司令官は、銃を乱射しながら犬を追ってきたノルウェー基地の隊員をやむを得ず射殺した。しかしノルウェー基地は音信不通。彼らはノルウェー基地の調査に向かった。基地は無人で廃墟と化しており、調査隊は焼け爛れて変形した奇妙な死体を発見して持ち帰った。その夜、犬は怪物に変身した。駆けつけた隊員たちは辛うじて怪物を焼き殺すが、その直後、持ち帰った死体から怪物の恐るべき生態が突き止められた。怪物の体液が他の生物に感染すると怪物化してしまうのだ。そして仲間たちの中に、高度な知能を持つ一匹以上の凶暴な怪物が潜んでいることが確認された。

やがて地獄のような惨劇が始まった。隊員たちと怪物たちの、悪夢のような血みどろの死闘。そして疑心暗鬼の相互監視が続く中で実行された血液検査で、怪物たちは正体をあらわして生き残りの隊員たちに襲いかかっていく。凄惨な殺し合いの果てに、生き残ったのは二人。彼らは自分自身と相手の正体を窺いながらにらみ合う……。

▼古典的遺伝子と『エイリアン』

一九七九年に製作された『**エイリアン**』は、公開当時にはそのミステリーホラー仕立ての内容から、『遊星よりの物体X』と比較されていた。もっとも批評としては好意的だったが。氷の世界は宇宙空間に、アラスカ基地は宇宙船に置き換えられて、姿を見せない怪物エイリアンと戦う乗組員たちのリーダーは女性キャラクターに設定されていた。

監督は**リドリー・スコット**。最後まで怪物の全体像を見せぬまま闇の中から襲いかかるホラー映画の伝統的手法を用いて、観る者の心を氷づけにした。鮮やかな謎の伏線や閉鎖空間で繰り広げられる生存をかけた悽惨な恐怖のドラマ作りは、ＳＦマニアのみならず一般の映画ファンにも広く受け入れられて高い支持を得た。この作品の大ヒットでリドリー・スコット監督は不動の名声を獲得し、後に『**ブレードランナー**』（→109頁～）で八〇年代におけるＳＦの流れをサイバーパンクの一大ブームへと誘導していくことになる。

物語は宇宙貨物船ノストロモ号の六人の乗組員たちが冷凍睡眠中に受信した謎のシグナルに導かれ、未開惑星で未知の巨大宇宙船を発見したところから始まる。彼らは着陸艇で地上に下りるが、直後にそのシグナルが危険を警告するものであったことが解析される。やがて調査隊は宇宙船の中へ。乗員と覚しき巨体の宇宙人は死亡。代わりにその下層部で大量の卵らしきものが発見された。そのうちのひとつが乗組員の一人の体内に寄生。ノストロモ号に帰還して間もなく、彼の体を食い破って凶暴な怪物が誕生した。残りの五人の乗組員たちと、成長を続ける怪物「エイリアン」との血みどろの戦いが始まった……。

ここで注目しておきたいのは、いかなる環境下でも生存可能な好戦的宇宙怪物よりも、クルーの中に密かに送り込まれていた、アンドロイドの存在とその精神について。

乗組員の一人「アッシュ」は人造人間だったが、人間そっくりの姿をした〝彼〟の正体を知るものはいなかった。実は、エイリアンは偶然発見されたものではなかった。貨物船を保有する親会社はエイリアンの生体兵器としての可能性を研究するために、その組織細胞の確保を最優先命題としていた。必要なら人命を犠牲にしてでも。

この機密指令を受けていたのはノストロモ号の制御コンピュータ「マザー」とアッシュだけ。これを知った主人公リプリーは激昂してアッシュに詰め寄ったが、逆に機能不全に陥ったアッシュは彼女を殺そうとする。止めに入った他の乗組員たちとの争いで、半ば首を千切られて白い体液をまき散らしながら狂乱するアッシュ。アッシュが人間ではなかったことが明らかにされるのはこの時である。この隠し球のために、大した予備知識を持たずに映画館に行っていた当時の私は、イスからずり落ちるほどに度胆を抜かれた。

▼「ハル」の分割遺伝子〜管理コンピュータとアンドロイド

『エイリアン』シリーズのコンセプトにおいて、アンドロイドたちの存在と生存本能の権化のようなリプリーの関係は常に重要な位置を占める。シリーズ第一作になるこの作品では、アッシュは不完全な試作品だったために機能不全に陥って乗組員たちを殺そうとしたが、これは前出の『２００１年宇宙の旅』の「ハル」（↓68頁）に通じる遺伝子だ。

アッシュと乗組員たちの戦いの場となる白に統一されたコンピュータルームと居住スペースは、ハルが支配するディスカバリー号内の光に満ちた白い部屋を連想させる。ただしハルの担った制御機能は『エイリアン』においてはマザーとアッシュのふたつのキャラクターに分割されていた。ハルはプログラム上の矛盾で発狂したが、自我を持たないマザーは発狂などしない。発狂したのは人間たちと深く接していたアッシュのほうだった。

それでもマザーとアッシュに対して、リプリーは平等に怒りをぶつける。物語の後半で、起動した自爆装置のカウント解除を、一瞬の遅れを理由にコマンドを受けつけなかったマザーの非情に対して、誰よりも人間的なリプリーはヒステリックな八つ当たりの怒りを爆発させる。命乞いをするハルを淡々と処分したボーマン船長とは対照的だ。

▼二、三作目以降と『ミレニアム』

リドリー・スコット監督は第二作目以降の『エイリアン』シリーズには携わっていない。第二作目の制作には、『ターミネーター』（↓77頁）で脚光を浴びたジェームス・キャメロン監督が就任。群れをなして人間たちに襲いかかるエイリアンたちとの派手な戦闘シーンが話題を呼んだ。映画としては間違いなく面白い。いかにも『ターミネーター』の監督らしい演出が随所で光る傑作だった。それでも、ホラーミステリー仕立てのSFだった第一作に比べると、二作目はSFアクション映画になってしまったことを嘆く声も各方面から聞かれた。

私は仕方のないことだったと思う。姿を見せずに襲いかかる一匹の怪物の恐怖を中心にした物語だった一作目の続編としては、すっかり有名になってフィギアモデルまで売られていたエイリアンを同じ主人公が相手にする以上、より強くアクション系かホラー系に方向転換せざるをえなかったはずだからだ。とにかく存分に楽しめたのだから文句などなかった。

『エイリアン2』の公開は第一作の七年後になる一九八六年。この物語の中でもアンドロイドは重要な役割を担っている。彼の名は「ビショップ」。約半世紀の冷凍睡眠の後に目覚めたリプリーは、苦悩の果てにアドバイザーとして再びエイリアンたちが群生する星に進撃することになった。ビショップはその時の補佐的存在に位置づけられている。

この頃にはアンドロイドの人権もある程度認められており、人間と同様の扱いを受けている。理性と感情を持つアンドロイドが人間を襲うことはないとビショップ自らにも説明を受けるが、リプリーは彼を信じようとはしない。結局、ビショップはエイリアンの奇襲にあって体を真二つに引き裂かれてしまうが、それでも彼女を助けようとした。エンディング近くで、ようやくリプリーはアンドロイドへの不信感をぬぐい去る。

シリーズの中でもっとも地味な作品となった『エイリアン3』でもビショップは脇役として登場し、刑務惑星で廃棄処分にされていながらリプリーに貴重な情報をもたらしてくれる。

余談になるが、ビショップを演じるのは怪優ランス・ヘンリクセン。個性的な名脇役で知られていた。『X-ファイル』シリーズのプロデューサーとして知られるクリス・カーターによって作られたサイコミステリードラマのTVシリーズ『ミレニアム』で、主人公フランク・ブラック役に抜擢されたのもこのころ。

フランクは元FBI犯罪捜査官で、殺人現場に残留する犠牲者の見た最後の記憶が見えてしまう特殊能力を持つ。死者の心に悩まされたフランクはFBIを退職するが、犯罪捜査に協力する謎の組織「ミレニアム」は彼の能力を惜しんで協力を依頼する。数々の猟奇犯罪を通して、現実と幻想の狭間にある心の迷宮に踏み込んでいくフランク。その過程で浮上してくる「ミレニアム」への疑惑。やがて組織との決別をした時から、家族と社会全体を巻き込んでいくことになる彼の本当の戦いが始まった。

『ミレニアム』はカルト的な人気を博して数シーズンをまたいで六十七話まで制作され、そのタイトル（＝千年期）にふさわしく世紀末まで放映が続けられた。そして謎を孕んだ最終話の後日談は『Xファイル（第七シーズン）』の中で、伝説のプロファイラー「フランク・ブラック」が登場するエピソードとして語られた。

▼アンドロイドとクローンの友情

『エイリアン4』では、退廃した機械文明の中で人間は人間性の輝きを失っている。だれよりも強い人間性を心に持つのは女性型アンドロイド。彼女は失われた人間性の具現者として登場した。そしてリプリーもまた、その強烈な生存本能を高く評価されてクローン人間として再生したキャラクター。アンドロイドとクローン人間の友情は奇妙な味に仕上げられている。そしてここで重要な点は、プログラムという道具を使って人間性の理想がコンピュータの中に託されたということ。逆にいえばアンドロイドは、その人造の魂の中に人間性を託されねばならないほど人が退化してしまった時代を象徴するキャラクターとなっていた。未来世界において、彼らは人間性という墓場の番人になってしまった。その悲しみを理解するのはクローン人間のリプリーのみ……。

裏切りから始まって不信感へ、やがて信頼を獲得して、ついには友情へと展開していくリプリーと複数のアンドロイドたちとを巡る深い因果の絆は、血みどろの戦いの果てに死と再生を乗り越えて築き上げたものだった。

ハルの遺伝子はほんの脇役として『エイリアン』の中で成長し、シリーズの中で進化を遂げてやがて退化してしまった人間に入れ替わって、リプリーと肩を並べる主役の座へとたどり着いた。幾世代もの長い時をかけて磨き上げられた機械仕掛けの魂の絆。

こうしてエイリアンシリーズは、人造の転生輪廻を物語るループを完結させた。

2 D
無意識に纏わるＳＦ
『地球・精神分析記録』『禁断の惑星』『ウルトラQ』『アルジャーノンに花束を』

八〇年代に入ると、〝ガンプラ（「ガンダム」シリーズのプラモデル）ブーム〟とともに、第三次ロボットアニメブームが日本で巻き起こる。その一方、鉄腕アトム（→17頁）に象徴されてきた人型ロボットのイメージは、バイオ・ハイテク産業の進歩に伴って大きく変化していった。特に『スター・ウォーズ』を皮切りに量産され始めたハリウッド製ＳＦ映画において。

▼ロボット・イメージの変容と遺伝子工学

古典的な精密機械仕様のロボットは見られなくなり、遺伝子工学技術と有機体メカニズムによって作られたアンドロイドとかサイボーグと呼ばれる存在になっていった。彼らは人間と簡単に識別できない容姿になり、歯車的な鋼鉄のイメージから解放された。

人間そっくりに作られたロボットたちは、その精神面においても人間と同様の、いや、人間以上の苦悩に満ちている。果たして人造生命は、その脳の中に魂を宿しているのかという問題が生じる。

そしてこの問いかけは同時に、人間の精神もまた進化の神によるプログラムで機能しているのではないかという、救いのない疑念に発展していった。

二〇世紀中ごろでは絵空事のように思えた話が、後半期ではさまざまなテクノロジーの発達によって現実味を帯びてきていた。突然足元が崩れ去るような名状しがたい不安。これは、遺伝子工学によって生命のクローンを創りだす倫理観とは、根本的に異なるテーマになった。

宗教的倫理観を度外視すれば、胎児が女性の腹の中で育とうが試験管の中で育とうが、技術さえしっかりしていればその結果に大した違いはない。肉体機能は遺伝子によって決定されるだけのものなら同じことのはず。近代の医療技術が胎児の死産をある程度の高い確率で克服できるようになったのと一緒だ。重要なのは胎児を育てる器の問題ではない。肉体という器の中で育つ魂の問題こそがメインテーマだった。

さらにもう一歩踏み込んだ側面からいえば、自然界の遺伝子によって作られる肉体とは異なった人造の思考回路の中に、果たして魂が芽生えることがありうるのかという、可能性への疑問だった。

胎児は母親の愛情を受けて成長する、とよくいわれる。生後も同様に、両親の愛情を貪って大きくなっていく。「三つ子の魂百まで」と言う諺を信じるなら、子どもの魂を創造するのは両親の心、家族の心、別のいい方をすれば人間社会の心だ。これらの心が発するさまざまな感情が、膨大な外界の情報とともに新生のハードディスクに相当する乳児の脳に記憶されていくことになる。情報に対する主観的な認識と観念の連合。心理学的な解釈が許されるなら、これらは遺伝子に刻まれてきた進化の記録や動物的本能と融合して無意識の領域を形成し、やがてコンピュータのOS（オペレーションシステム）に相当する神話や民話を通して種としての集合性を確立する、ということなのだろう。

▼無意識を獲得するコンピュータ

山田正紀の作品に『**地球・精神分析記録（エルド・アナリュシス）**』というSF小説がある。自らの正気を疑う主人公アルは、四つの感情を象徴する四つの神話世界を旅して、それぞれの世界を支配する四体の神話ロボットと戦う。それらを制して、やがて最後にアルは巨大コンピュータ「デ・ゼッサント」と対峙する。デ・ゼッサントはアルに、四つの神話世界がアルの病んだ精神を治療するための幻想だったことを告白する。しかしアルは逆にデ・ゼッサントが無意識を持ってしまったことを指摘し、それを消去するために発動した自己防衛プログラムが自分なのではないかと疑念を抱く。そしてデ・ゼッサントと対話する自分自身もまた幻想の存在ではないか、と恐怖しつつ。沈黙するデ・ゼッサントに背を向けて、アルは冷たい方程式の答を求めて出口に向かって歩き出す……。

山田正紀はデビュー直後、神という存在とコンピュータに関わる人の意識のあり様について追求するSF作品を数多く手がけていた。

デビュー作の短編『**終末曲面に賽を投げ入れて**』（後に『終末曲面』に改題）は、爆発的な人口増加による種の軋轢を取り除くために定期的に人の数を〝間引く〟集団自殺（殺人）プログラム＝終末曲面をめぐる物語だった。また処女長編作の『**神狩り**』では、姿形を持たずに人類の進化を司ろうとする謎の存在たる〝神〟の意思に挑む者たちの物語で、このコンセプトは人を越えた神々の力を受け継ぐ者たちの戦いを描いた『**弥勒戦争**』や『**神々の埋葬**』の中に生かされていく。

ほぼ同期に〝ビッグコンピューターシリーズ〟も手がけている。社会を管理統制する巨大なコンピュータに関わる謎とテロリストたちの複雑な戦いを描いたこの物語は『**襲撃のメロディ**』のタイトルで一冊にまとめられた。『地球・精神分析記録』の執筆はこの後になる。

山田正紀の作品は八〇年代から未来へと続く文明への不安を如実に物語っていた。六〇年代から七〇年代にかけて世界を震撼させていた核戦争の可能性こそ薄らいだものの、新たな懸念が生まれていた。宗教が虚ろなものに感じられるようになり、同時にコンピュータを含む情報産業の急激な発展に曝されて、八〇年代は世紀末にかけて人類の行く末に漠然とした不安を抱かざるをえない、そんな複雑な時代となった。

さまざまな価値観の融合によって、社会は難解な複合体（コンプレックス）になり、逆に人はそこに正解を求めることをあきらめて安易な道標を選択していく。社会一般とのコミットをできるだけ避けて、自分たちだけの世界へ。あるいは自分だけの世界へ。物事に対して普遍的解釈を求めない、情報だけを一方通行で入手する孤立した楽しい閉鎖空間の創造。

いわゆる〝オタク文化〟の幕が、本格的に開かれていくこととなる。

▼『禁断の惑星』の意義

五〇年代の幻想SF小説の躍進は、どちらかといえばB級の子ども騙し作品とされてきたSF映画に、大きな変化をもたらした。一九世紀後半の古典的名作から相対性理論や宇宙開発技術に用いられる最新科学知識を駆使したスペースオペラまで、SF小説を原作にした作品が矢継ぎ早に量産されていった。七〇年代後半から始まるSF・ファンタジー映画の黄金時代を築き上げる礎は、こうして築き上げられていった。

その中でも、一九五六年に製作された『**禁断の惑星**』（**フレッド・M・ウィルコックス**監督）は大きな意味をもつ。ロボット三原則に従う「ロビー」、相対性理論に基づく超光速航法、潜在意識に潜む怪物など、五〇年代のSFアイテムを総括するようなアイデアが詰め込まれた。そしてその舞台となるものは、遥か遠い外宇宙と人間の心の奥底にある内宇宙……。

『禁断の惑星』の物語

二三世紀。惑星アルテア4の調査に向かったベララホン号は、着陸後に消息を絶った。その二十年後、宇宙連邦の調査船C－57－Dはアダムス船長の指揮のもとにアルテア4に赴くが、謎の通信が惑星への着陸の危険性を知らせてきた。警告を無視して着陸したアダムスは、その通信がベララホン号の唯一の生き残りである言語学者モービアス博士からのメッセージだったことを知る。アルテア4にはもう一人、人間がいた。その地で生まれた博士の娘アルティアだった。彼女の母親はすでに死去。

博士によれば、アルテア4の調査開始直後にベララホン号の乗組員たちは謎の怪物に次々に殺されてしまったという。ベラホン号は離陸直後にその怪物によって破壊されてしまった。危機的状況はいつ再び訪れるかわからない。だから、すぐに退去するべきだと博士はすすめる。しかし自分たちは安全だから、アルテアに留まって研究を続けると主張した。博士の申し出を承服できないアダムスは、超空間通信でその状況を地球に報告しようとするが、何者かに装置は破壊されてしまった。やがて厳重な警戒網の中で起きる無残な殺人。それが惑星の秘密に関連するものと確信したアダムスは、博士を問いつめてアルテア４に栄えていた古代文明とその遺跡の存在を知った。

彼らの名はクレール人。彼らは人類より遥かにすぐれた文明を持っていたが、二十万年前に一夜にして絶滅したという。残されたものは、時を超えて今なお稼働中の巨大な地下施設。博士は施設の教育システムで増幅された知能によって、万能のロボット「ロビー」を作りあげ、理想の研究環境を構築していたのだ。クレル遺跡の価値に驚愕したアダムスたちは、その管理を地球に委ねるべきと主張するが、博士は人類にはまだ時期尚早と譲らない。その直後、透明の巨大な怪物が調査船に攻撃を仕掛けてきた。圧倒的な力に調査隊は劣勢にまわるが、怪物は突然消えてしまう。

アダムスたちはことの真相を探るべく、再び博士の研究施設を訪れた。そして知能を増幅させた仲間の犠牲で、クレール人絶滅の秘密を解明することができた。二十万年前、クレール人たちは願望を具現化するシステムを完成させた。そしてそれを起動させた時、彼らの心の奥に潜んでいた原始の闘争本能や破壊衝動が怪物となって現われ、互いに殺し合って絶滅した。二十万年の時を隔てて二隻の調査船を襲ったのは、惑星に留まることを熱望するモービアス博士の潜在意識が生み出した「イド」の怪物だったのだ。

アダムスとともに惑星を離れる決心をした娘のアルティアに激怒した博士は、無意識のうちに怪物を呼び寄せてしまう。ようやく無限の力を持つ怪物の正体が自分自身だったことを認めた博士は、娘を助けるために無意識の具現化した怪物の前に身を投げ出す……。

▼無意識の怪物

この物語には、姿なき怪物と惑星滅亡の謎を解くミステリー仕立てのストーリー展開や、とうとう最後まで姿のわからないイドの怪物とクレール人の容姿など、存分に想像力をかき立ててくれるSF的要素がふんだんに詰まっていた。

そして、ラストシーン。モービアスは自らの無意識が仲間たちを殺していたことに愕然としながらも、迫り来る怪物を止められぬ絶望に苦しむ。そんな父の心の痛みを気づかう娘のアルティラ。背後から二人を見つめるアダムス船長は怪物を止めるために博士を射殺しようとするが、結局は銃を降ろしてしまう。この義理人情の方程式は、日本的だった。

ここで注目したいのは、心の奥で怪物を育てていたモービアス博士の精神について。満月の夜になると身も心も野獣に変化する狼男のようだ。おそらく典型的な研究者肌の彼に潜んでいた怪物の卵は、アルティラ4に到着する以前に十分な成長を遂げていた。たまたまクレール遺跡の教育システムの影響で、怪物は物質的な力を得て覚醒した。そして、仲間を虐殺。その時の記憶はない。むろん、まったく逆の考え方もできる。たまたまモービアス夫妻が、絶滅したクレール人の呪縛にとり込まれて乗組員たちを殺害、古代遺跡の番人になっていた、と解釈することもできる。

いずれにせよモービアスにとって、クレール遺産が起動していたアルティラ4は理想の楽園だった。その偏執ぶりは愛娘にちなんだ名をつけるほど。ただでさえ協調性に欠けていたうえに、常人に倍する知力を身につけてしまったことで、地球の凡俗な学会さえ無縁になったはず。だから彼のクレール人の研究は名誉や人類のためなどではなく、純粋に好奇心によるものだ。その意味ではモービアス博士の精神は、人類よりもクレール人に近い。

人という種の、共感による集合性を放棄した心の中に生まれる孤高の楽園。モービアスはそれをアルティラ4の上で具現化させることができた。過去は乗組員たちの墓とともに埋葬してしまった。未来は遺跡の中に無限に潜んでいる。そして現在の楽園を生み出すために作られた理想のロボット「ロビー」と、楽園を楽園たらしめる理想の娘アルティラの存在も不可欠だった。他人の妻や母親にはなることはない、永遠の娘。すべてを娘の自由にさせていると宣言しながら、モービアスはその言葉と環境で娘を拘束していた。地球から客が来なければ、モービアスの理想は彼が死ぬまで存続していたはず。

絶対の孤独を求めるものはいない。『**アルプスの少女ハイジ**』に登場する偏屈な頑固オンジ（いわゆるハイジの「おじいさ〜ん」）さえも、ハイジには心を開いて限りない愛情を注いだ。その一方で、町の人々への偏見からオンジはハイジを俗世からなるべく遠ざけておこうとする。教師たちからの度重なる手紙を無視して、八歳になったハイジを学校に行かせようとはしなかった。この時のオンジはモービアスによく似ている。

結局、オンジはハイジの無邪気さに救われ、少しずつ変わっていき、やがて世間に対しても心を開いていった。ハイジのおかげで、オンジは変わることができた。モービアスの不運は、アダムスと出会った時にアルティラが十分に成熟した女に成長していたということ。また、彼自身が少しずつ変わっていけるだけの時間がなかったということになる。

もしモービアスが研究のために絶対の孤独を選択できたのなら、問題は起きなかった。アルティラがアダムスと惑星を去ろうとした決意に殺意までは抱かなかっただろうし、アルティラ4も消滅を免れた。イドの怪物が消え、死を前にしてモービアスはようやくアルティラの将来をアダムスに託した。しかし、モービアスは自爆装置でクレール遺跡をアルティラ4とともに破滅してしまった。クレール遺跡は人類には危険だったかもしれないが、完全主義のモービアスが最後まで独占欲の権化として振る舞ったことも確かだ。

モービアスの死は、人としての集合性の稀薄さによる。別の見方をすれば、クレール人の絶滅もまた彼ら自身の集合性の喪失によるものだったのかもしれない。社会性を失った個人の闘争本能が、種としての保存本能を大きく上回ってしまったために起きた悲劇だった。現実においても先鋭化しつつある個人主義、というよりも利己主義の台頭を目の当たりにしていると、集合性の消失による文明社会の秩序崩壊はそう遠くない将来に起きることのように感じられる。この映画が制作された当時よりも、半世紀近く過ぎた現代のほうが、歪んだキャラクターにリアリティを覚えるようになることは薄ら恐ろしい。

また、あるいは残酷な可能性として、アルティラがモービアスの本当の娘ではなく、彼の願望でクレール遺跡が生み出したキャラクターだったとしたら。孤独を嫌悪するモービアスの無意識はそれを忘却し、アルティラもそれを知らずに……、なんてね。

SFという未来の民話において、「たら・れば」を追う可能性は果てしない。

余談だが、「イド」という言葉は、無意識に潜む本能的エネルギーの源泉を意味する精神分析学の専門用語。『禁断の惑星』ですっかり有名になり、一般化してしまったようだ。『宇宙戦艦ヤマト』が「ワープ航法」を有名にしたようなもの。

＊

もうひとつ余談になるが、アダムス船長を演じていたのはレスリー・ニールセン。八〇年代に絶大な人気を博すことになる、おバカなギャグが似合うコメディ派の俳優になろうとは、本人も思いもよらなかっただろう。『刑事コロンボ・顔のない男』では、CIA局員のシブい脇役を演じていたのに。ちなみに同じシリーズ『刑事コロンボ・愛情の計算』には、脇役にロボットの「ロビー」が登場していたこともつけ加えておこう。

▼ウルトラQ『悪魔ッ子』

日本で初の本格的特撮TV番組として知られる『ウルトラQ』は、一九六六年一月から七月まで放映されて大人気を博した。元来は日本の『ミステリーゾーン』を目指して企画されたシリーズ作品で、主人公は新聞社に勤める記者やカメラマンたち。一話完結で、彼らは毎回さまざまな事件に遭遇する。SFミステリーからパロディまで特撮ブームの波に乗って各エピソードは広いジャンルに及んだ。それでも子ども向けの時間枠だったこともあり、怪獣モノのエピソードが主流だった。終了後は『ウルトラマン』に交代した。

その中に『悪魔ッ子』というタイトルの作品があった。催眠術によって分裂した自我がもうひとりの自分を殺しに来るという、ホラー風の物語。

東洋魔術団に籍を置く催眠術師は、娘のリリーに催眠術をかける舞台芸を披露していた。日ごろから寝つきの悪くなってしまったリリーは、夜寝る際にも父親の催眠術に頼る体質になっていた。ある時、町中で少女の幻が目撃されるようになる。少女は悪戯を繰り返し、やがて死者も出る騒ぎに発展していった。幻の少女はリリーから分裂したもうひとりのリリーの心だったのだ。リリーが目覚めると、少女の幻は消えた。

やがて幻の少女は自分が消えないように、睡眠中のリリーを列車の線路におびき寄せて殺そうとする。結局は主人公たちが持ち込んだ超短波発生装置（？）で、分裂した自我を再融合させて物語は終わった。

ひとつの心が、もうひとつの心を生み出す。あるいは、ひとつの脳が魂を作り上げるように、自分とは別の霊魂を作り出してしまうという、このアイデア。源は**ポー**の短編小説（↓217頁）にあるのかもしれないが、物語に垣間みえる恐怖感はまったく異質のもの。無言の幻影少女が示す殺意は、白黒の特撮ドラマならではの不気味な雰囲気をかもし出していた。

また、分裂症や多重人格とかの心理学の知識など皆無だった当時の子どもたちにとり、この物語は衝撃的だった。自分のことをもっともよく知っている誰かが、自分の中から現われて自分自身に殺意を抱く。ディテールまではよくわからなくても、自分が自分を殺しに来るというところの背筋が冷たくなるような雰囲気だけは、誰もが理解できた。

ホラー小説やホラー映画に登場してくるさまざまな怪物たちのうち、もっとも恐ろしいものは人間の心だといわれる。人間の心こそ悪夢の源であり、あらゆる悪意や恐怖に輪郭を与える。怪物や妖怪の姿とはこの輪郭のことだ。そして心の力は、その輪郭に命を吹き込む。『禁断の惑星』に登場するイドの怪物などもその典型的な例。

後年、ある長編小説を読んだ時に、この『悪魔ッ子』のエピソードをふと思い出した。その長編小説のタイトルは『**アルジャーノンに花束を**』。SF史上では不朽の名作として知られている。

▼『アルジャーノンに花束を』

『アルジャーノンに花束を』を著わしたのは**ダニエル・キイス**。幻想文学の黄金期にあたる一九五二年に短編作品『**前例**』でデビューして以来、比較的地味に著作活動を続けている。デビュー当時は高校の英語教師をしていたが、やがて大学で教えるようになった。『**24人のビリー・ミリガン**』の著者としても知られている。

『アルジャーノンに花束を』は同じ内容の作品が二種類ある。**中編版**と**長編版**のふたつだ。前者は一九五九年に書かれた中編作品でヒューゴー賞を受賞。その七年後、大幅加筆して長編に仕上げた後者は、一九六六年のネビュラ賞を獲得した。ひとつの作品がSF小説の最高栄誉に当たる二大タイトルを同時に獲得することはあるが、時をおいて著わされた同じ内容の作品がそれぞれ別の最高栄誉を獲得したというケースは他に類をみない。おそらく絶後ということになるだろう。それでもこの二作品を読み比べてみると、その経緯など知らずともこの結果に対しては十分に納得できる。それぞれの受賞理由についても。

ちなみに「アルジャーノン」とは作中に登場する実験ネズミの名。特殊な外科手術を施されて天才的な頭脳を持つに至った。この動物実験の成功により、研究者たちは人体への応用を決断した。被験者として選ばれたのが、主人公のチャーリー・ゴードン。この物語は、チャーリーの日誌を通して、彼の日常的な視点から淡々と綴られていくことになる。ただし、設定においては多少の違いはある。また中編は約五カ月間、長編では約八カ月半の時間がそれぞれ作中で経過する。まあ、長編だから当然だけれど。

▼知恵遅れと天才〝ふたり〟の主人公

中長編とも同様の展開ながら、テーマコンセプトの表現スタンスは微妙に異なる。中編は知恵を持つことの喜びと悲しみを描きあげたアイデア勝負の作品。一人称タッチの知的障害者が綴る文章から始まって、やがて論理性と詩情を獲得し、哲学的思考や日常への洞察が徐々に鋭敏になっていく主人公の姿が巧みに表現されていく。そしてそれらを失っていく、悲哀に満ちたプロセスについても同様だ。好事家のSFファンには長編よりも中編のほうを高く評価する向きも多い。その声を否定するつもりはないが、私には中編は長編を書くための単なるプロットのように思えてならない。

SF的アイデアだけを取り上げてみるなら、中編だけでも十分に楽しめる。しかし、人間性の本質を追求するテーマとして考えれば、四倍近い量に増やされた長編の中で描かれている幾多のエピソードは、どれも輝くようなものばかりだ。作者の鋭利な感性は精神薄弱だった過去のチャーリーと、天才に進化した現在のチャーリーの、ふたつの心を深く抉っていく。

天才の行動を心の中からじっと見据えている、知恵遅れのチャーリー。キニアンへの愛情が深くなればなるほど、〝彼〟は彼女を抱きたいと思うチャーリーの心の障害となって立ちふさがる。その存在に気づいたチャーリーは、自分のほうが一時的な存在として後から作り出された人格にすぎないのではないかと疑いつつ、自らの洞察の刃を心の闇の奥へと抉り込ませていく。知的障害への差別を切り口にして展開する、さまざまな心模様と複雑な絆の葛藤。キニアンに重なって、〝彼〟を苛む母親の幻影。差別されていた立場から、差別する側へ知らぬ間にまわっていた自分に気づいて衝撃を受けるチャーリー。そして知力によって増幅された鮮明な追憶は、自分が一方的な被害者ではなかったことに思い至らしめた。知的障害児だったことで忍耐の限界を超えた母を狂乱させ、平凡な家庭を崩壊に導いてしまったことに。

母親への憧憬と恐怖。チャーリーをかばってくれた父親への愛情。優秀な妹への羨望。それらの過去の感情はそれぞれ、未来を失いつつあった現在のチャーリーにとっては憎悪へ、憐憫へ、嫉妬へと形を変えていった。ばらばらになってしまった家族との再会を決意して彼らの元に赴いたチャーリーは、そこで過去の事実を直視して意外な悲しみと喜びを経験する。新たに穿たれた心の傷と、癒されていく古い心の傷を抱きしめて。
そして催眠療法による神秘的な体験の後、ようやく愛する女と体を交わせることができるようになったが、天才のチャーリーに残された時間はもはや僅かだった……。

*

『アルジャーノンに花束を』は一九六八年に**ラルフ・ネルソン**監督の手で映画化され、主演のクリフ・ロバートソンはその年（第41回）のアカデミー賞主演男優賞に輝いた。日本公開時のタイトルは『まごころを君に』。内容は長編小説のダイジェスト版といったところか。どちらかと言えば、中編版を映画化したほうが良かったのではないかと思う。
この映画が当時の日本で、どれほど評価されたかは私は知らない。日本公開時のこのタイトルが、**劇場版『新世紀エヴァンゲリオン』**の最終話のサブタイトルとして用いられており、若い世代にはそちらのほうから知られるようになった。きっかけはどうであれ、多くの人たちが『アルジャーノンに花束を』に接するようになることは喜ばしい。

『アルジャーノンに花束を』の物語
チャーリーは知恵遅れの善良な中年男。家族はいない。工場（長編では製パン工場）の雑役夫をして暮らしていた。同僚たちはチャーリーをいじめたり笑い者にするが、彼は彼らが自分に仲良くしてくれているものと信じている。だから周囲の思惑とは関わりなく、チャーリーは幸せだった。向学心も強い。一生懸命に字を覚えようとしているが、チャーリーの脳は彼の意思に反していて、なかなか勉強は捗らない。

そんな折、知能向上のための特殊な外科手術を施す候補者の一人にチャーリーを推薦しようという申し出が舞い込んでくる。チャーリーは利口になりたい一心から手術を受けたいと思った。利口になれば、自分も周りのみんなももっとずっと幸せになれると信じたからだ。最終的にチャーリーが被験者として選択され、その手術を受けた。

やがて徐々に覚醒するチャーリーの知性。敗北続きだったアルジャーノンとの迷路ゲームでの勝利をきっかけに、チャーリーの知性は飛躍的に向上してゆく。同時に気づき始めた自分の周囲にうず巻いていた悪意の数々。嫌悪感と羞恥心。怒りと絶望。驚愕と失意。優越感と劣等感。崩れゆく夢への悲哀、嘲笑、恫喝……。それらはチャーリー自身よりも、彼を取り巻く者たちのもののほうが遥かに大きかった。さらにチャーリーの知性が常人の域を超えると、彼らの嫉妬はチャーリーを工場から追い出してしまった。さまざまな軋轢の中、ますます加速してゆく知能の進化と未熟な感情的成長のギャップにチャーリーは苦しむ。

研究所に籍を移したチャーリーの知能は天才のレベルまで到達し、鋭敏な洞察力と分析力をもって科学と文化のメスが切り込むあらゆるものに好奇心の目を向けていく。やがて確認されるアルジャーノンの知的退行。それが自分の身にも起こると察したチャーリーは、世界一の頭脳を駆使して自らの退行を阻止しようとする。

間もなくアルジャーノンは死んだ。指の間から砂がこぼれ落ちていくように日に日に知力を失っていくチャーリーは、かつて自分に字を教えようとしてくれていた女性キニアンとのつかの間の愛に自ら終止符を打った。そして研究所を離れた彼は、かつての工場へ、さらに養護施設へと身の置き所を移していった。チャーリーの進化と退行によって、少しだけ心を開いた以前の仲間たちとのささやかな友情に涙しつつ、アルジャーノンの墓に花を手向けてくれるように託して……。

3 サイバーパンク解析講座

八〇年代型カルチャーの行方

サイバーパンクがすっかりメジャーになったのは八〇年代半ばのこと。この言葉の意味よりもイメージが先行して、物語の内容よりも現実の社会的周辺、つまり、ファッションや工業デザイン分野でのビジュアルシーンを大きく変えていった。

テーマは、コンピュータと心、またはメカニズムと人体の有機的融合。

発祥の本家はＳＦ先進国のアメリカだった。この遺伝子はすぐに日本のクリエイターたちにも感染して、コミックやアニメ作品の中で本家とは異なる独自の進化を遂げていった。加工貿易立国の日本は、サブカルチャー部門においても例外ではなかった。

３では、サイバーパンクの歴史を追うプロセスを通して、現在の創造性にも応用の効くヒントを求めていきたいと思う。

3 A レプリカントの魂

SF映画『ブレードランナー』の力

サイバーパンクはウィリアム・ギブソンやブルース・スターリングたちの著わしたSF小説に端を発したが、ビジュアルイメージの原点は『ブレードランナー』にある。

一九八二年、リドリー・スコット監督はSF映画『ブレードランナー』を世に送り出した。日本では大ヒット。海外でもそれなりのヒットはしても、プロデューサーサイドの言によれば興行的には失敗作だったという。だがこの作品が各分野のクリエイターたちに及ぼした影響は絶大だった。『２００１年宇宙の旅』（→64頁）以来の衝撃といっても過言ではない。

前評判は良かった。ビジュアルデザインに工業デザイナーとしても知られていたシド・ミードを起用。また主人公リック・デッカードを演じたのが『スター・ウォーズ』のハン・ソロやインディ・ジョーンズ役で人気の絶頂期にあったハリソン・フォードだったこともあって、衝撃的な内容よりも表面的な話題性が先行した。

メインテーマは、技術文明に連動して揺らぐ人間の心。人造人間たちの苦悩を背景に、彼らとの無残な戦いと複雑なコミュニケーションの中で、自己の存在への理解を模索する中年男が描かれる。

演出上のビジュアルシーンにおいても、もちろんシナリオの展開やテーマ性をみても、ヒントになる要素は極めて多い。映像クリエイターたちには理想の教科書的作品。だがもちろん、スコット監督は何もないところからこの世界観を創作したわけではない。骨格となったのはフィリップ・K・ディックの原作小説。そこにさまざまな文化的融合が起きている現実の時代性を滋養にして、新種の花園を開花させ、そこから無数の種子を旅立たせていった。この複合文化の理解とコーディネートこそが、創造性の本質になる。

ではこの『ブレードランナー』は、リドリー・スコット監督は原作のどの部分をベースにして何をどのように発展させていったのか。そしてひとつの時代の文化的流れを決定付けたそれらの要素は、現代のモノ作りにどう生かすことができるのか。少し詳しくストーリー展開を追ってみよう。なお、原作小説については、すぐあとに（↓120頁）。

▼映画『ブレードランナー』のストーリー展開

物語の舞台は、雑多な文化の融合と技術文明の退廃に蝕まれた近未来の二〇一九年。東洋文化と西洋文化、極度の貧富、複数の言語と慣習、生々しい生活観と冷たい機械文明などが、グロテスクな混沌のビジョンとして描き出されている。

人類は積極的に宇宙に進出している反面、地球上では劣悪な環境汚染により酸の雨が絶えず降りしきっている。そのため、地上に残っているのはエリートから外れた者たちばかりだ。そして高度に発達したサイバーテクノロジーは、見かけでは人と区別のつかない人造人間「レプリカント」の量産を完成させ、惑星開発などの危険な任務に奴隷的労働力として従事させていた。

時折、人間社会に潜り込んでくるレプリカントを処分する役割を担っているのが特殊警察組織ブレードランナーだった。彼らがレプリカントを識別する方法は、感情を刺激する質問を並べて瞳孔の反射反応を観察する感情移入テスト。

優秀な警官だったリック・デッカードはレプリカントの処分が〝殺人〟と感じられるようになり、ブレードランナー組織を退職した人物だ。職探しで裏町に濡れるデッカードに対し、ブレードランナー組織は復職を強制する。

人間以上の知性を持つ最新型レプリカント「ネクサス6型」が、スペースシャトルを乗っ取り大勢の人間たちを虐殺して地球に潜入したためだ。その目的は、延命の方法を求めて。レプリカントたちには四年の寿命がプログラムされていた。彼らを設計した遺伝子技術者と同等の知能を持っため、感情が芽生えることを恐れての処置だった。もしレプリカントたちが人間と同じ感情を有するようになれば、身体能力で人間を越える彼らの存在は人類にとって脅威となる。

デッカードのターゲットは、「ロイ」と呼ばれる戦闘タイプをリーダーとする四人のレプリカント。男が二人、女が二人。彼は手始めにネクサス6型を造り出したタイレル社に赴き、社長でもあるタイレル博士の秘書レイチェルに感情移入テストを試みた。テストの終了後、レイチェルは退室を命じられた。デッカードが見抜いたとおり、彼女がネクサス6型の試作品だったことがタイレル博士の口から告げられる。

偽りの記憶を埋め込まれていたレイチェルは、自分がレプリカントであることを知らなかった。レイチェルはテストによって自らの存在に疑惑を抱き、デッカードの部屋にやって来て、自身の真実を求めて彼を問いつめる。自分はレプリカントなのではないのか、と。しかしレイチェルの怯えた涙に、デッカードは真実を偽って語った。

やがてデッカードは、本格的にレプリカントたちの追跡を開始した。

最初のターゲットは女性型の「ゾーラ」。彼女はショーガールとして働いていた。正体を見破られたゾーラは人混みの中を必死に逃げるが、デッガードの非情な銃弾によって無残な死を遂げる。その光景を目撃したレプリカントの「リオン」はデッカードの後を追い、激怒に駆られて怪力でデッカードに襲いかかった。打ちのめされ、窮地に陥ったデッカード。いたぶりながら、やがてとどめを刺そうとするリオンの顔に浮かぶのは、復讐者の怒りというよりは、サディストの喜悦だった。その時、一発の銃弾がリオンの頭部を粉砕した。レイチェルがリオンを射殺したのだ。

レイチェルは自分がレプリカントだったことを確信し、タイレル社を脱走していた。そしてデッカードには、レイチェルの処刑命令が追加されていたのだ。デッカードはその指令に背いて、レイチェルを自宅にかくまう。感情の芽生えに戸惑いながらも、デッカードに心魅かれていくレイチェル。やがてデッカードに導かれて、偽りの記憶で武装していたレイチェルの心は少女から女へと鮮やかに花開いていく。

同じ頃、レプリカントの延命処置ができるのは彼らの脳を設計したタイレルのみと知ったロイは、遺伝子技術者のセバスチャンを脅してタイレル社の本社ビルに忍び込む。しかしタイレルと対峙したロイは、彼らの延命が不可能であると告げられた。絶望にうちひしがれるロイと、その姿に影からほくそ笑むセバスチャン。冷たく慰めるタイレル。

直後、ロイは静かな怒りをあらわにして二人を殺害した。

タイレルとセバスチャンの死を知らされたデッカードはセバスチャンの部屋に赴き、そこに潜んでいた女性型慰安用レプリカントの「プリス」を射殺した。デッカードはその場にとどまり、プリスの屍を囮にしてロイを待ちぶせた。

戻ってきたロイは、デッカードの奇襲をあっさり退ける。心身ともにズタズタにされながら必死に逃げるデッカード。プリスの亡骸に涙して、ゆっくりとデッカードを追いつめていく狂気の形相を浮かべた狂戦士ロイ。しかしロイもまた、間もなくその寿命は尽きようとしていた。デッカード同様に、目前に迫りくる絶対の〝死〟と懸命に戦っていたのだ。デッカードには悟らせぬように、あくまで〝恐怖の追跡者〟の役を演じた。

廃墟のようなビルと、激しく降る冷たい夜の雨の中。ネコがネズミをいたぶるように、ロイはデッカードを追いつめていく。「おびえて逃げ回ること。それが奴隷の一生なのだ」と呟くロイの冷たい視線に見下ろされながら、力尽きて屋上から転落するデッカード。その刹那、死の淵からデッカードを救い上げたのはロイ自身の反射的な行動だった。怯えて後ずさるデッカードに、人間には決して見ることのできない彼らだけの思い出を語りかけながら、最後の詩と小さな笑みを残してロイは死んでいく。

やがて現場に到着した同僚ガフの口から任務完了の賞賛と一緒に、思わせぶりなレイチェルの話を聞かされた。デッカードは不安と恐怖にかられて自宅に急いだ。ガフは、レイチェルがデッカードに匿われていることを知っていたのだ。デッカードはレイチェルの無事に安堵すると、彼女をつれて密かに町を脱出する……。

▼正当防衛と殺人

ところで、八二年の初公開版では、「ネクサス6型」の試作品であるレイチェルは寿命を限定されていない設定になっている。複雑な主人公の心の声は、一人称の台詞で語られていた。後に再編集されたディレクターズカット〈最終版〉では、この〝つぶやき〟がカットされてしまった。文芸映画としてみるなら、〈最終版〉の完成度は高くなったと考えてよい。だが、はっきり言ってしまえば、不親切なバージョンになった。〈最終版〉を学生たちに観せた時、その八割近くが途中で寝てしまった（彼らの名誉のためにつけ加えるが、居眠りは瞬間的なこと）。その一週間後、初公開版を見せた時は逆に好評だった。

＊

感情を宿すおそれのあるレプリカントではなく、すでに感情を宿してしまったレプリカントたちを処分すること。それがデッカードの任務だった。最初の標的になったゾーラは戦闘型アンドロイドであるにもかかわらず、女の容姿を生かしてダンサーとして暮らしていた。デッカードを倒してもとどめを刺すことを躊躇い、逃げることを選択した。二人目のリオンは激情からデッカードへの殺意をむき出しにして死んでいく。三人目のプリスは人間と直接接触する機会が多い従軍慰安用セクサロイド（セックスロボット）として作られたが、感情的にはもっとも未熟だった。彼女は人づき合いが苦手なセバスチャンを誘惑してロイと引き合わせるが、やがてそのアパートでデッカードと戦って死んだ。

生きることを願った三体のレプリカントの死に様は、どれもひどく人間的だ。恐怖と、怒りと、狂乱の中で死を迎えた。それも、人間によりプログラムされた本来の特性を拒否するようなかたちで。リーダーのロイは、物語に登場する誰よりも人間らしく喜怒哀楽のすべてをむき出しにして四年間の短い生涯を終える。

ロイが最後にデッカードを助けた理由については明確ではない。命の価値に気づいたのか、人類に対する優越感の鼓舞なのか、あるいは誰かに自分の最期を見取らせておきたかったのか。また、そのすべてか、別の何かかも。

ここから少々、妄想のような解釈をお許しいただきたい。

廃墟のビルから落下する直前、デッカードはロイと睨みあう。散文詩を口ずさむ詩人のようにふ

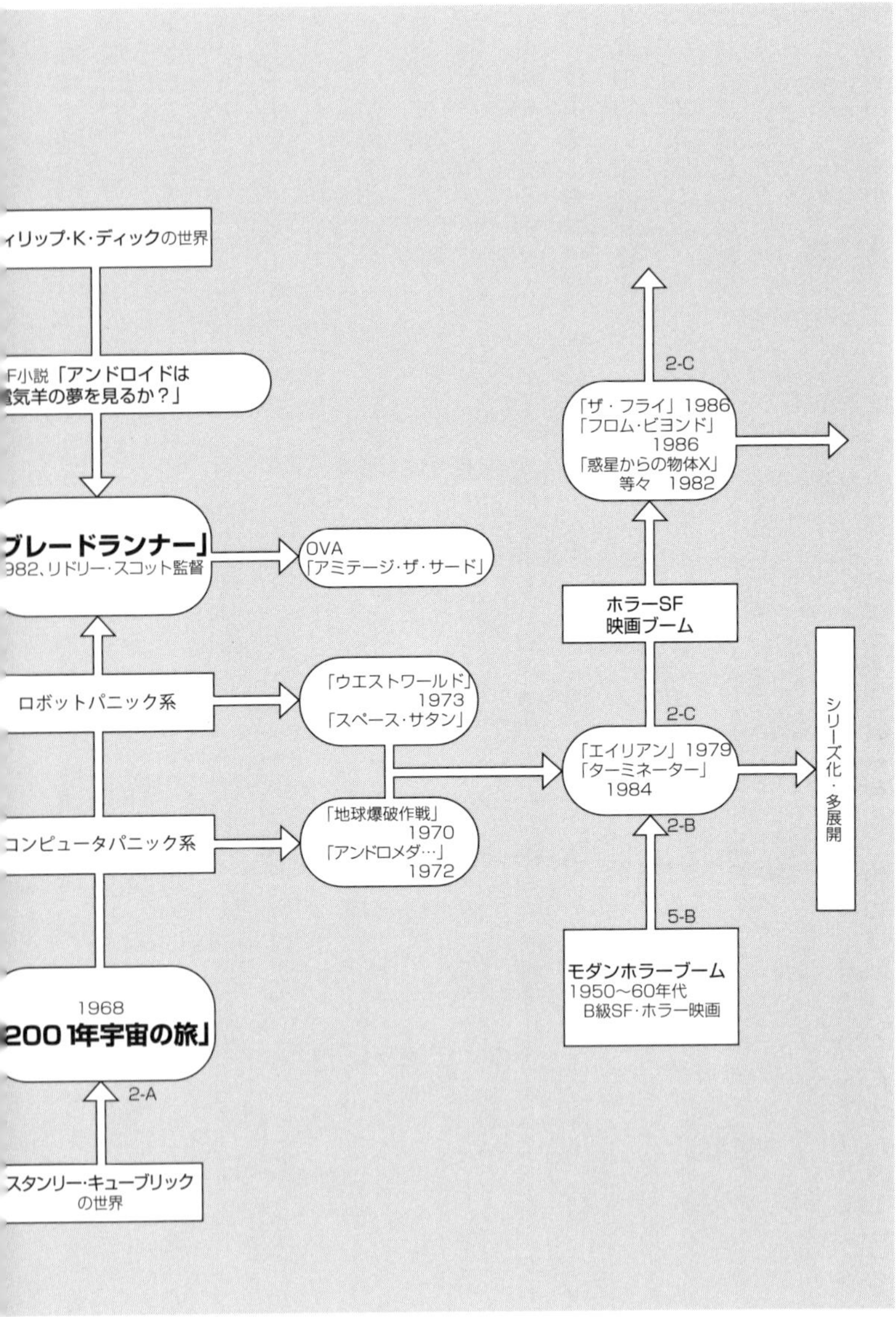
ィリップ·K·ディックの世界
F小説「アンドロイドは
電気羊の夢を見るか？」
ブレードランナー」
982、リドリー・スコット監督
OVA
「アミテージ・ザ・サード」
ロボットパニック系
「ウエストワールド」
1973
「スペース・サタン」
コンピュータパニック系
「地球爆破作戦」
1970
「アンドロメダ…」
1972
1968
200 1年宇宙の旅」
2-A
スタンリー・キューブリック
の世界
2-C
「ザ・フライ」1986
「フロム・ビヨンド」
1986
「惑星からの物体X」
等々 1982
ホラーSF
映画ブーム
2-C
「エイリアン」1979
「ターミネーター」
1984
2-B
5-B
モダンホラーブーム
1950〜60年代
B級SF・ホラー映画
シリーズ化・多展開

「2001年宇宙の旅」“ハル2000”の遺伝子展開

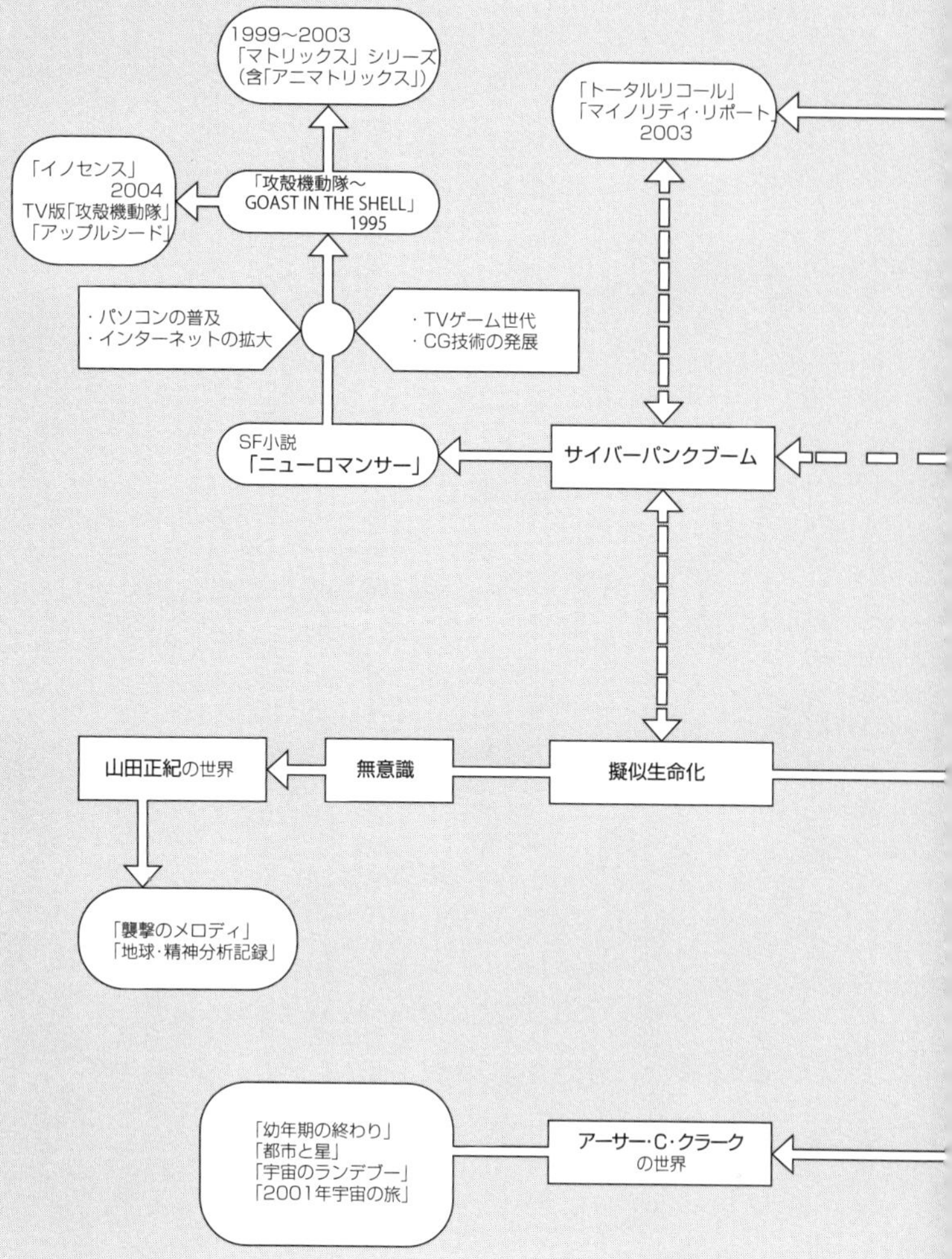

るまってきたロイは死にゆくデッカードを見下ろし、その凝視する眼光の彼方で人類全体を見下ろしていた。刹那、デッカードはロイの瞳の奥に何かを見た。怯えて逃げていた自分の魂を通して、同じ〝恐怖〟と〝怒り〟の記憶を認めたのではないか。

死を覚悟して手を放しながらも、デッカードは激しい勢いでロイに向かって唾を吐きかける。複雑な激しい怒りを吐き捨てるような唾だ。人類が彼らに強いてきた〝恐怖〟への同情から沸き起こる怒りなのか。また、人類の代表とは程遠い自分を、原罪の贄として扱う理不尽に対する怒り。さらに、生きるために多くの人を殺したレプリカントも、所詮は人類と同類の虐殺者に過ぎないと理解したことへの絶望的な侮蔑の怒り。あるいは単純に〝恐怖〟を抱かせたものに対する原初的な怒りの発露だったのかもしれないけれど……。

いずれにせよ、その瞬間、二人は互いを理解する。自分たちは同類なのだ、と。

アンドロイドによる殺人は、いわば〝親殺し〟だ。同時に、人間によるレプリカントの処刑は〝子殺し〟になる。生存能力に劣る前世代を新世代が駆逐する親殺しは、非情な進化の必然。危機的状況に陥った集団が存続のために弱者、または集団にとり脅威となる存在を犠牲にしなければならない子殺しもまた、社会維持機能のための悲しき必然だった。

この物語、近親者同士の憎み合いで先に手を出したのは人間のほうだ。四年間の寿命設定は明らかに殺人プログラムなのだから。人間社会を守るための手段と正当化できるが、レプリカントもまた殺人という手段に訴えて人造の運命に挑んで生きのびようとした。ハイテクの未来文明社会でも、野生の生存競争の原理が働いていた。

ただし、ロイによるタイレルとセバスチャンの殺害はこれとはまったく異なる意味を持つ。生きるために殺したのではなく、人間の無知に対する純粋な怒りによるものだった。レプリカントたちがくぐり抜けねばならなかった幾多の試練と、彼らの生を求める苦悩を理解しようとしない鈍感な創造主たちへの絶望的な怒りだ。

すなわちロイにとり、タイレルたちの殺害こそが、本当の親殺しになった。

その後、プリスを失ってデッカードを追うロイは狂気の連続殺人鬼となる。おそらく、デッカードへの殺意は最後まで本物だった。土壇場でその気を変えさせたのは、必死になって逃げようとするデッカードの姿。最後まで生きようとする惨めさが、ロイにデッカードを救わせてしまった。そしてこのロイの最後の行為が、恐らくデッカードを変えた。レイチェルのために警察組織を裏切って町を出る決意をさせたのだと思う。

最初にデッカードがレイチェルを誘惑したのはゲームのようなものだったのではないか。人間のレプリカ（模造品）への愛情を感じたからではない。人形の未熟の精神に自分への愛情を焼きつけられるか、試してみただけだったのではないのか。

ロイの死後、デッカードは自宅に戻ってレイチェルに自分への愛情を確認した。同時に彼は、自分を愛してくれる誰かを求めていたことを自覚する。そしてレイチェルへの思いは何も口にせずに、彼女を連れて町を出ていく。レプリカントを愛しているのか、またはその後に愛せるようになるかは不明のまま。

いずれにせよ、この結末は感情移入テストを無効にするもの。少なくともネクサス6型においては感情面の発達に伴い、人造人間であろうとも特定の人間に対して愛という典型的な感情移入をしてしまうことを示してしまった。そしてもしデッカードがレイチェルを愛するようになれば、人間と人造人間の間に共感が芽生えることになる。

肉体的にはともかく、その精神面においてレプリカントは人間と同じになりうる。それなら、レプリカントは魂をもちうるのか。また、人が尊く思う魂とは何か？　もし、魂などないレプリカントと共感をもつことができるなら、人間もまた魂などもってはいないのではないか。すなわち、魂などもともと幻想で、はじめから存在しないのでは……。

レプリカントというキャラクターは、そうした疑問を提示するための手段として位置付けられた。だからスコット監督にとって、ロイたちは原作にあるアンドロイドではなく、レプリカント（模造）でなければならなかった。

▼小説『アンドロイドは電気羊の夢を見るか?』

人間性とは何かと問い掛ける『ブレードランナー』と同様に、原作小説でもそれをメインテーマと位置付けて、徹底した追求の刃を緩めない。そのために物語は、より複雑な切り口の展開となっていた。

原作のタイトルはSF小説『**アンドロイドは電気羊の夢を見るか?**』。幻想的な作風で知られる**フィリップ・K・ディック**の、一九六八年の作品だった。

テーマ性こそ同じでも、小説と映画における世界観の設定やキャラクターの示すストーリー展開の方向性についてはまったく別のもの。小説には「ブレードランナー」や「レプリカント」という言葉も出てこない。映画によってこの原作小説を購入した日本のファンも多かったが、最後まで読みきれずに廃棄してしまうか、途中で本箱に納められたものも少なくない。映画化以前からSFファンの中でさえ、この作品は読者を選ぶといわれていた。

主人公の名こそ同じだが、原作のデッカードは結婚生活に疲れた中年男の妻帯者だ。職業も特殊警官などではなく、平凡なアパートに暮らす警察所属の賞金稼ぎ。彼は高価なペットである本物の山羊を買うために、重傷を負った仲間に代わって、自由を求めて火星から脱走して地球に潜入した六人のアンドロイドを追跡・処分する仕事を引き受ける。

物語の舞台は一九九二年のサンフランシスコ。今となってはもう過去の二〇世紀末のこの時代では、極度の環境汚染に晒された人類の多くがすでに他の植民惑星に移民しているが、それでもまだ大勢の人々が地上に残っていた。世界最終戦争による核兵器の放射能汚染でペットが絶滅に瀕しており、大抵はアンドロイドのペットで我慢している。無条件に感情移入することができる本物の動物を飼うことが、最高のステータスになるのだ。このあたりの奇妙な設定には、可愛いそうな貧乏人よりもよく肥えたペットを溺愛する西洋の金持ち社会への、ディックなりの皮肉なスタンスを窺い知ることができる。

娯楽の中心を担うのは共感ボックスという進化した双方向テレビ。五感を刺激することで、気分さえある程度は制御できる。この共感ボックスのネットワークを介して、謎のテレビ伝道師ウィルバー・マーサーがマーサー教の名のもとに絶大な影響力を及ぼしていた。マーサーは超越的教祖だった。時間を逆行して死んだ生き物たちを生き返らせることさえあるという。共感ボックスに接触することで太陽系に広がった人類は誰もが皆、マーサーの意識と融合して同時に同じビジョンを体験できた。修行を踏まえぬ人工的な宗教体験。今風に言えば、電脳空間を用いた集団的擬似体験とでもいうことになるのだろう。

高い知能と人間と同じ容姿を持つ最新型ネクサス6型アンドロイドたちが、奴隷としての使役を拒否して地球に逃げてきたのは、そんな干からびた時代だった。

アンドロイドたちを追うのは警察に所属する賞金稼ぎたち。彼らの武器はレーザー銃とアンドロイドを識別する検査技術だ。ペットや美術や他人に対する感情移入と、成功や失敗に伴う喜怒哀楽を他人と分かち合う共感こそが人間らしさであるという前提から、アンドロイドたちを識別する方法として新たに確立された検査が、質疑応答による生理的反応を観察するフォークト＝カンプラ測定テストだった。これによって反面的に明らかにされるのは、共感と感情移入ができないために、種としての集合性をもてないアンドロイドの精神である。クモの足を面白がってもぎ取る、残酷で無邪気な子どものような。

賞金稼ぎたちの追撃に気づいたアンドロイドたちは、先手を打ってさまざまな奇襲を仕掛けてきた。警官に化け、歌手に化け、情報を攪乱してデッカードの命を狙った。デッガードはこれらの罠をかわして彼らを次々に射殺し、敵の中枢に迫っていく。

その間、デッカードを悩ませているのは人間性と、アンドロイドの魂についての疑惑だった。できの良い人形の女性型アンドロイドに、心魅かれるのはなぜか。アンドロイドが歌う素晴らしいオペラが、自分を含む多くの人々をこれほどまで感動させるのはなぜか。アンドロイドたちはなぜマーサーとの融合ができないのか。本当にアンドロイドと人間に違いはあるのか。あるいは自分たちもまた、偽りの記憶を埋め込まれたアンドロイドではないのか、と自己の存在すら疑いつつ。彼を包む無数の疑惑、疑念、疑問。

デッカードは捜査に同行するアンドロイド「レイチェル」の体を抱くことで、それらの困惑に終止符を打とうとする。しかし、気持ちと駆け引きの狭間で行き違う二人は互いに傷つけ合い、別れていく。折しも共感ボックスのネットワーク上では、伝道師マーサーが超越的人物などではなく、ただの田舎俳優だったことがアンドロイドたちの陰謀によって暴露された。偶像（アイドル）を汚されて混乱する世間を尻目に、デッカードは共感ボックスに頼らずにマーサーの姿を自らの心の内に見いだし、彼と融合するビジョンを見る。デッカードの心の旅は現実世界での手ごたえを求めて、新たな局面へと踏み込んでいった。

そして最後の敵たちを処分して家に帰ると、賞金で買ったばかりの本物の山羊はレイチェルによって殺されていた。デッカードは再び砂漠でマーサーの幻影を見た。そこで見つけた、絶滅したはずのヒキガエル。彼は内なるマーサーの存在を確信してヒキガエルを持ち帰って眠りに落ちたが、妻はそのヒキガエルがロボットであることに気づく……。

▼アンドロイド化していく現実の人間たち

……といった展開だから、とてもじゃないが忠実な映像化は不可能だった。

『アンドロイドは電気羊の夢を見るか?』の時代設定は一九九〇年代。ディックが思い描いた暗黒の未来は、幸いにも現実にはならなかった。アイボ(ソニー)やアシモ(ホンダ)がネクサス6型にまで進化するにはまだだいぶかかりそうだし。だがディックによる、情報とともに移り変わる社会秩序と人間性の関係についての洞察は、恐ろしいほどに未来社会における闇の正体を正確に見抜いている。

伝道者マーサーとの融合を可能にする共感ボックスのアイデアをそのまま現代のインターネットに置き換えて考えれば、アンドロイドたちは一般社会での共感や感情移入に疎いオタク的個人主義のネットマニアに対比できる。インターネットによる稀薄なコミュニケーションは情報に頼った偽りの幻想を紡ぎ出して、人と人との直接的な理性と感情のぶつかり合いを無意識に拒絶する傾向にある。集合性を失いつつある人間は、表面上には個性的であっても、感性的にはアンドロイド化していくのだろう。

アンドロイド化していく現実の人間たちと、人間化していく虚構の中のアンドロイドたち。作中に登場する、フォークト＝カンプフ測定テストでも見分けられないアンドロイドの製造を理想におくローゼン協会の存在は、現実社会への皮肉なアンチテーゼになる。

▼第三世代のアンドロイド

リドリー・スコット監督は自らの内に潜む闇のフィルターを通してディックのSF世界を解釈し、八〇年代に相応しいアレンジを加えて見事な映像化に成功した。スピルバーグやルーカスの製作するわかりやすく派手なSF映画とは一線を画す、精神と近代文明との狭間にある新しい闇をテーマとして映像で描くことの価値を広く知らしめた。

自分の物語とするために、原作には登場しない「ブレードランナー」と「レプリカント」というキーワードとなる言葉を使わざるをえなかった。『アンドロイドは…』を素材にして、ディックとは異なるアプローチから人の心の闇を独自の視点で考察した。その脳裏には恐らく、『エイリアン』（→85頁）の「アッシュ」の影があったのではないかと思う。

一九九五年、**『アミテージⅢ（ザ・サード）』**（**越智博之**監督）というOVA作品がリリースされた。火星入植地の空港で人気歌手が射殺されたところから物語は始まる。多くの人々を感動させてきた彼女が、第三世代のアンドロイドだったことが明かされて社会は大混乱に陥った。この第三世代（ザ・サード）は、人間との交配によって出産さえ可能だった。次々に暗殺されていく、人間社会に潜り込んでいた第三世代アンドロイドたち。そして第三世代の謎と犯人グループの思惑を追う女捜査官「アミテージ」の活躍と混迷。

シリアスなハードボイルドタッチながらカルト的人気を獲得して後に劇場版に再編集されて公開された。『アンドロイドは…』の遺伝子を素材として、後述する『**ニューロマンサー**』（↓137頁）の影響を色濃く受け継いだ作品だった。ある意味では、『ブレードランナー』を製作したリドリー・スコット監督のスタンスに似ていたのかもしれない。いかにも日本のSFアニメマニア的な解釈だったけれども。一応、この続編も約五年後にリリースされたが、こちらの内容については、あえてノーコメントとしておく。

そして、二〇一七年。『アミテージ・ザ・サード』を思い出させるようなコンセプトで、『**ブレードランナー2049**』が公開された。

▼三十五年ぶりの続編、三十年後の〝世界〟

何年も前から話題にのぼっていた続編『ブレードランナー2049』は二〇一七年十月に公開された。熱心なファンほど、黙ってはいられないのは世の常である。当然、公開後には様々な方面から賛否両論が噴出した。放映時間は三時間近い。そしてこの複雑な超大作は、前作のファン（マニア）に向けてつくられたものというよりは、製作者サイドのための補完的な思考実験の結果だったのではないかと感じられる。早い話が、壮大で華麗な同人作品に仕上げられていたのだと私は思う。

物語の舞台は、前作から三十年後の世界。環境破壊に拍車がかかり、酸の雨さえ降りそそがない、荒涼とした砂漠化が進行する乾いた時代である。主人公の〝K〟は、男性型レプリカントだ。ネクサス9型の最新モデルで、人間の命令には忠実に従うようにプログラムされている。〝K〟の職業はブレードランナー。その圧倒的な戦闘能力によって、人間たちの管理を離れた旧型レプリカントを処分することが仕事である。同僚の人間たちからは差別を受け、同類のレプリカントたちからは裏切り者として扱われる。さらに警察組織からは常に精神状態をチェックされている。友人などない孤独な〝K〟が心を許す唯一の相手は、女性型3DホログラムのAI〝ジョイ〟だけだ。

そんな従僕のような〝K〟の生き様が変わるのは、任務で処理したレプリカントの家の庭から古い遺体を発見した出来事からだった。遺体の正体は、三十年近く前に死んだ女性型レプリカント〝レイチェル〟。しかもそれには、生前時の出産の跡が残っていた。レイチェルは天才タイレル博士によって造りだされた特殊なレプリカントであった。三十年前、元ブレードランナーの〝リック・デッガード〟とともに町から逃げてからその消息は不明のままだった。レプリカントの妊娠は現代の技術でも不可能。ましてや人間と子どもをつくるなどあり得ない、と当局は判断した。社会の動揺を恐れた警察は一切の証拠を抹消して、事件そのものの隠ぺいを図る。一方、タイレル社の遺産を受け継ぐウォレスは、失われた技術、すなわち、妊娠するレプリカントの謎を解くため秘かに動き出す。

警察とウォレス社の暗闘に振り回される〝K〟。その渦中で、〝K〟はレイチェルが出産した男女の双子のひとりが、自分ではないのかと疑い始める。自分は、ウォレス社に製造されたレプリカントではなかったのではないか、と。封印していた激しい感情が、〝K〟の中で目覚めていく。警察を裏切り、せっかく手に入れていた小さな幸せまで失いながら、〝K〟は事件の深層に迫っていく。やがてデッカードの元にたどり着き、残酷な真相を知ることになる……。

ストーリーテンポは速く、物語は複雑だが、苦悩する〝K〟の視点から描かれているため、わかりやすい。完全な続編として観るなら、間違いなく秀作である。

前作の『ブレードランナー』は、デッカードとレプリカントたちの二方向からの視点で物語が進行していった。価値観の異なる二本の糸は、殺人という行為によって縒り合され、やがては一本の糸に結実していく。苦悩する姿を見せようとしないデッカードはゾーラとプリスを殺し、リオンとロイの死を看取ることで、人造の魂と記憶の一部を心に刻み込んだ。それによる価値観の変貌が、レイチェルを守る決心を固めさせた。デッカードがレイチェルに対して愛情を抱いていたかどうかはわからない。だが少なくとも、自分を愛するものを守ろうとする人間性の回帰は鮮明に示されていた。

内奥する苦悩を圧殺して矜持を貫くデッカードとロイの生き様は、観る者を難解な迷路に追い込んだ。恐らくこの迷路には、監督のリドリー・スコット自身も迷い込んでいたはずである。後に追加映像やシーン削除を受けた「ディレクターカット版」や「最終版」などの再編集作品には、解釈をめぐる監督の迷いがある。デッカードもまたレプリカントだったとするべきなのか、どうなのか、という考証についてだ。

再編集版で新たに追加される、森の中をユニコーンが駆け抜けていく幻想的なシーン。これは、転寝をしているデッカードの夢だ。そして最初の公開版から登場していた、デッカードの部屋のピアノの上に飾られているセピア色の写真には、レイチェルによく似た女性が写っていた。ユニコーン幻想が、このセピア色の写真のイメージを変える。デッカードの記憶もまた、偽りの記憶だったのではないかと疑惑を起こさせる。最後にガフが置いていったユニコーンの折り紙もそんな暗示を残した。深読みをするなら、自分が人間だと思っていたレプリカント同士が恋に落ち、人の町から逃れていった、などという解釈もできる。この場合、デッカードとレイチェルを引き合わせたタイレルこそが、事件の仕掛け人だったということになるのだが……。

だが、これらはあくまで可能性。状況証拠によるイメージだ。

意地の悪いリドリー・スコット監督はこの解釈を断定させてはくれなかった。彼自身の迷いのためなのか、未完成のままに置いた。幾通りもの解釈が可能な、あやふやなエンディングにすることで未完成ゆえの金字塔的SF作品に磨き上げた。失われた両腕の美を、空想によって補うことで完成する〝ミロのヴィーナス〟のように。

そして『ブレードランナー2049』ではリドリー・スコットは製作総指揮の立場になって、新しい思考実験の出発点を構築した。迷走の旅はさらに続くことになるのだろう。

ところで、『ブレードランナー2049』の監督は**ドゥニ・ヴィルヌーヴ**。日本では同じ年に公開された（海外では二〇一六年）、思考形態のまるで違う異星人とのファーストコンタクトを描いた異色SF映画『**メッセージ**』でも監督を務めて注目されていた。世界の危機的状況を伝える緊迫感と、母親が数年後に生まれる自分の娘に未来を語りかける情感を巧みに融合する演出が高い評価を受けた。原作は『**あなたの人生の物語**』という短編小説。SF小説の最高峰といわれるネビュラ賞受賞作だった。人類を遥かに凌ぐ文明を持つ異星人とコミュニケーションをとろうとする科学者たちの姿を描いた物語だ。国際政治ドラマの緊迫感を前面に押し出したパニック系映画版とは異なり、こちらは比較的地味な作品。時間と人の認識をテーマにした観念的な内容のために、映像化は困難と言われていた。作者は**テッド・チャン**。本業はサイエンスライターの、中国系アメリカ人である。九〇年にデビューしながら、片手で数える程度の短編しか執筆していないが、その全てがネビュラ賞やヒューゴー賞などのSF界最高峰の評価を得ている異能の作家だ。

初めてこの短編集を読んだとき、本格ハードSF小説の新しい流れに心が躍った。だから友人に紹介したら、意外な答えが返ってきた。「なんか、アメリカ人の書いたSFの〝ラノベ〟みたいですね」、と。正直に言って驚いたが、よく考えてみれば納得した。

〝ラノベ〟とは、ライトノベルの略称。古株の読書家たちには軽いタッチの小説ジャンルという意味に解釈され、どちらかといえば、ネガティブな差別用語だ。比較的若い世代の読書家たちにとっては、ラノベは差別用語ではない。むしろ、ファンタジーやSFなどで難解な内容になりがちな観念的コンセプトを、読みやすくかみ砕いた作品に生かしているという意味では逆に好意的なジャンルになる。

学生たちの中には、積極的に「ラノベ作家になりたい」と口にするものも少なくない。シリアスなホラー作品や本格派ファンタジー『**十二国記**』シリーズなどで知られる**小野不由美**は、自身の作品はライトノベルだ、と宣言している。また、多くのファンを涙させた『**獣の奏者**』シリーズや〝**守り人**〟シリーズの**上橋菜穂子**は、自らが手掛けている上質なファンタジー作品を児童文学と位置付けているみたいだし。まあ、ジャンルへのカテゴライズなどどうでもいいのだが……。

で、『あなたの人生の物語』についてだが、五〇年代の幻想SFの洗礼を受けた私はこの小説の中核が、人間の意識が時間軸の理解によって新たな次元に進化することを示唆するアイデアにあると思い込んだ。一方、友人はこのアイデアの仕掛けによって生じる主人公の新しい感性に注目した。〝仕掛け〟を目的としてとらえた私と、手段としてとらえた友人との違い。どちらが正しいかという問題ではない。だが強いて言えば、友人のほうが正しい捉え方なのだろう。結果、多くの人の心を揺さぶる感動の短編として高い評価を受けた。

ハードな考証とソフトな感性の融合。これこそSF小説の理想であり、アプローチや読後の解釈でどちらに重きを置くかは、読者次第だ。

古典的なＳＦは本来、最先端の科学知識を〝仕掛け〟にして、人間の心、あるいは社会の本質とは何かを問いかける。蒸気船が行き交う時代に万能潜水艦が発明されたら、どうなるか、とか。八十万年後の未来人の心と姿は、どう変わるのか、とか。宇宙人が攻めてきたら、人間たちはどうするのか、とか。

〝仕掛け〟は、人の可能性を図る道具だった。それが、相対性理論や無意識の発見、さらには量子論の発展などで最先端科学は魔法のように急成長を遂げ、〝仕掛け〟そのものが難解なものへと暴走していった。数学や物理学のみならず、哲学や宗教さえも取り込みつつ。〝仕掛け〟が複雑になれば、マニアはそれを磨き上げていく。読者と作者は同等の立場から作品を、まるで芸術のように磨き上げていくのだ。数学や物理の方程式が、ある意味では芸術と理解されるように。また、哲学や宗教の観念的な世界観が、ある意味では芸術と理解されるように。新しいパズルは、それを足掛かりにして、より新しいパズルを再生産していく。

そして、閉じたＳＦ小説の世界が誕生した。敢えて言えば、マニアたちの世界。ハードルが高くなりすぎて、一般の感性では手軽にのぞき込むことが困難な世界。閉じたマーケットはとても狭かったため、洋の東西を問わず六〇年代のＳＦ作家たちは小説を書くだけでは食べていけず、生活のためにＴＶやラジオのシナリオを書いていたりもしたという。ＳＦやホラー作品は映像化されて大ヒットを続けていたが、映像化の困難な作品はなかなか日の目を見なかった。商品にはなれない作品だったために。

やがて数十年の時を経て、進化したCGは、そんな観念的な世界観を巧みに映像化することに挑んでいくことになる。成否はともかく、二〇一五年には前述の『幼年期の終わり』さえ、原作に忠実にTVドラマとして映像化された。そんな映像化によって、堅苦しい敷居は徐々に引き下げられていった。そして小説の分野においても、〝ラノベ〟というジャンルの登場により、上がり過ぎたハードルは徐々に下がっていった。

▼SFライトノベルの誕生と筒井康隆の予言

一九七七年、復刻したSF雑誌「奇想天外」の第一回新人賞コンテストにおいて。

最終選考委員を務めたのはSF界の大御所、小松左京・筒井康隆・星新一の三人だった。その席上においてのこと。星は、まだ高校生だった**新井素子**の「**あたしの中の…**」を受賞作として強く推した。小松は猛反対し、筒井は中間的な立ち位置で議論に加わっていた。

「あたしの中の…」は、主人公の少女の心に、事故で地球に落下した宇宙人の精神が入り込んでしまったことから始まるドタバタ劇。話し言葉でつづられていく一人称形式の、読みやすいコミカルタッチのSF中編小説だった。小松はこれを、漫画の原作や高校生のSFコンテストではないと否定。ジュブナイル（ティーンエイジャー向け）SFの新人賞ではないのだ、と。逆に星は、科学技術や知識を偏重する現状を打破してくれる新しい感性の発露だ、と絶賛した。自分たちでは絶対にかけない、と。普段は仲のいい三人が、真剣に議論を尽くすさまは、その紙面を通して伝わってきた。

作品に対する理解は三人とも共通していた。ただ、これを受賞作にした場合の、その後のSF小説のあり方について、理想が分かれた。小松は主張した。「あたしの中の…」を受賞作として認めれば、今後登場してくるSF作家は、中高生の感性に頼る方向に進んでいってしまう。他の文学とは違うと矜持をもって書いてきたSFのあり様が変わってしまう、と。それでもかまわない、時代が変わるならそれを認めるべきなんだ、と星は切り返した。

結局、筒井が意見をまとめる形で、「あたしの中で…」を含む三篇の佳作が選出された。最後に筒井は、星に対して念を押したことが強く印象に残った。「星さん、本当にいいの？彼女を受賞させると、きっと今後はこんなタッチの作品がSFの主流になるよ」と。「ぼくはかまわない。それほどの衝撃を受けたんだ」と、星は結んだ。ショートショートSF小説を書き続けている星新一ならではの嗅覚で、新手の感性をかぎ分けた結果だったのだろう（注：この号の「奇想天外」が私の書棚に見つからず、記憶を頼りに執筆。言い回しは異なるかも）。


やがて新井素子は次作「**グリーン・レクイエム**」（後に星雲賞受賞）で大きく飛躍し、新しい感性のSF作家として幅広い世代に受け入れられていくことになる。筒井たちの予言は的中し、以後、新井素子の切り開いた新しいSFの地平からは、ぞくぞくと新人SF作家たちが誕生していった。当然、SFのファン層もすそ野を広げていくことになった。

〝ラノベ〟という用語が誕生する、十年以上前のことである。

▼SF遺伝子の展開

SFとは、Science（科学）Fiction（物語）が元の言葉。

この科学の意味が拡大解釈されて、Speculative（思索・考察）Fictionとされるようになっていったのは、一九五〇年代頃のことだった。心理学や民俗学などによって示された、人の心の闇への新しいアプローチや解釈さえテーマのひとつになっていった。前述の『幼年期の終わり』（↓66頁）のみならず、知恵遅れや不具者として世間に疎まれる者たちがひとつの精神集合体を形成する新人類「ホモ・ゲシュタルト」の成長期を描いた**シオドア・スタージョン**の『**人間以上**』（54年国際幻想文学賞受賞）、人類文明の消滅後に地球の後継種となった「犬」が人類の足跡を辿ってゆく**クリフォード・D・シマック**の『**都市**』（52年国際幻想文学賞受賞）など、後世に強力な影響を残し続けている幻想文学の金字塔的作品が次々に送り出された。**ダニエル・キース**の『**アルジャーノンに花束を**』（中・長編版↓103頁）は、一般の幅広い読者層に愛されている作品だった。

これらはどれも、ジャンルを越えて後世に伝えられる作品だ。そしてSFはこのころを境に、時代を映した心の闇を語る有効な手段となった。

ディックの原作はその直系に当たる作品である。『ブレードランナー』はこの遺伝子を色濃く受け継ぎつつ、ビジュアル幻想SF時代の可能性をつけ加えてみせた。

『人間以上』の物語

施設から脱走した「白痴」の青年は、空白の心で旅を続けていた。どれほど周囲から虐げられ、忌み嫌われても彼は何も感じず、何も気にしない。しかし病的な父親に育てられた娘アリシアと出会って彼女の心を開いた時から、彼の運命は大きく変わっていく。

二十五歳になって親切な農夫のプロット夫妻に拾われ、彼は「ローン」という名を得て生まれてはじめて泣いた。しかし妻のお腹に子どもができると、夫婦はローンのことに頭を痛めた。それを察知したローンは夫婦に別れを告げて、森の中の廃屋でひとり暮らすようになる。

やがて運命的にローンの小さな城に集い来た、奇妙な子どもたち。彼らは世間から爪弾きにされた嫌われ者だったが、ひとりひとりが超能力を秘めた存在だった。瞬間移動（テレポート）能力を持つ双子の黒人少女ボニイとビーニイ。念力（テレキネシス）を使うジャニス。そして、コンピュータのような頭脳を持つプロット夫妻の赤ん坊。プロット婦人は出産で死に、その子はモウコ病という不治の病にかかっていた。夫のプロットは発狂して、ローンに置手紙を残して何処かに姿を消していた。ローンは残された赤子を引き取った。

この五人が集うとき、彼らは「人間以上」の存在に進化してゆく。

数年後、ローンは事故で死去。「心」に相当した彼の役割の後を継いだのは、暗示能力者の少年ジェリーだった。殺人の告白から始まった精神分析医との対話から、彼は自分たちが新たな人類である集団有機体（ゲシュタルト・オーガニズム）だったことを自覚する。罪悪感と優越感。ジェリーはその狭間に自分たちの行き方の答えを見つけ出したかに思えた。だがそれは、新たな孤独（ローン）の始まりだった。ジェリーの心の障害は癒されることなく、傷口は広がって新しい血を流しつづけていった。

新しい事件の中で彼らの集合精神は、引き裂かれて、打ち砕かれつつも、道徳を纏うことで次の成長の段階を迎えていく。真の後継種・集団人（ホモ・ゲシュタルト）として。

3-B サイバーパンクの時代
『ニューロマンサー』について

その昔、ＴＶゲームはコンピュータ・ゲームとも呼ばれていた頃があった。シンプルな液晶画面のゲームウォッチさえ、一般の大人たちはそう呼んでいた。

とても不当なネーミングだった。もしこれが正しいなら、電卓だって携帯コンピュータになってしまう。もっとも、簡単な抵抗ユニットを組み合わせただけの自動車エンジン用電子制御回路が、車載コンピュータとか呼ばれていたくらいの時代だから仕方がないのかもしれないが。

コンピュータが急激な進歩を遂げだした七〇年代、人々はその恩恵で移り変わりゆく社会の輝かしい未来像を夢見た。都市はひとつの巨大なロボットと化し、そこに住む人間たちの生活機能は大型コンピュータの制御に委ねられる。

科学の神は、新しい預言者にコンピュータという名をつけて世に送り出した。安楽な機械仕掛けの理想郷への思いは、同時にその陰に潜む悪夢をも生み出した。それが、コンピュータの反乱をテーマとした数々のＳＦ映画や小説作品となってあらわれた。背景には変貌する未来像への期待と不安があった。

そして八〇年代。ようやくオフィスや家庭にコンピュータが浸透してくると、コンピュータ幻想による未来社会への過大な期待も薄れていった。ファミコンはおもちゃの仲間として認知され、ICチップは電子部品のひとつとして理解された。巨大コンピュータ幻想は解体されて細分化し、情報ネットワークの結節点に分散・配置されていったのだ。

現実の世界に重なって存在している、目には見えない膨大な情報の擬似宇宙。端末機であるコンピュータは未来からきた怪物ではなくなり、情報という異界に向かうための扉になった。そしてその無限に広がる情報の闇の中から、新しい創造が始まった……。

▼サイバーパンク的遺伝子の覚醒

『ブレードランナー』（↓109頁）の公開時、たまたま立ち寄った劇場でこれを観たSF作家の**ウィリアム・ギブスン**はあまりの衝撃に途中退席をしたという。もちろん最後まで観ていなかったのだから、内容についてではない。物語の背景となるビジュアルについて、自分が執筆中だった長編小説の舞台設定やイメージがあまりにも酷似していたためだ。

ウィリアム・ギブスンとスコット監督のどちらのアイデアが先だったかという問題ではない。創造分野の異なる二人がほぼ同じ時期に似たような発想をできる必然的な条件が、当時の社会事情や情報環境の中に揃っていたということなのだろう。彼らに限らず時代の流れに敏感だった多くの者たちは、いち早く新しい情報世界の匂いを嗅ぎ取っていた。

二年後の八四年の初夏、ギブスンはその作品を世に送り出して各方面から絶賛を受けることになる。翌年、ＳＦ界の最高栄誉となるヒューゴー賞、ネビュラ賞をはじめ、フィリップ・Ｋ・ディック賞、ＳＦクロニクル雑誌読者賞、さらにオーストラリアのディトマー賞の五冠を獲得し、停滞していたＳＦの可能性を一気に広げて「サイバーパンク」というマイナージャンルを世界的なブームにまでしてしまった。

サイバーパンクは、現在でさえ明確な定義などない。東洋と西洋、過去と未来、自然と機械などの相反する異分子や同類たちがさまざまな形体で有機的に結合する、人類文化の寄せ集め。グロテスクで攻撃的で、時として美しくもある。だがそんな言葉の意味など理解しなくても、その言葉に秘められた先行イメージが時代をつくった。その影響は小説や映画などの娯楽分野にとどまらず、ハイテクブームの流れに乗ってファッション、音楽などのポップカルチャーから、自動車や土木構造物の工業デザインにも波及し、街の雰囲気や新世代のライフスタイルさえ変えていった。ひとつのサブカルチャーブームのイメージキーワードが、バブル経済に狂乱しはじめていた当時の都市の輪郭を変えていった。

このＳＦ小説のタイトルは『**ニューロマンサー**』。

コンピュータネットワーク上に誕生したふたつのＡＩ（人工知能）を巡って進化のための戦いに巻き込まれていく、裏世界に生きる者たちの死闘を描いた物語。ＳＦ的背景にあるものはふたつ。

魔法のように発達した生体工学のもたらす悪夢のような未来図と、電脳空間〝サイバースペース〟と呼ばれる擬似具象化されたコンピュータプログラムの世界。カウボーイと呼ばれるハッカーたちは自らの意識をコンピュータネットワークに直結させて肉体から遊離し、サイバースペースに入って行く。

▼八〇年代半ばの「千葉シティー」

始まりの舞台は、東洋文化と西洋文化の融合によってハイテクの魔窟と化した日本・千葉シティー。西洋人のSF作家の目から見れば、八〇年代半ばの成田空港周辺の未来予想図はこんな風にとらえられていたのだろう。

超一流のハッカーだったケイスは、クライアントへの裏切り行為のために神経組織を傷つけられてハッキング能力を奪われ、暗黒街の片すみで朽ちかけていた。その彼に、アミテージと名乗る人物が失われた彼の能力の再生を代償に、謎の仕事への専属契約を持ちかけてくる。この申し出を受け入れたケイスは、相棒となった女の戦闘型サイボーグ・モリィとともに世界を回り、ネットワークの奥に潜む悪夢のようなデジタル仕掛けの幻視世界へと引きずり込まれて行く。裏切りと陰謀の駆け引きの中、やがて彼らの前に現われた謎の存在「冬寂（ウインターミュート）」の影……。

……という物語だから、ある程度SF小説やネオ・ハードボイルドとされる七〇年代のアメリカ犯罪小説に馴染みがなければ読み取りにくい内容だった。まして当時は、一般庶民が利用できるグローバルスケールでのインターネットはまだ存在していない。一部のアカデミックなネットワークとして発展しつつあった頃だった。「サイバースペース」ないしは「サイバーパンク」というキーワードの話題性によってこの本を購入しても、途中で放り出してしまった読書家たちも少なからずいた。ある意味では、まだ当時は、ディックの作品以上に扱いにくいものだった。だが、インターネットが社会文化としてすっかり定着した今の社会的状況なら、多分楽しく読めるのではないかと思う。

『ニューロマンサー』の登場人物たちはどれも悪い奴らばかり。

主人公のケイスも悪党だ。暗黒街で生き抜くためには殺人を犯し、密輸にも手を染める。そして、サイバースペースでの肉体から解放される喜びを奪われて、ぽっかり開いた心の空虚を埋めるために耽溺するドラッグと酒。

ケイスだけではない。暗黒街に生きるすべての住人たちにとって、常に纏わりつく裏切りと憎悪。つかの間の刺激と、失われた愛情の幻影。ある者は腐った日常への反動から、入れ墨を彫るように己の肉体に人間とは異なる動物たちの生体組織や闘争用のメカニズムを移植していった。

そしてそれらの歪んだ自我を支える無数の犯罪組織と、闇社会のクリニックや情報屋、調達屋などの刹那的に生きるアウトローたちの面々。

きらびやかなハイテク文明の陰に潜むもう一つの闇の社会。過激な欲望と暴力に彩られた近未来。強烈な自虐的エネルギーとグロテスクに変貌を遂げる人間の肉体とその精神。すべてがサイバーパンクを演出する要素だった。しかもそれらは、従来の秩序や風習を失いつつある現実社会の延長に透かし見ることができる、不気味で蠱惑的な代物だった。

▼サイバーパンクの広がり

「サイバーパンク」という流行語は、『ニューロマンサー』の評論時に用いられた新しい言葉に由来する。サイバネティクスとパンクロックからの引用といわれる。

その世界観は八〇年代初頭にはある程度まで固められており、同じくギブスンの作品である『**記憶屋ジョニィ**』(八一年)や『**クローム襲撃**』(八二年)に示されていた。この二本は中編作品で、サイバーパンクの入門にはこちらから接するほうが良い。

ちなみに『記憶屋ジョニィ』については、その後日談のエピソードが『ニューロマンサー』の本編中にモリィによって語られているとおぼしきシーンがある。また同作品は『**JM**』のタイトルで、キアヌ・リーブスを主演にビートたけしを脇役に迎えて映画化されている。少なくとも日本では、公開当時はそれなりに話題にはなっていた。

一方「サイバースペース」については、八二年に公開されたディズニー映画の『**トロン**』にその先駆的ビジョンを認めることができる。デジタル世界のサイバースペースを本格的に映像化した物語としては最初の作品だ。ディズニー映画らしい冒険ファンタジー世界のバリエーションを、コンピュータ内部にまで広げて見せることに成功した。

公開当時においては、コンピュータ世界の表現はフルCG映像と噂されていたが、実際はまだ技術的ハードルが高く、CGっぽく見せたアニメーションが大半だったという。それでもブーム黎明期だったTVゲーム的映像が実写のSF映画に用いられたことは画期的だった。

物語は、創造主である人間に対して反乱を起こした悪のメインプログラムと、人間を守ろうとする正義のプログラム「トロン」との戦いをコンピュータ内部のデジタル世界を舞台にして描いたもの。主人公のプログラマーは、悪のメインプログラムによって肉体をデジタルデータに変換されてコンピュータ内部へと引きずり込まれてしまう。しかし彼は創造主を敬うトロンたちとともに、悪の独裁者（メインプログラム）を倒すために立ち上がるのだった。

……という感じの勧善懲悪ストーリー。CGと実写とアニメーションを巧みに合成してつくられた、子どもでも大喜びの健全なSFファンタジーとして話題を呼んだ。

しかし社会そのものが大きく変貌を遂げた八〇年代の風潮を受けて、きらびやかなサイバースペースの幻想もまた、さまざまな現実の毒の色を宿して濁っていく。その結果がサイバーパンクとなった。退廃的な欲望の追求。現実からの逃避。エネルギッシュな愛情と憎悪。呪詛のような嫉妬。歪んだ競争意識と権力欲。これは現代のインターネット状況が孕んでいる数々の問題と直結した事象でもある。その意味ではインターネットもまた、情報という形で肉体の求める欲望を満たすための道具にすぎない。

『ニューロマンサー』の物語の中で、カウボーイに復帰したケイスがサイバースペースにジャック・インすることで得られる、肉の檻からの解放に歓喜するシーンがある。ケイスにとってはサイバースペースこそが現実であり、肉に拘束される世界は悪夢に等しい。すなわち、肉の欲望こそがケイスにとっての悪夢の源となる。

その一方で、ケイスの師匠になる天才ハッカーの「ディクス」＝マコイ・ポーリーは、肉体を失ってもその意識はＲＯＭ構造体の「幽霊」に変換されてサイバースペース内部にとどめられており、いずれ消去されることを望んでいた。死を望む「幽霊」と、進化を願望する人工知能（ＡＩ）と、数々の謎に挑むケイスたちの思惑が複雑に錯綜する、電脳空間＝サイバースペース。そこでは人造の心が、幽霊が、人間の魂と同じ次元で相対する機械じかけの聖域。すなわち人造霊界と理解していい。それゆえ、サイバースペースもまた宇宙空間と同様に、新世紀の民話の背景たりえた。

▼九〇年代への展開〜『マトリックス』へ

サイバーパンクは『ニューロマンサー』からブームとなり、八〇年代後半には類型の作家や作品群を数多く生み出すことになる。しかしそれでも新たな発展には至らずに、ひっそりとひとつのジャンルとして定着していった。

サイバーパンクは物語の中にとどまらず、空間デザインやファッションなどのコンセプトにおいて何らかのテーマを掘り下げて行くための手段になった。そして同時にさまざまな器の中で煮つめられてでき上がったスパイスのように、多くの映像作品を味つける貴重な要素として各方面で用いられていく。特に九〇年以降、インターネットの普及とともに急激な進歩を遂げていったCGグラフィックが、その流れに拍車をかけた。

『ニューロマンサー』がきっかけになって、電脳空間を舞台にした物語も数多く映画化されていったが、大抵がただのハイテクCGアクションショーだった。

やはりSF小説として『ニューロマンサー』が良くできすぎていたのだと思う。

ハリウッド映画ではB級作品程度のヒットジャンルとされていたサイバーパンクも、日本ではアニメやコミックの中ですっかり定着し、着実に一般向けビジュアル化の道筋を歩んでいった。その集大成的作品として、アニメ映画の『GHOST IN THE SHELL／攻殻機動隊』が登場してくる。

邦訳の『ニューロマンサー』が発売されてから十年後の一九九五年。劇場用長編SFアニメ映画『攻殻機動隊』が公開された。アニメ版『**うる星やつら**』や『**機動警察パトレイバー**』シリーズのコンビでもある**押井守**監督・**伊藤和典**脚本により、強烈な東洋的臭気の漂う鮮やかな本格的サイバーパンクSFに仕上げられていた。

原作は**士郎正宗**の同名SFコミック。ストーリー性やテーマ性よりも、サイバーパンクのイメージを表現する細部へのこだわりが熱狂的な押井アニメの支持者やSF設定マニアに人気を博した。原作が話題になっていたのは八〇年代末期から九〇年代初期のことだった。

ストーリー展開は、概ね原作にあるものを素材としているが、劇場用アニメ版のテーマ性とコンセプトにおいて、おそらく『ニューロマンサー』の鬼子と呼んで差し支えないSF映像作品。英字タイトルは『GHOST IN THE SHELL』。多分、こちらのほうがこの作品の内容には相応しいように思う。

二〇一七年にはハリウッド製実写版『GHOST IN THE SHELL』が公開されて話題になった。アニメと同じシーンカットをふんだんに用いて、別のオチになっている。

『GHOST IN THE SHELL／攻殻機動隊』の物語

近未来。公安9課は、ネットワークを介してサイバーテロを仕掛ける謎の天才ハッカー「人形つかい」を、その総力を挙げて追っていた。血みどろの戦いを指揮する隊長は、完全にサイボーグ化した義体を持つ草薙素子。「人形つかい」は現実世界とサイバースペース上で展開される執拗な追跡を、コンピュータのみならず人間の精神さえ「ゴーストハッキング」して巧みにかわしていった。

「人形つかい」は人間ではなく、ネットワークに誕生した新しい生命体だった。暗号名・プロジェクト2501。それは公安6課によって密かに進められていた、非合法国際戦略のための特殊な人工知能の開発計画だった。しかしプロジェクト2501のメインプログラムは開発者の予想を超えた自我を獲得し、暴走してネット内部に脱走。6課は機密理にこれを回収処理しようとしていたことが明かされた。

ことの露見を恐れる公安6課と9課の「人形つかい」を巡る強奪戦の果て、草薙は義体を破壊されながらも「彼」と直接接触することに成功した。そして「人形つかい」が自らの進化のために、彼女との精神融合を望んでいたことを知って衝撃を受ける。人工知能による擬似生命から完全な生命体に進化するには、自らの変種を生み出せる機能が必要となる。そのために「人形つかい」は、同類と認識した草薙の精神との融合を求めた。人として自らの存在と限界に疑念を抱いていた草薙は、躊躇いながらもこの申し出を受け入れる。

そして、新たな「種」の誕生へと……。

▼映像文化のサイバーパンク化

『攻殻機動隊』のストーリーは、登場人物たちの詩的会話に惑わされなければ、決して難解ではない。むしろ、『ニューロマンサー』に代表されるサイバーパンク小説に接する前に、アニメ作品として『攻殻機動隊』で映像化された同じテーマとコンセプトに触れておいたほうが良いように思う。まあ、余計なお世話かもしれないけれど。

ところで一九九九年に製作された映画**『マトリックス』**は、異常な熱狂をもって一般に受け入れられた。この物語の中では、世界中のほとんどの人間が「マトリックス」という電脳世界で暮らしており、しかもそのことに気づいていない。現実の肉体は誕生直後からカプセルの中で眠りつづけており、一度も目覚めることなく死んでいく。この秘密を知った主人公「ネオ」は、苦悩の果てに現実を改革すべく戦いを決意する。

この続編は**『マトリックス　リローデット』『マトリックス　レボリューションズ』**として製作され、二本とも二〇〇三年に立て続けに公開された。各方面から話題を呼んで、前作以上のヒットとなった。特にシリーズ最大のヒットとなった『マトリックス　リローデット』の公開直後、ある海外の劇場では興奮した観客が暴動を起こしたりもした。

監督の**ウォシャウスキー兄弟**は日本アニメのファンであったという。**大友克洋**や押井守の作品からは、強い刺激を受けてきたのだそうだ。一滴の水が波紋を呼び、流れを作り、その飛沫がまた新しい波紋を呼ぶ流行（ブーム）のループ。日本のアニメや香港のカンフー映画によってサイバーパンクをアクション作品として映像化するイメージのきっかけを見出した結果、『マトリックス』シリーズが誕生した。アメリカで生まれたサイバーパンクの原型は、日本でその輪郭を鮮明にして、さらに香港の遺伝子を受け継ぎ、故郷に戻っていったことになる。そして、メガヒットジャンルに化けた。

『マトリックス』の登場は映像分野のサイバーパンク化を象徴する。

この『マトリックス』三部作完結の流れを受けとめるように、劇場版とは異なる展開になる『**攻殻機動隊 STAND ALONE COMPLEX**』がＴＶアニメシリーズとして製作された。さらに翌年の二〇〇四年には、ソニー・プレイステーション2用のＴＶゲームとして同名タイトルのソフトがリリースされた。また同年、九年の歳月を経て劇場版の続編『**イノセンス**』が押井監督の手で送り出された。この公開を記念して、押井守の監修による球体関節人形展まで開催された。多角的な広報キャンペーンの結果なのか、それとも偶発的に『攻殻機動隊』の注目される要素が蓄積した結果なのかは定かではなかった。

少なくとも観客にとって、作品内容のリアリティは身近になっていた。

二一世紀を迎えて、現実の情報宇宙はなお拡大を続け、ビジュアル化した電脳世界の幻想を紡ぎ続けている。その奥に、新しいデジタル妖怪たちの姿を窺いながら。

▼平成「ガメラ」シリーズへも

映画『攻殻機動隊』はそれなりにヒットした。だが、この作品が及ぼした影響の広がりは観客動員数や興行成績などではかりしれない。誰もがなんとなく想像していたサイバーパンクの不自然な動的ビジュアルイメージを決定的なものにした。

製作スタッフにとって、『ニューロマンサー』がコンセプトの素材であったことは明白。だが、決して模倣ではない。素材を巧みに調理し、新しい料理に仕上げてみせた。むろんその味は、アメリカ的サイバーパンクの直系子孫ともいうべき原作コミックとは一見は似ていても、機械化された肉体への主人公たちの愛憎はまるで異なるものになった。

『攻殻機動隊』が公開された年、怪獣映画『**ガメラ**』が本格的SFとして新たな装いで復活した。旧作シリーズを知る古い怪獣映画のファンの公開前の予想を覆して、この平成「ガメラ」シリーズ三部作は名作となり、日本の特撮怪獣映画の中で金字塔的作品になった。

三作とも**金子修介**監督の手によるもので、シナリオは**伊藤和典**。第二作の『**ガメラ2　レギオン襲来**』では、映画で初めて日本SF大賞を受賞している。『パトレイバー』シリーズや『攻殻機動隊』の残像が随所に色濃く映し出されていた。特に三話目の『**ガメラ3　イリス覚醒**』では、ガメラを憎悪する少女と古代の邪神が精神融合していくエピソードがストーリー上の重要なポイントとして描かれていた。まあ、これも余談。

▼映像作家としての押井守の原点

余談をもうひとつ。

押井守の場合、アニメ製作の原点はＴＶシリーズ『うる星やつら』にある。アルバイト時代までさかのぼると経歴はもっと長くなるが、一応ここを出発点としよう。

『うる星やつら』の原作コミックの作者は**高橋留美子**。新人賞を受賞したこの作品で連載デビューし、瞬く間に人気を博して当時の『少年サンデー』のドル箱的ヒット作となっていた。スラップスティックＳＦギャグと名打たれたとおり、漫画ならではのＳＦ的小道具や正統なアイデアを満載したエピソードは、ハイティーン以上の世代に強い支持を受けていた。後に伝説化したキャラクター人気はアニメ化以後のことで、初期のブレイクは漫画家としての高橋の意表をつく設定やストーリーセンスが高く評価された結果だった。

ＴＶアニメ『うる星やつら』の放映開始直後は、押井らスタッフが何とか原作に忠実にしようとしている苦労の跡が随所に見受けられる。そのおかげで低年齢層の子どもたちにも人気を博したが、率直に言って、人気コミックを単に動画化しているにすぎなかった。コミックファンにとって、こうしたアニメはただの原作の焼き直しにみえてくる。

ところがある時期を境に、製作スタッフたちはスタンスを変えた。

原作の魅力を十分に理解しながらもその点にこだわらず、アニメらしいアクションや登場キャラクターたちの個性的演出に重きをおくようになっていった。当然、ストーリー展開はオリジナリティを増し、キャラクターたちの持ち味も徐々に原作のそれとは変わっていった。コスプレブームやコミックマーケットブームのブレイクを引き起こした第二次アニメブームの火付け役を担ったのは、ちょうどその頃の『うる星やつら』だった。

劇場版アニメ作品『**うる星やつら2 ビューティフル・ドリーマー**』の製作もこの頃のこと。妖怪「夢邪鬼」のつくる夢の世界に囚われた主人公たちがそれに気づいて脱出しようとジタバタともがく騒動を描いた、『マトリックス』の原点を思わせるような作品だ。

「夢邪鬼」は原作コミックにも登場するが、キャラクター的にはオリジナルといってよい。ストーリー展開についても、原作のコンセプトに応じた劇場版第一作目『**うる星やつら オンリー・ユー**』とは異なり、完全に押井の好みにおき換えられていた。

公開は一九八四年二月。押井的〝うる星〟世界（ワールド）の集大成となって後に高い評価を受けることになったが、残念ながらヒットには至らなかった。配給会社は何を思ったのか、同時上映作品にアニメとは縁のないアイドル映画『すかんぴんウォーク』を選んだ。これを見に行った〝追っかけ〟の少女たちは、『うる星2』を観ないで席を立ったという。逆に『うる星2』を観に行った青少年のアニメオタクたちも、『すかんぴんウォーク』を観ないで帰った。せっかく大森一樹監督作品だったのに。

また同じ年の三月には『**風の谷のナウシカ**』が公開されており、積年の不遇な状況からようやく脱却した**宮崎駿**が注目されていたために、すっかり話題を取られてしまったことも不運な理由の一つかもしれない。プレス用試写会でこの作品を見た私は、あまりの面白さに確実にヒットするものと思っていたのだけど……。

いずれにせよ、この劇場版の製作で〝うる星〟世界を卒業した若き日の押井守は、本格的な映像文化の担い手として歩みだした。

PART II
西洋神秘思想の遺伝子

4

「近代ファンタジー解析」講座

不思議物語系と恐怖物語系

科学と宗教は対立しているもののように思われがちだが、元は宗教の中に科学の起源はある。自然の神秘を解明しようとした科学者たちは、神の存在を信じるからこその創造の謎を追った。ダーウィンは進化論を提唱した後も神への信心を宣言していたし、「種の起源」のメンデルなどは神父だった。早い話が、科学は宗教の中から生まれた。

ＳＦについても同様。はじめに神秘思想があり、そこから娯楽作品が生まれて「ファンタジー」と呼ばれるようになり、さらにその一部が突出してＳＦになった。

マクロ的視野からすれば、ＳＦとファンタジーは同じ原型遺伝子から発祥している。ＳＦが古典的御伽噺の鬼子とするなら、近代ファンタジーは直系の後継種になる。

近代ファンタジーの系統を大きく分ければ、陰と陽の二つ。〝ハリー・ポッター〟シリーズや『ロード・オブ・ザ・リング』などに代表される古典要素の集大成的な不思議物語系列と、モダンホラーに代表される恐怖物語系列だ。

PARTⅡでは、この二通りの方向から原型遺伝子の謎を探りながら、近代において神秘世界の物語を創作するヒントを求めていきたいと思う。

＊

どうしたわけか、近年はファンタジーというジャンルが熱い。

日本では八〇年代ごろからだ。ファミコン用TVゲームソフトの『スーパーマリオブラザーズ』や『ドラゴンクエスト』などのヒットに端を発している。西洋的な形をまとった和製ファンタジーソフトはコミックやアニメの中で急成長し、逆に海外へ輸出されるようになっていった。世紀末のイギリスからは、子どもたちの間で巻き起こった〝ハリー・ポッター〟ブーム。そして二一世紀になると、ピーター・ジャクソン監督の『ロード・オブ・ザ・リング』の第一作目が公開され、大方の予想を覆して前年に映画化されたハリー・ポッターシリーズ第一弾の『ハリー・ポッター　賢者の石』を上回る話題を呼んだ。

七〇年代に至るまで、小説でも映画でもホラーやSFはB級のサブカルチャー扱いされる作品が多いジャンルだった。どこの国でもその分野の作家やシナリオライターたちも食べていくのがやっとだったという。ファンタジー作家たちは、さらにその格下に位置付けられていた。ところがそれらは、時代とともに大化けしていった。

まずここでは、そのいかなる要素がホラーやファンタジーをドル箱ジャンルに変えていったのかを追求してみたい。

4 A

『ロード・オブ・ザ・リング』現象を読む

手本としての『指輪物語』

▼物語の〝鍋料理〟

二〇〇四年三月、アメリカのアカデミー賞で『**ロード・オブ・ザ・リング〜王の帰還**』が作品賞や監督賞など、ノミネートされた全部門を制して、歴代タイ記録となる十一部門を獲得した。快挙である。タイトル数の問題ではない。それまで色物扱いされていたSF・ファンタジー分野の物語が、これだけの評価を受けたことがだ。

二〇〇一年の第一作『**ロード・オブ・ザ・リング〜旅の仲間**』、二〇〇二年『**同〜二つの塔**』に続いて、第三部の『**同〜王の帰還**』で完結した。

原作は邦題で『**指輪物語**』。ファンタジー先進国イギリスの作家**ジョン・ロナルド・ロヴェル・トールキン**の著作で、一九五四年に出版された。ちなみに、その原型になる小説の『**ホビットの冒険**』は一九三七年。アイデア的原点はここに生まれていた。

ファンタジーというと古典的なイメージがあるが、実は意外に新しい。

剣と魔法の世界として理解されているこの近代ファンタジーは、いわば鍋料理。ヨーロッパに古くから伝わる御伽噺や民話のネタや伝説の英雄たちを素材にして、主人公たちの人間性をスパイスに、じっくりと時間をかけて煮詰められた長編作品だ。トールキンの著作も、祖父や父親から伝え聴いたさまざまな伝説や物語がその骨格になったという。

複数の異世界に所属する、複数の魔物たち。人ではない異形の勇者たち。そしてそれらの物語に散りばめられた無数の教訓。本来なら相容れないいくつかの世界観を、新しい物語の創造主たちはひとつのものに融合させていく。無からの創造ではない。個々の素材の持ち味を理解して、それらを巧みに組み合わせていくコーディネートこそが、この場合の創造性の原点になる。古い因子を組み合わせて、一枚の絵を織り上げていく作業だ。

その意味では『指輪物語』は物語作りの手本だ。しかし幸か不幸か、トールキンは言語学者だった。つまり、どちらかといえばアカデミズムの作家だった。作中に登場するホビット語さえ創作した。結果、子ども向けのファンタジーというよりは、大人にとっても難解な哲学観が色濃く語られる物語になってしまった。キリスト教的な観念とは異なる、ヨーロッパの古典的な精神文化の流れを汲む作品に仕上がっていた。

現代の映像技術を担う製作スタッフたちの感性は、この複雑な物語のコンセプトを巧みに掬い取りつつ万人向けの娯楽作品に仕上げてみせた。つまるところ、最新技術を駆使した原型遺伝子の映像化によって近代ファンタジーは普遍化された。

▼『指輪物語』と『スター・ウォーズ』

ピーター・ジャクソン監督のファンタジー映画『ロード・オブ・ザ・リング』三部作は、小説『指輪物語』の完全映画化作品だった。原作では小人族だった主人公は人間の姿に置き換えられていたけれど、映像（ビジュアル）化したのだから、小説を知らない観客が感情移入しやすくするためにはこの程度のアレンジは仕方ない。ひとつの世界を手に入れようとする、異形の姿と異形の心を持つ複数の勢力。その中に身をおくそれぞれキャラクターたちの思惑がさまざまに交錯する物語の人間関係はやや複雑だが、根本的なストーリーは至ってシンプル。

ホビット族の少年が、世界を支配する力を宿した魔法の指輪を廃棄するために苦難の旅を続ける。簡単にいってしまえば、それだけの物語。この指輪の争奪戦が展開の骨子になる。そしていろいろな人物（または怪物）たちとの出会いと別れの中で、少年は成長していく。

その旅の間も指輪はあらゆる人の心に干渉し、暗い情念や秘められた欲望を増幅して世界を破滅に導こうとする。そして絶望に揺さぶられる少年の心が怒りと悲しみに染められるたびに、指輪に潜む暗黒の力は徐々に彼の心の奥に潜む闇へと忍び寄っていく……。

七七年に『**スターウォーズ**』が公開されたとき、ファンタジーに詳しい評論家たちは、善と悪の両面を持つ「理力（フォース）」の概念が、人の心を侵す『指輪物語』の指輪の力に類似しているものと指摘した。まだファンタジーに馴染みのなかった日本では、この評論によって『指輪物語』の存在を知った者たちも多い。実は、私もそうだった。

後に監督の**ジョージ・ルーカス**も『スター・ウォーズ』自体が、剣と魔法を科学に、魔物たちの異世界を宇宙に置き換えたファンタジーだったと宣言していた。つまり、ファンタジーの因子を内に秘めながら、その外装をSFに置き換えた大胆なアレンジの結果だったのだ。

私は『スター・ウォーズ』の原作小説が『指輪物語』の刺激から生まれたとは思わないが、どちらも人の心を蝕む強い力の存在が物語の中で重要な位置をしめることは確かだ。

もし『指輪物語』が哲学的要素を含んだ二〇世紀文学の至宝であるなら、同じことが『スター・ウォーズ』シリーズにも当てはまるかも。七〇年代後半から八〇年代にかけて増産された、主人公たちがドタバタ暴れまわるだけの特撮宇宙活劇（SFX・スペースオペラ）映画の群れと『スター・ウォーズ』シリーズとの決定的な違いもここにある。

一般には『スター・ウォーズ』も単純な活劇と思われている。それもまた間違いではない。表面上、シンプルなつくりに見せることも大切だし、それを楽しむだけでも良いと思う。ここで気にとめておきたいポイントは、単純に理解された『スター・ウォーズ』のスタイルが、いつの間にか一般に浸透してSFファンタジーを容認する新しい基盤を構築していたということだ。

さまざまな怪物たちがひしめき合う〝スター・ウォーズ〟ワールドのビジュアルイメージは、いつの間にか子どもたちにとって当たり前のものになっていった。彼らにとっては、理力（フォース）に纏わる禅問答の内容などどうでも良かった。雰囲気は重要だったけど。

SF映画『スター・ウォーズ』（一九七七年製作）の物語

遥か、遥か古代の、遠い、遠い銀河での物語。全宇宙に覇権を唱える悪の皇帝が率いる帝国軍は、圧倒的な武力で次々に惑星を支配下においていった。さらに惑星そのものを破壊する最終兵器「デス・スター」の完成も近い。帝国軍に反旗を翻した反乱軍は、レイア姫の元に結集してデス・スターの完成を阻止すべく最後の攻撃を決意する。レイア姫はデススターの設計図を盗み出すが、皇帝の片腕であるダース・ベイダー卿に捕えられてしまった。レイア姫は設計図をR2－D2とC－3POの二体のロボットに託して、正義のジェダイ騎士であるオビ＝ワン・ケノービの手に渡すように指示して脱出させた。

デス・スターの設計図を巡る争奪戦に巻き込まれて、育ての親を殺された主人公ルーク・スカイウォーカーは、オビ＝ワンの指導のもとで理力（フォース）を操るジェダイ騎士としての才能を開花させていく。やがてルークは、運び屋の無法者ハン・ソロの力を借りてレイア姫の救出に成功した。しかし理力（フォース）の暗黒面を使うベイダー卿によってオビ＝ワンは落命した。ベイダー卿はかつて、オビ＝ワンの弟子だったのだ。

設計図の解析からデス・スターの弱点を発見した反乱軍は、起死回生の覚悟で最後の決戦に臨んでいく。その中には、ジェダイ騎士の力を受け継いだルークもいた。壮絶な死闘の果てに、反乱軍はデス・スターを破壊。ベイダー卿はいくつかの謎を残したまま姿を消した。

それらはやがて、第二部、第三部での物語の展開の複線として繋がっていく。

▼アニメ版『指輪物語』の影響

七八年は日本で『スター・ウォーズ』が公開された年だったが、同じころ、『**指輪物語**』が**長編**

劇場用アニメとして日米同時期に公開された。

魔法モノの好きな**ラルフ・バグシ**監督の作品。はじめに実写映像を撮影してそれにペイントを施し、アニメ化するという凝った映像作りに挑んだが、結果的にはこの試みが裏目に出た。半端なリアリティがアニメらしさを損なわせた。また、原作小説に忠実に映像化しようとしたため、本格的ハードファンタジーの要素が色濃く出てしまった。早い話が、子どもたちには難解な内容になり、さらに主人公をはじめとする各キャラクターたちは感情移入がし難いほど異形の姿になっていた。企画予定では三部作になるはずだったが、興行的に成功しなかったために第一部が製作されただけで止まってしまった。

当時の日本はアニメブームの渦中にあったようにいわれている。『指輪物語』はそれを当てこんでの日米同時公開だった。しかし、日本の実態は違った。

アニメブームというよりは、ヤマトブームだったのだ。七七年の**劇場版『宇宙戦艦ヤマト』**、翌年の**『さらば宇宙戦艦ヤマト　愛の戦士たち』**の大ヒットにより、松本零士のキャラクターデザインが高く評価されたし、声優ブームも起こっていたが、アニメ全体の評価には至らなかった。七九年の**TV版『機動戦士ガンダム』**は低視聴率のために放送期間が短縮され、後に不朽の名作とされる**『ルパン三世　カリオストロの城』**さえこの年の十二月に公開されて興行的に失敗した。

やがて『機動戦士ガンダム』や『ルパン三世　カリオストロの城』は本当のアニメブームの到来によって再評価されたが、アニメ化された『指輪物語』が注目されることは二一世紀になるまでなかった。

しかし若き日のピーター・ジャクソン監督は、この作品に大きく心を動かされた。続編と完結編を心待ちにしていた。この期待は裏切られ、結局はいつか自分の手で、『指輪物語』を映像化してみせると決意したという。

他人の評価がどうであろうとも、自分にとって大切なひとつの作品との出会いが人生を変える。そして様変わりした誰かの人生が、世の中の流れを新しい色に染めていく。一般にはアニメ版『指輪物語』は受け入れられなかった。だがこの作品がジャクソン監督の創造性を刺激したことで、ファンタジー大作『ロード・オブ・ザ・リング』が生まれ出ることとなった。広く一般に高い評価を受ける作品と、ごく一部のクリエイター志向の人たちに強い影響を残す作品。この二つの作品の関係は、近くて遠いようである。

4 B 近代ファンタジーの雛型を学ぶ
『ダーククリスタル』からTVゲームへ

この4―Bでは、近代ファンタジーの構造とその進化のプロセスに触れることで、新しい物語を構築するための基本的なパターンについての解説を試みたく思う。

アニメ版『指輪物語』の興行的失敗は、図らずも近代ファンタジーの映像化がいかに困難かを示した。SF的ビジュアルなら受け入れられる時代がきた。アニメーションの表現も同様だった。だが『指輪物語』に象徴されるような、観客にとって感情移入し難い異形のキャラクターを主人公に据える本格ファンタジーの映像化は不可能と思われていた。シンドバッドの冒険談やギリシャ神話の英雄談などのような古典的な御伽噺や神話の映像化までが限界だと考えられていたのだ。それらは基本的には、ファンタジーというよりも頼もしい主人公が怪物たちと戦うヒロイックアクションだった。

七〇年代になると、特撮を駆使したSFやホラージャンルの映像作品が試行錯誤の中で量産されていく。それらがビッグヒット作品として名を連ねる時代が到来した。

そして八〇年代のオタク文化を象徴するアニメブームとTVゲームの台頭。一部の活字ファンのものだった近代ファンタジーは、この新しいふたつのメディアに溶け込むことで一般にも受け入れられるようになっていった。新しい世代は近代ファンタジー全体のイメージをイラスト化、またはキャラクター化して捉えられるようになっていった。

旧来のファンは不満を感じていたかもしれない。『指輪物語』の小説を手にした伝統的ファンタジーマニアたちは、TVゲームの『ドラゴンクエスト』に狂喜するハイティーンに白い目を向けていた。だが新しいファンはそんなことなどお構いなしに、簡易化されたファンタジー世界という心の遊園地で、独自の工夫を凝らして勝手に遊び始めた。いうまでもなく、こちらのほうこそがすそ野の広い創造性の原点になる。『指輪物語』はピーター・ジャクソン監督をはじめとする少数精鋭のクリエイターたちを生み出したが、『ドラゴンクエスト』は何十万人もの無名のハイテク職人たちを生み出してゲーム業界に送り込んだ。

▼ミヒャエル・エンデの『ネバーエンディング・ストーリー』

一九七九年。〝ジム・ボタン〟シリーズ（後に日本でTVアニメ化）でドイツ児童文学賞に輝いたミヒャエル・エンデは、『はてしない物語』を発表した。

人間の夢見る力によって支えられる異世界「ファンタジア」は、崩壊の危機に陥る。原因は、人間たちが夢見る力を失いつつあったため。主人公の少年は図書館で手にとったファンタジー小説『はてしない物語』を読み進むうちに、現実と物語の世界を往復していくようになる。そして「ファンタジア」再生のための重大な鍵が、英雄「アトレイユ」と同化する自分の心の中にあることを知る……。

この小説は、映画『Uボート』のヒットで世界的に知られるようになったウォルフガング・ピーターセン監督の手で、八四年に『ネバーエンディング・ストーリー』のタイトルで映画化された。一般の映画ファンから子どもたちにもおおよそ好評だったが、この映画のエンディングについては原作とかけ離れたメッセージ色があったため、エンデから修正を請求する訴訟問題に発展してしまった。

ピーターセン監督は、エンデの原作を素材と考えて、自分の好みに合わせて新しくつくり変えてしまったのだろう。小説家にとって、どうやら映像作家たちは常に罪深い存在であるらしい。もっとも、それだからこそ発展があるのだろうけれど。

原作の映像化についての内容評価はともかく、映画化によって『はてしない物語』の知名度は一気に上がった。犬のような顔をしたマスコットキャラの巨龍ファルコンも話題になった。映画とども主題歌の世界的ヒットにも支えられ、小説も再評価された。

夢見る力を失いつつある現代人が、ファンタジー世界を滅ぼしつつある。このアイデアは、人の想念がエネルギーになって異世界を支える、という形に翻訳されて、幅広くSFファンタジー分野のアニメやコミック作品の設定に応用されていった。これによって近代ファンタジーの主人公たちは、異世界に召喚された現代人が担うことになっていった。

TVアニメ化されたCLAMPのコミック『魔法騎士レイアース』や、『聖戦士ダンバイン』をベースにノベライズされた富野由悠季の〝バイストン・ウェル〟シリーズなどが若い世代に支持され、それらからさらにさまざまなニューエイジ・ファンタジーが量産されていった。

日常とは切り離された異世界から、日常と間接的なつながりを持った異世界へ。八〇年代のアニメブームは、このコンセプトを映像化することで普遍的なものにつくり変えていった。物語の中の主人公や登場人物たち、あるいは読者や観客たちは、夢見る心の力を使って、現実と虚構の二つの世界を行き来する。感情的つながりを介して、ビジュアル化された近代ファンタジーは日常という絆によって、ゆっくりと手繰り寄せられていった。

▼ファンタジーの映像化に成功した『ダーククリスタル』

一九八二年。映像関係者たちが、本格ファンタジーの映像化は困難という共通の認識を持っていた頃、イギリスの映画界は総力をあげて『ダーククリスタル』を製作し、このタブーに挑戦した。高度な技術を駆使した人形劇（マペット・ムービー）だった。

結果としては大ヒットにはならなかった。だが興行的な成否はともかく、近代長編ファンタジーの映像化に成功した作品に仕上げられたことは間違いない。教科書的作品として大きな足跡を残したポイントは、二つ。ひとつは、近代ファンタジーはつくり方次第で観客の感情移入を可能にすると証明したこと。もうひとつは、近代ファンタジーにおけるストーリー展開の基本的パターンを確立したことだ。

もともとイギリスの映像作家たちは、人形劇でSF作品を数多く制作してきた。六〇年代に世界的人気を博したTVシリーズの『**海底大戦争**』や『**サンダーバード**』、『**キャプテン・スカーレット**』などだ。監督の**ジム・ヘンソン**もまた子ども向けTV番組の『**マペット・ショー**』の製作に長年携わっていた映像作家だった。『ダーククリスタル』ではその頃に培われた特撮技術がふんだんに用いられた。しかしそれ以上に秀逸だったのは、醜いと表現しても過言ではない異形の姿をした主人公たちに対して、いかにして観客が感情移入できるようにするかという難問に挑んで、これを克服したことに尽きる。

イギリス製SF人形劇での特撮の表現力の豊かさは世界でも頂点に位置していたが、人形たちの見せる感情表現については、中国や日本の作品のほうに軍配が上がる。無表情な能面に激しい喜怒哀楽を訴えさせる古典的な芸の遺伝子は、発展途上だった子ども向けのTV人形劇にも生かされた。特撮技術では『サンダーバード』には遠く及ばなかった。だが、同じ時期にNHKで放映されていた『**ひょっこりひょうたん島**』や少し後に登場する『**里見八犬伝**』などに登場する主人公たちの感情表現の豊かさは子どもたちの共感を呼び、海外の人形劇以上の高い人気を博していた時期もあった。幼い頃のそんな記憶を根拠に、私は心を演じる人形劇は日本の伝統芸と信じていた。

少なくとも、『ダーク・クリスタル』を劇場で観るまでは。

イギリスのSF人形劇に、東洋的な遺伝子を移植したなどというつもりはないが、少なくとも

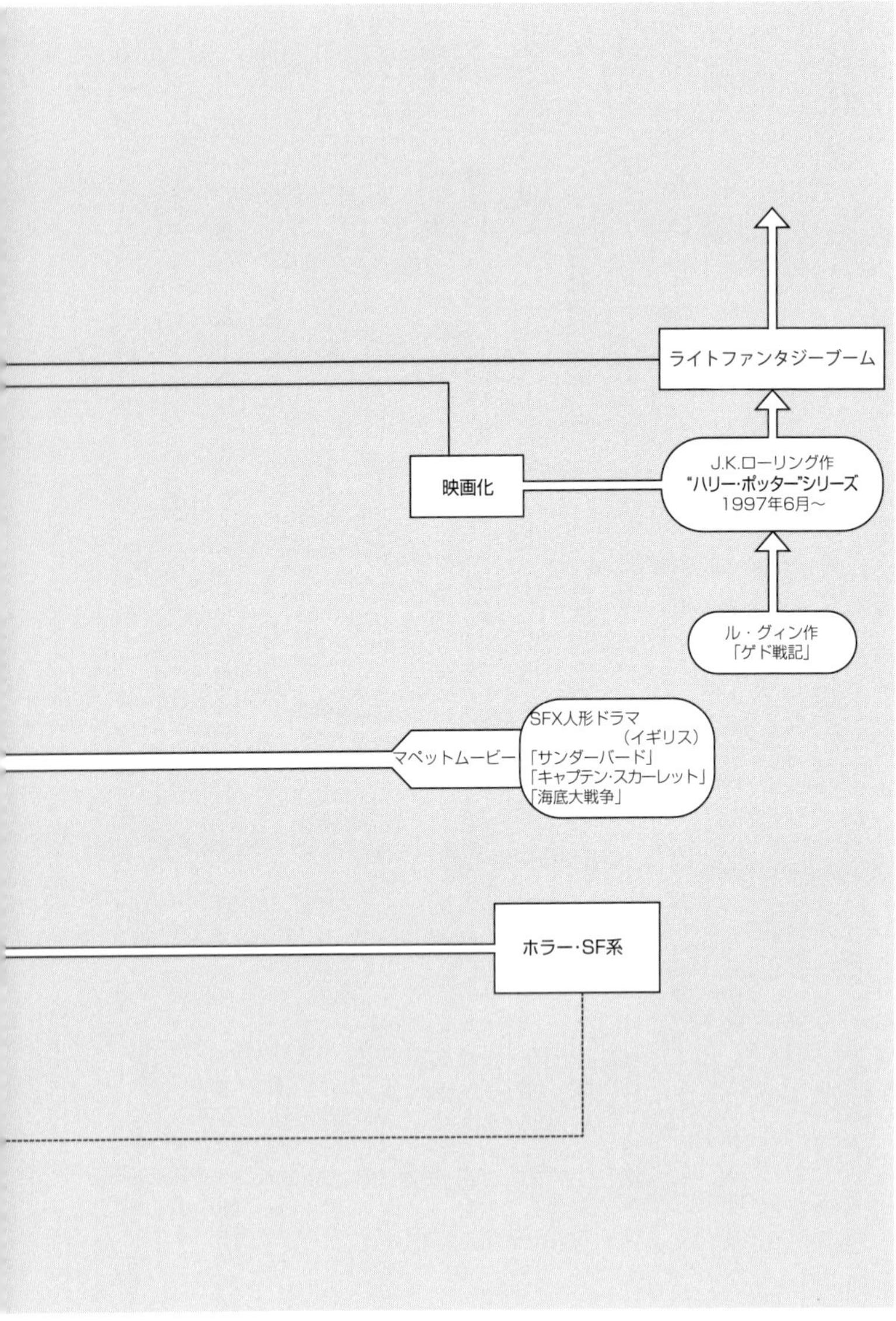
ライトファンタジーブーム
映画化
J.K.ローリング作
"ハリー・ポッター"シリーズ
1997年6月〜
ル・グィン作
「ゲド戦記」
マペットムービー
SFX人形ドラマ
（イギリス）
「サンダーバード」
「キャプテン・スカーレット」
「海底大戦争」
ホラー・SF系

近代ファンタジーの系譜

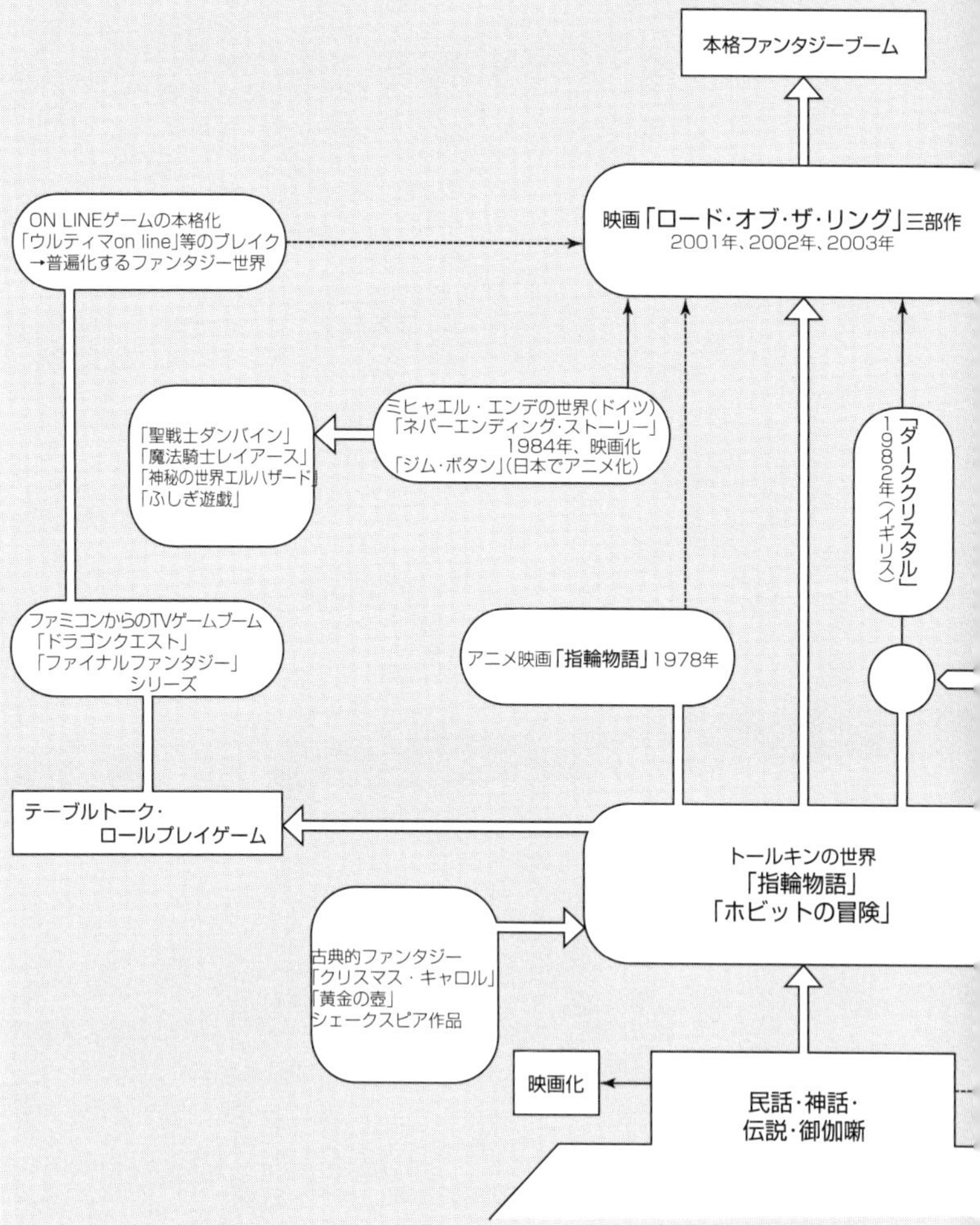

『ダーククリスタル』によってかつての伝統は大きな飛躍を遂げた。光と影の中で人形たちの見せる必死の演技（演出）は、観る者の心を存分に揺さぶってくれた。

この物語のストーリー展開を一行で語るなら、「ゲルフリン族の生き残りだった主人公ジェンは心優しい少女キアラと出会い、至宝（アイテム）の争奪戦を制して、世界を救う」ということ。これを三つのステップごとに区切って言い換えれば、「仲間との出会い」「絶対的宝の獲得」「世界救済」になる。それぞれには小さな謎がいくつも散りばめられており、それらを解決していくことで物語全体の流れに繋がっていく。

小さな謎の群れから、ひとつの大きな謎を解く冒険の物語。この三段階スライド型の目的ストーリーパターン変化は、やや後に到来するファンタジー系ＴＶゲームの雛型になっていく。

特に、日本製ＴＶゲームソフトのファンタジージャンルにおいて。

『ダーククリスタル』の物語

邪悪な闇の種族スケクシーに支配される異世界トラ。その暗黒の中心には、ダーク・クリスタルの力がある。だが千年に一度、三つの太陽が重なる「グレートジャンクション」の瞬間に砕けたダーク・クリスタルの欠片を元に戻せば、世界は再び善と光に溢れるという伝説があった。その時は間近に迫っていた。ダーク・クリスタルを矯正できる力を秘めるのはゲルフリン族のみ。一族で唯一の生き残りである主人公ジェンは、彼を匿っていた善良なウル・ルー族に見送られて、世界を救うための苦難の旅に出立した。

その旅の途中、ジェンは世界の謎を知る魔女オウグラと出会ってクリスタルの欠片を手に入れ、やがて同じ一族の生き残りの少女キアラにめぐり合う。二人はスケクシーが放った怪物たちの魔手から逃れつつも、逆に彼らの城に潜入してダーク・クリスタルと対峙した。そして「グレートジャンクション」の瞬間、キアラの犠牲によってジェンは欠片をダーク・クリスタルにはめ込むことができた。クリスタルは再生して闇の世界は再び光に満ち溢れ、善と悪に別れていたウル・ルーとスケクシーは本来の姿だったひとつの種族に融合した。そして悲しみに打ちひしがれるジェンは、その時、最後の奇跡を目にした……。

▼ファンタジー世界と『ドラゴンクエスト』

八三年七月に発売された任天堂のファミリーコンピュータ（ファミコン）は、瞬く間に世界中に普及して子どもの遊び空間を激変させていった。発売して間もない頃はそれほどの売れ行きではなかった。しかし二年後の八五年、『**スーパーマリオブラザーズ**』の発売を機に、ファミコンの地位は激変していくことになる（最終累計で約一億本販売）。

コミカルなアクションゲームの『スーパーマリオブラザーズ』は、配管工の変なおじさん「マリオ」がピーチ姫を助け出すために、不思議なアイテムを手に入れて怪物たちと戦いながら、奇妙なファンタジー世界をひたすら走りつづけるゲームだ。

小中学生層を中心に、『スーパーマリオブラザーズ』は子どもたちを夢中にした。これをきっかけに、ファミコンは一気に家庭に普及していった。

それでも当初はファミコンを持っている者の家が溜まり場になったにすぎず、新手のパーティグッズ的存在にすぎなかった。やがてこれがハイティーンからオタク世代へとユーザー層を広げていき、ひとり遊びの必需品となっていった。

結局これが、家庭用パソコン（いわゆるマイコン）がそれほど普及していなかった八〇年代における電脳アイテムとして機能するようになっていったのだ。

子ども社会どころか、大人の遊び空間を変えていく怪物ソフト『**ドラゴンクエスト**』の登場はこの直後、八六年だった。

ストーリーはシンプルだ。勇者である主人公（プレイヤー）は宿命の旅に出て、お姫様を助け、魔王を倒すアイテムを探し出して世界を救済する。『ダーククリスタル』の項で記した三段スライド型目的ストーリーパターンの典型的なものだった。

『ドラゴンクエスト』自体は原型遺伝子とはいえない。それまではマイナージャンルとされていた分野の因子を巧みにコーディネートして一般向けにリモデルする、いわば〝覚醒〟遺伝子だった。これによって掘り起こされた潮流はふたつ。ＲＰＧという言葉の普遍化と、ファンタジー世界の魅力をデフォルメして一般に広く知らしめたことだ。

▼ＲＰＧとファンタジーの定着

今でこそ常識になったＲＰＧ（ロール・プレイング・ゲーム）という言葉は、この『ドラゴンクエスト』シリーズのメガヒットによって普及した。ＲＰＧはもともと、ＴＶゲームやパソコンゲームのジャンルから派生したわけではない。テーブルトークゲームの一種だった。複数の人数でテーブルをはさみ、各自が特定のキャラクターになりきって物語を展開させていく形式の高度な〝ごっこ遊び（ロールプレイング）〟ゲーム。ストーリーの大きな流れは、初期設定やゲームマスターの意向によってある程度は決められるが、プレイヤーとのコミュニケーションや戦略の立て方次第で、展開は変わっていく。一人用コンピュータＲＰＧの場合は、ゲームマスターと他のプレイヤーの役割をソフトプログラムが担う。

これ以上の詳しい解説は省略するが、重要な点は、若い世代のテーブルトークプレイヤーたちが『指輪物語』（↓156頁）をバイブルのように愛読していたということ。近代ファンタジーの世界観は、テーブルトークのフィールドでは当たり前のものとなっていた。

そしてファミコンソフトという新しいメディアジャンルに登場した『ドラゴンクエスト』においては、そのファンタジー世界のイメージの広がりを、人気漫画家だった**鳥山明**のキャラクター性を纏わせて万人向けにビジュアル化することに成功した。

この頃の鳥山は週刊少年ジャンプに『**ドラゴンボール**』を連載していた。少年ジャンプの発行部数を四百万部から六百万部にまで引き上げた原動力的作品だった。あえて言うが、『ドラゴンボール』はサイバーパンク（↓108頁）の洗礼を受けた少年向けの近代ファンタジーだった。後に格闘漫画的な要素が強くなっていくが、本来は御伽噺とメカの巧みな融合を持ち味にした不思議な作風が魅力だった。『ドラゴンクエスト』の企画サイドは、この鳥山ファンタジーワールドの遺伝子を新しいメディアジャンルの展開に利用した。それが功を奏した。

最初の『ドラゴンクエスト』はハイティーン以上のニューメディア世代に受け入れられたが、シリーズを重ねるごとにファン層の裾野を小学生にまで拡大していった。そして『ドラゴンクエスト』シリーズがきっかけになってファンタジーワールドの楽しさを理解する子どもたちが増えていった。TVゲームのRPGにはファンタジー系が激増した。一時は、TVゲームのRPGは西洋的ファンタジージャンル以外の企画を通すことさえ難しかった。

西洋サブカルチャーにおいてマイナージャンルだった活字分野のファンタジーは、日本のコミック、アニメ、ゲームソフトなどの中でわかりやすくビジュアル加工されてその姿かたちを変えていき、ニューメディアソフトとして逆に海外へと輸出されていった。

国によっては、日本による文化侵略だと目くじらを立てたPTAもいた。和製サブカルチャーのくだらなさを声高に主張する文化人たちも当時はまだ多かった。だがしたたかな子どもたちは、彼らの不満など意に介さず、貪欲に面白いものに飛びついた。

洋の東西を問わず子どもたちの、映像化されたファンタジーに対する免疫特性はこうして築かれていった。

4 C ハリー・ポッターに熱中する子どもたち

地下世界の中から学ぶ

長編ファンタジー小説『ハリー・ポッターと賢者の石』がイギリスの書店に並んだのは一九九七年六月。子どもと女性の読者層を中心に驚くべき早さでベストセラーになり、その波紋は瞬く間に世界的スケールで広がっていった。

とにかくハードカバーの分厚い本。イギリスで出版されているものには挿絵さえなかったという。それが子どもたちを夢中にさせた。彼らの熱狂的な口コミの輪はハイティーンから若い母親たちまで巻き込んで、やがて単なるベストセラー小説という枠を超えて社会的なブームへと展開した。

決して新しい類の児童文学ではない。古風な伝統と現代を巧みに融合させた魔法学校を拠点にして、多くの謎に満ちた異世界を冒険する少年ハリーの視点で物語は進行していく。

三人称の文体でありながら、ハリーの視野の範囲で綴られる物語だからこそ、子どもたちの共感を呼んだ。子どもの心を掴むこと。物語づくりを模索するなら、それこそがハリー・ポッターシリーズから学ぶべき最大の要素だ。

▼ハリー・ポッターとイギリス・オカルト事情の背景

〝ハリー・ポッター〟シリーズの第一巻になる作品は、二十八カ国語に翻訳されて全世界百四十カ国で発売になり、二〇世紀末までに三千六百万部を越えるスーパーメガヒット小説になった。二〇〇一年に映画化され、その年の興行成績で全米首位の座に輝いた。映画の出来についてはあまりにも原作に忠実でありすぎて、賛否両論が吹き出した。もっとも、物語の背景になるイギリスのクラシックな雰囲気と、特撮映像やキャラのキャステングを含むビジュアル面については不満の声は殆ど聞こえてこなかったけれど。

映画の公開時では〝ハリー・ポッター〟シリーズの小説は第三巻まで発売されており、総計一億部を突破していたといわれる。最終巻とされている第七巻の執筆終了と発売予定は当初、二〇〇三年だった。一年に一冊のペースで刊行される〝ハリー・ポッター〟シリーズは、ひとつのエピソードの中で一年が経過する。ファンはハリーと同じペースで年齢を重ねていくことになる予定だった。主人公と同じ年齢の十歳から〝ハリー・ポッター〟シリーズを読み始めた子どもは、やはり同じ年齢の十七歳で完結編を読むことになるはずだったのだろう。この予定で刊行されていれば、面白い試みだったろうけれど。

『ハリー・ポッター』シリーズが一応の完結をみたのは二〇〇七年。映画化されてメガヒットになり、様々なキャンペーンに追われた結果だったのかもしれないが、一年ごとのエピソード展開というわけにはいかなかったようだ。最終巻は『ハリー・ポッターと死の秘宝』。こちらの映画化は二〇一一年公開になった。後にスピンオフのような後日談の作品『ハリー・ポッターと呪いの子』が二〇一六年に発売されたが、作者ローリングの言葉ではこちらが完結編ということであった。元は舞台劇。それをノベライズしたらしい。

構想五年。こつこつと文献を調べて、最初に書き上げたのは第七巻の最終章に相当する部分だったという。著者の名は、J・K・ローリング。謎に包まれたケルト神話の影を色濃く残すアイルランドに生まれた女性だ。このシリーズの執筆を始めたのは、離婚して間もない頃だった。幼い子を抱える生活保護を受けていた身で、空腹に耐えて行きつけの喫茶店で執筆を続けていた。現代のシンデレラ・ストーリーを地で行くようなエピソードだ。それでも、飢えていても一杯のコーヒーを選択するところなど、そのあたりはさすがに伝統の香り高いイギリス文化圏。

私はたまたまその喫茶店を紹介していたテレビ番組を見たが、創作活動に相応しい格調の高い店構えが印象に残った。寒風吹きすさぶアイルランドの片田舎にひっそりと佇む崩れかけたレンガ屋を思い描いていた私は、自らの貧困な想像力をあざ笑った。どれほど貧しくとも、日本的な〝一杯のかけ蕎麦屋〟とは根本的に違うらしい。

最初の作品を書き上げてすぐに、ローリングはいくつもの出版社をまわって売り込みに歩いたが、良い返事はなかったという。出版界は作家志望の新人たちに決して甘い顔を見せない。その辺の事情は世界中どこでも一緒だ。まして子ども向けの長編ファンタジー自体、どちらかといえば不人気なジャンルだったのだから仕方がない。

一八世紀に書かれた**ジョナサン・スウィフト**（彼もアイルランド生まれのイギリス人だ）の著作『**ガリバー旅行記**』などの古典的作品や、ヒューゴー賞とネビュラ賞に輝くSF小説『**闇の左手**』の作者として知られる**ル・グウィン**の著わした『**ゲド戦記**』シリーズを例外にすれば、難解な哲学性を内包する一般の長編ファンタジー作品はどちらかといえば大人向きのものになりがちだった。飽きっぽい子どもたちを相手にしようとすれば、子ども向けのファンタジー作品や童話はやはり短編にならざるをえない。どれほど面白い作品でも、出版社がなかなか首を縦に振らなかったのも当然だった。

それでもイギリスはミステリーやオカルト（神秘主義）の先進国。世界的に知られている**アーサー王伝説**や、天才**ウィリアム・シェークスピア**が著わした劇作群などの古典的作品にとどまらない。一九世紀以降から二〇世紀前半に至る近代ミステリーやファンタジーの先駆けはイギリスに端を発するものが多い。前項の**J・R・R・トールキン**や**チャールズ・ディケンズ**の『**クリスマス・キャロル**』など、世界的に知られるファンタジー作品を次々に送り出している。

二〇一七年にノーベル文学賞を受賞した日系イギリス人**カズオ・イシグロ**の代表作『**忘れられた巨人**』も、アーサー王伝説を背景にしたファンタジー。人の記憶を奪う竜を追うように旅する主人公たちは、やがて人の心に潜む暗闇の奥に踏み込んでいく。

医者でありながら名探偵シャーロック・ホームスの生みの親でもある**アーサー・コナン・ドイル**もそのひとり。オカルティズムについての評論や、二人の少女がイギリスの片田舎で妖精を撮ったものとされる写真の真偽をめぐる論議「コティングレー事件」にも、神智学者たちとともに肯定側として名を連ねた。もっともこれは後にちゃちな特撮を使ったインチキであることが暴かれた。ちなみに妖精はアイルランドの神話に直結している存在。

残酷な数え歌として知られるイギリス童謡の**マザーグース**は、ホラー的な歌詞で子どもたちを引きつけ、さまざまなミステリーやホラー作品のネタに使われてきた。また、第二次大戦後の〝**吸血鬼ドラキュラ**〟や〝**狼男**〟シリーズに代表される古典的ホラー映画の復権は、イギリスの映画制作会社ハマーフィルムによって仕掛けられたもの。これは後のアメリカにおける次世代映像クリエイターに決定的な影響を残すことになる、いわゆるB級ホラー映画作品の礎となり、後に到来するモダンホラーブームの呼び水になった。

これも余談になるが、『吸血鬼ドラキュラ』の作者の**ブラム・ストーカー**もローリングと同じアイルランドの出身。一九世紀の中頃からイギリスを中心に巻き起こった吸血鬼小説のブームを総括するように、世紀末の一八九七年に出版されて人気を呼んだ。

吸血鬼伝説は主に北欧ヨーロッパで古くから語り継がれてきたが、イギリス国内では皆無といって良かった。とはいえ、〝血〟に宿る神秘的な力を信じる思想はケルト神話の中にも色濃く残されている（ケルト神話については188頁参照）。

イギリス国内にはケルトの流れを汲む無数の神話や民話的伝説が語り継がれ、さまざまな謎に包まれた巨石文化の遺跡がある。ゴシックロマン溢れる伝説の幽霊屋敷が数多く実在し、世を騒がすインチキ霊媒師の数は日本以上といわれている。ネス湖の怪物〝ネッシー〟なども、あるいはそれらのオカルトロマンの仲間なのかもしれない。古典的なものばかりか、呆れるほど俗っぽいものまで容認する土壌がイギリスにはあるのだ。

こうしたイギリス的神秘嗜好の背景が、ローリングに幸いしたのだろう。

ただしその一方で、魔術や伝説についての軽すぎる扱いに反発する声も、本格嗜好のイギリスのファンタジーファンの中に聞けることも事実ではあるが。

『クリスマス・キャロル』の物語

どうしようもない吝嗇家の孤独な老人スクルージは、金貸しを営む街の嫌われ者だった。他人の冷たい視線などお構いなしに、スクルージは従業員のクラチェットを安い賃金でこき使って仕事に励んでいた。金を稼いで貯めることだけが彼の生きがいだ。

あるクリスマス・イブの夜。募金や寄付を求めて訪ねてくる善意の人々をあざ笑うようにきっぱりと拒否して帰宅したスクルージのもとに、七年前に死んだ共同経営者のマーレーが亡霊となって訪ねてくる。怯えるスクルージに向かってマーレーは、これから三人の「クリスマスの霊（ゴースト）」が訪ねてくることを告げた。それが、スクルージが心を入れ替える最後のチャンスだと言い残して亡霊は消えた。

やがて混乱するスクルージの前に、クリスマスの霊たちは次々に姿をあらわした。最初にあらわれたのは「過去のクリスマスの霊」。彼女はスクルージに遠い過去の悲しい思い出を見せた。次にあらわれたのは「現在のクリスマスの霊」。彼はスクルージの親戚の家で開かれているクリスマスパーティと、貧しいクラチェット一家の楽しげなホームパーティを見せた。同時にスクルージは、余命幾ばくもない末っ子ティムの姿を垣間見た。
そして最後にあらわれたのは「未来のクリスマスの霊」。それが見せたものは、惨めな死を迎えたスクルージの最後と地獄に落ちた後の姿だった。絶叫を上げて飛び起きたスクルージは、その日がクリスマスの朝であることを知った。夢であっても構わなかった。彼は心を入れ替え、新しい人生を歩き出す決心をして町に繰り出していった。

▼新しい伝説の始まり

イギリスでの出版から二年半遅れて、日本でも『ハリー・ポッターと賢者の石』が書店に並んだ。いうまでもなくロングセラーの大ヒットとなった。大型書店には〝ハリー・ポッター〟を中心にしたファンタジーノベルコーナーまで登場した。ファン層も、海外と同様に女性層や子どもたちが中心。そして作品を評する彼らの声もまた、欧米のものと同じだった。とにかく面白い、と。ただし、ブームとしては熱狂的な無数のファンクラブに支えられている欧米に比べれば地味ではあったけれど。

実は私も、『ハリー・ポッターと賢者の石』を読んだのは日本語版の発売から三年以上してからだった。しかも、普段は本など読まない妹からの推薦だった。子どもたちや母親たちの間で話題になっていると言われて、半信半疑で目を通してみる気になった。

結果、その頃にようやく発売されたばかりの第三巻までを、正月の暇と読みやすさに任せて一気に読み通してしまった。

〝ハリー・ポッター〟シリーズは魔法学校ホグワーツを舞台に展開する、大小の謎解きを鏤めたミステリータッチのファンタジーだ。政治権力に対する比喩や暗喩、哲学性や深層心理へのアプローチなどを度外視して、子どもたちのための娯楽作品に徹している。子どもたちに勇気や知恵と仲間たちとの絆の大切さを教える教科書的作品だ、などというといささか誉めすぎかもしれないけど、私も含めて、多くの大人たちは子ども向けの熱血ドラマやアニメに感動してそれらを学んだ。宗教的観念や深遠な思想認識などは一部の大人しか喜ばない。仲間意識を感じる主人公の正義感は、子どもたちに強い説得力を放つ。

〝ハリー・ポッター〟シリーズは、ゲーム世代の子どもたちに馴染み易い作品だった。いや、TVゲーム的ファンタジー小説といってもいい。テンポのいいストーリー展開のリズム感は、まさにジェットコースタームービーといわれる近年の冒険アクション映画やTVゲームの遺伝子を小説メディアが受け入れた結果だ。

▼ハリーの世界に潜む二つの地下世界

各巻の大きな謎と、それらに纏わるさまざまなエピソードを通して、少年ハリーは二つの地下世界へと踏み込んでいくことになる。ひとつは、自らの奥底に眠る強大な魔力を包む少年ハリーの心の地下世界。もうひとつは、多くの謎を秘めたホグワーツ魔法学校の地下に潜む、いくつもの不思議な歴史に彩られた暗黒の地下回廊。大きな事件に遭遇するたびに、ハリーは精神の迷宮から失われた記憶を掘り起こし、自分のあるべき姿に近づいていく。同時に解き明かされていくホグワーツと魔法世界の関係。

最強の魔法使いダンブルドアと優秀な教師たちが集うホグワーツは単なる学校という位置付けを越えた、魔法世界の中核的存在でもあった。魔法世界もまた、当初にハリーが期待していたような、堅固な秩序と優しさに守られた理想の楽園ではないことを思い知ることになる。ハリーが輝かしい少年版シンデレラのサクセスストーリーを歩み始めた時、人の悪意を糧にして復活する不滅の魔王ヴォルデモートの影が彼の歩む道の背後につきまとい始めた。ハリーの入学によってホグワーツの歴史と魔法世界そのものの姿が、大きな転換期を迎えていく。

魔法世界もまた人間社会と何ら変わりはない。良い奴がいて、嫌な奴がいて、単純な勧善懲悪では推し量れない人間模様の渦がある。そして失われた魔法や伝説が、あるいは人間ではないキャラクターたちと彼らの特殊な能力が、異界のルールをさらに複雑なものにしていくのだ。そしてハリーの存在が、魔法世界に新しい秩序を導いてしまう。

魔法世界の住人になったハリーは、学校の地下と自らの心の地下世界を巡ることで新しい神話を少しずつ築き上げていく。読者にとっては御伽噺にすぎない虚構も、その世界に生きるキャラクターたちにとっては世界の背景となる堅固な神話だ。

主観と客観の違い。完全な客観の神話は御伽噺になり、逆に完全な主観の御伽噺は神話へと。そしてそれに接する人の心は、感情移入の度合いに左右されながらこの両極端の狭間で揺れ動く。大人にとっては他愛もない御伽噺のハリー・ポッターシリーズも、子どもの視界の中では煌びやかな神話へと変貌を遂げていく。

地下世界の神話。一般にこの図式に登場する神々は勧善懲悪的存在ではない。圧倒的な力で天地創造を行なうために天界から降臨する神々とも異なる。もっとも根源的であり、身近でもある。異界へと続くトンネルの向こう側に古代の神々の世界がある。時には、悪霊たちはそのトンネルを抜けて現実世界に脅威を及ぼす。子どもが押入れに住む怪物の悪夢に悩まされるのもその一種だ。図らずも日本とアメリカにおいて二一世紀初年のメガヒット作となった二本の長編アニメ映画『**千と千尋の神隠し**』と『**モンスターズ・インク**』は、偶然にもそんなトンネルを通って主人公が異界に迷い込んでしまう物語だった。

日常の世界とはまったく異なるはずだったファンタジーの世界。だが近年では、その異世界とも心の地下迷宮を通じて繋がりを見せるようになってきた。

分析心理学の祖である**カール・G・ユング**は、幼年期に心の地下世界に踏み込むことで自らの無意識と対峙することになった。この夢は、彼の生涯を通して重大な意味を投げかけるものとなっていったという。そこには善悪の二面性を備えた神々がいて、ユング少年を脅かし、ユング青年を対話によって苦しめ、成長を遂げていくユング博士を冷徹に見守った。

科学者というよりは求道者と位置づけたほうが理解しやすいユングは、地界の神々に接近することで、人の心に穿たれた秘密の扉を開こうとした。彼らの囁きによって突き動かされる創造と探究の遥かな道がそこから伸びていく。

　これが無意識への探究のきっかけとなった。ユングは晩年になって、それまで秘密にしてきたこの夢のいきさつについてそう告白している。同時に、子どもたちにとって誰にも暴かれることのない特別の秘密をもつことが、〝個〟の形成において重要な意味をもつのだ、とも。この説は、前述したアニメ映画の主人公たちのケースにも当てはまる。

〝ハリー・ポッター〟シリーズ序盤の物語

　物語の始まりは、現代のイギリス、ロンドン郊外の町。生まれてすぐに両親を交通事故で失った少年ハリー・ポッターは、大金持ちで意地悪な親戚のダーズリー一家に預けられて、階段下の物置部屋で自由のない丁稚奉公のような日々を送っていた。

　チビで、やせっぽちで、くしゃくしゃ頭の黒髪。額の真ん中に稲妻状の傷跡がある、緑の瞳に丸メガネをかけた少年。これがハリーの容姿。ダドリー一家の一人っ子で過保護なバカ息子のダドリーにはいつもいじめられ、友達は一人もいない。そして、時折ハリーの身の周りで起きる怪異なできごとも、ダドリー一家が彼を嫌う理由でもあった。

　この不幸な境遇でも、ハリーはくじけたり落ち込んだり、または妙に気負ったりしていない。下町の腕白坊主よろしく、ごく普通に逞しく過ごしている。

　そんなハリーの日常に大転換が訪れたのは、彼が十一歳の誕生日を迎えようとしていた時。どこからも来るはずのないハリー宛ての謎の手紙が、ダドリー家に舞い込んできた。ダドリー夫妻は顔色を変えてハリーから手紙を取り上げる。しかし、無数の同じ手紙が執拗に送られてきた。やがてダーズリー一家はハリーを連れて身を隠そうと離れ小島の小屋にたどり着くが、その日はハリーの誕生日だった。

　彼が十一歳になった直後、突然扉を壊して入ってきた巨漢はハリーに笑いかけた。巨漢はハグリットと名乗り、手紙はホグワース魔法学校への入学許可書であることを告げた。意味がわからずに困惑するハリーの態度で、ハグリットはダーズリーたちが両親の死の真相をはじめとするすべてを隠していたと知って激怒する。十一年前、ハリーの両親は交通事故死したのではなく、世界の支配を企んでいた強力な悪の魔法使いヴォルデモートに殺されたという。ハリーの額にある傷は、その時に負ったものだったらしい。しかしその直後、ヴォルデモートは消滅し、今もその行方はわからない。それがハリーに秘められた力によるものという噂が魔法使いたちの間で広まっており、彼らの間でハリーはずっと伝説的な英雄として扱われていたのである。ヴォルデモートは、その名を口にすることさえ憚られる恐ろしい魔法使いだった。彼に唯一対抗できる力を持っていたのは、ホグワーツ魔法学校の校長ダンブルドアだけだったという。

魔法使いは実在していた。だが、そのことを知る人間（マグル）は少ない。

ハリーはホグワーツ魔法学校への入学を決意し、新たな冒険に向かって歩みだす……。

▼地下世界の神々＝ケルト神話の〝影〟

〝ハリー・ポッター〟シリーズに色濃く影響を及ぼしたといわれるケルト神話でも、神々は地下からあらわれる。アイルランドのケルト神話もまた、地下世界はもちろん海底や暗い森を支配し、領地を奪い合って闘争に明け暮れる荒ぶる神々の歴史だ。この神話世界には光と昼と善の神々がいるのと同時に、魔術を駆使して夜と死と悪を司る異形の怪物や邪神たちが覇権を求めて競い合い、脇役として巨人族や妖精たちが跳梁する。不滅の魂は転生を繰り返し、長い時の流れを経てやがてアイルランドは人間たちの世になっていくのだ。

ケルト神話はケルト族の神話であり、その歴史は謎に包まれている。紀元前五〇〇年頃にはヨーロッパ全土に広がる強大な幾多の勢力を形成していたといわれる。しかし統一された組織をもたなかったために、多くの征服者たちによって徐々に滅ぼされていった。その生活様式や文化形態は複雑なものとなっていたが、それらを記したものはほとんど残されていない。ケルト族は後世に記録を残すための文字を持たなかった。代わりに、一族や民族の歴史は僧侶たちによって正確に語り継がれていった。彼らはドゥルイド神官と呼ばれる知識階級であり、予言によって貴族たちの中から王を選択する権利さえ与えられていた。また老いた王を剣で刺し、その流れる血で次世代の王を決めたりもした。

ドゥルイド僧による歴史の記録は原始的な方法に思えるが、紙の上に記される場合よりも情報的には遥かに豊かだったのではないか。歴史を語るドゥルイド僧は神官であると同時に詩人でもあり、血肉を持った言葉としてその時折々の喜怒哀楽を民に訴えた。彼らは神の名による呪術によって貴族や戦士たちを動かし、言葉によって民衆の心を動かした。

歴史を「文字に記された客観的な事実関係の連続」と理解しているとすれば、それは現代人の認識不足だ。歴史から学ぶべきものは教訓だけではない。少なくともケルト人たちは先人の心を知ろうとすることこそ貴重と考えた。

歴史が合理的精神から動くことは稀だ。個人の犯罪同様に、社会改革の動機の大半は感情的衝動による。集団の心こそが国を動かす。年表を覚えるだけの歴史に食傷していた者が、歴史小説にふれてその価値と面白さに気づいたという話はよく聞く。司馬遼太郎の作品が世代を越えて読み継がれているのも、先人たちの心の影に触れられたように読者には思えるからだ。歴史とは、人の心そのもの。もしかしたら、事実関係を感情に訴えて表現する詩人たちこそ、歴史の語部にふさわしいのかもしれない。ただし、その種族がいつまでも存続していくことができたならば。

民族が滅びれば、彼らの足跡は異民族の伝説の中にしか見いだすことはできなくなってしまう。卑弥呼によって支配されていたといわれる日本の邪馬台国伝説が、『魏志』「倭人伝」の中にのみ語られているようなものだ。ケルト族とその文化の悲劇もまたここにある。

そして霊魂の不滅と転生の思想をもった蛮勇なケルト族たちはヨーロッパ大陸の動乱の中で時の流れに抗し切れずに衰退していき、異文化の中に溶け込んでひそやかに消えていった。ケルト神話の多くも、彼らとともに歴史の闇の中へ飲み込まれてしまった。

▼アイルランドのケルト神話

西暦三一三年、ローマ帝国はキリスト教を公認した。そして三二五年、ニケーア公会議においてさまざまな分派によって異なる捉え方をされてきたキリスト教は一応の思想的統一を達成する。さらに三九二年、テオドシウス皇帝によってローマ帝国の正式な国教と決定されると、帝国内にある異教の神殿や偶像は徐々に取り壊されていった。キリスト教以外の信仰も禁じられ、異教の神々は次々に悪霊の地位に貶められていく。以後、ローマ帝国の興亡と深く関わりをもちながら、キリスト教はヨーロッパ精神文明の礎になっていった。とはいえ、回教徒遠征に赴いた十字軍の出現以前は比較的穏やかな布教活動だった。

紀元前六〇〇年ごろに大陸からアイルランドに渡ったケルト人たちはその地に定住していた。島国であったために海に囲まれて大陸の歴史から隔離されていた事情から、ケルト文化の痕跡を生活の中に強く残すことができた。

四三二年に聖パトリックがアイルランドにキリスト教の布教活動に訪れた時も、その地に根づいていたケルト文化の歴史や風俗習慣などを否定しようとはしなかった。それどころかむしろ積極的に従者たちとともに、それらの神話や伝説を書に記して残そうとした。その一方で庶民に対してはキリストとドゥルイド僧の存在を結びつけ、最初の人間であるアダムをケルトの祖先とするなどして教義の共通性を解説し、ケルト文化とキリスト教の緩やかな融合を図っていった。

この後も数百年にわたり、修行のためにアイルランドに来訪するキリスト教徒の筆写僧たちの手でそれらは書き写されていった。異端審問の恐怖裁判、いわゆる魔女狩りの類がヨーロッパを震撼させていた時でさえ、この慣習は続いていた。

思えば奇妙な縁だったと思う。ヨーロッパ全土における少数民族や思想の弾圧者になっていったキリスト教の修行僧たちの手で、失われつつあったケルト神話の一部は守られていったことになるのだから。アイルランドのケルト神話、すなわちアイリッシュ・ケルト神話はこうした経緯を経て現在にまで語り継がれていくことになった（最近、ケルト人のアイルランドへの移住を否定する学説もでてきたようだが、結論がでているわけではない）。

5

「古典的神秘物語（オールド・オカルト・フィクション）進化論」講座

映像と小説の狭間で

一九世紀にはいると、怪奇小説の類がたびたびブームになった。それらのヒット作は次々に舞台劇用につくりかえられ、庶民文化としてすっかり定着していった。映画の発明以降はこれにさらに拍車がかかった。ホラー作品の舞台劇化、すなわち映像化は古典的なもの。そして映像化された作品が新しい刺激になって、活字が描き出す幻想世界を変貌させていく。

ここでは、映像と小説の狭間で誕生してきた過去のブームについて検証していきたいと思う。古典ホラーや古典ＳＦ、オカルトブームからモダンホラーブームを生み出した時代の背景を探りながら、創造性の本質について理解を深めていきたい。

5 A

『フランケンシュタイン』に学ぶ神秘物語の原点

オカルトブームへの展開をたどる

一般に「フランケンシュタイン」は怪物の名と思われている。これは大きな間違い。フランケンシュタインは、怪物を創りあげた科学者の名だ。日本でのこの誤解の原因は、藤子不二雄の人気コミック『怪物くん』に登場する「フランケン」のせいかもしれないが。

また一般に、SF小説の原点は『フランケンシュタイン』だといわれている。これについては私もそう思う。しかしSF（サイエンス・フィクション）という造語が登場したのは二〇世紀になってからのこと。それまでは冒険ミステリーの亜流とみられていた。明治時代中期に人気を博した押川春浪のSF小説『海底軍艦』は、当時は伝奇ロマン小説として位置付けられていた。つまり「S（サイエンス）」は、「奇」の仲間だった。

一九世紀では、オカルトと科学の違いは紙一重だ。エジプト文明にまで遡る伝統をもつ錬金術に象徴されるオカルトの中から科学が生まれた、といっても過言ではない。だからSFの原点を『フランケンシュタイン』とするなら、それはそのまま娯楽オカルト小説としての肩書きにもなりうる。いや、そのほうがふさしい。

ここではまず『フランケンシュタイン』を切り口にして、一九世紀から二〇世紀までの神秘物語（オカルト・フィクション）の歴史を追求してみる。特に映像文化の台頭によってもたらされた変節について。その進化、あるいは退化に強く関係していた時代性の流れの中に、新しい物語を創造するヒントを探っていこうと思う。

▼一九世紀の科学事情

少しだけ堅い話になるが、まずは自然科学について少し触れておきたい。

一八世紀中期にイギリスに端を発した産業革命の流れは、半世紀以上の時を費やしてヨーロッパ全土を席巻していき、資本主義経済の基盤を築いていった。生産技術と科学知識の急速な発展に反比例して、教会側の権威は衰えていった。宗教や心の問題に対してもそれまでとは異なる科学的なアプローチで取り組まれていった。近代科学こそが、自然界の神秘を解明する手段と認識されるようになった。

むろん、科学は神を否定するものとして登場したのではない。その黎明期においてはむしろ逆に、神の創造した手段を知ろうとして研究がなされた。

一九世紀の植物学者だった遺伝研究の始祖であるグレゴール・ジョアンナ・メンデルは現役の牧師だったし、生物学者のチャールズ・ロバート・ダーウィンでさえ、神の存在を信じるがゆえに人類の起源を求めてビーグル号で海洋に旅立ち、その結果として進化論を完成させた。ダーウィンの信仰は進化論の提出後も揺るがなかった。当時の良識ある科学者や哲学者たちが問題にしたのは、神の存在や聖書の記述についてではなく、その解釈をめぐって近代まで展開されてきた悽惨な権力闘争による血まみれの歴史のほうだった。

そして人間の精神についても、とりあえず霊魂の概念を無視しておいて、自然科学的なアプローチから解明していこうとする風潮もあらわれ始めた。

大きく分けると二つの方向から。ひとつは脳生理と肉体および精神との関係を探ろうとする医学的見地から。もうひとつは人間のさまざまな認識や行動と統計的分析を足がかりに〝心〟の謎に迫ろうとする心理学的見地だった。

そうした事情からか、黎明期の心理学者たちは医学を学んだ後に心理学を選択するケースも珍しくなかった。また後に名をなした心理学者たちは、なぜか教会に関わりのある家庭に育った人物が多かった。物質と精神は同じものと見なす精神物理学の礎を築いたグスタフ・テオドル・フェヒナーは牧師の家系だったし、ドイツのライプチッヒを心理学研究の世界的中心地にしてしまった実験心理学の創設者であるウィルヘルム・ヴントも牧師の子として生を受けている。分析心理学のカール・グスタフ・ユングも同じく牧師の子だ。また条件反射で知られるイワン・ペトロヴィッチ・パブロフは司祭の子だった。彼らはもっとも保守的な層から誕生した新しい世代になる。ある意味では、時代の変化を特別強く感じ取ることができる立場にいたからなのかもしれない。

科学の名のもとに、大きく様変わりして行く日常の価値観。教会側からの圧力から解放された新世界探究の好奇心は、海底へ、地底へ、遥かな宇宙へ、そして自分自身の体や心の中にまでエネルギッシュに踏み込んでいった。

この頃の庶民の常識が覆る様は、文字どおり驚天動地の出来事だったにちがいない。なにせ、平らだったはずの世界が突然丸くなるわ、猿が人間のご先祖様になるわで、それはもう新しい学説が発表されるたびに大騒ぎだったはず。

SF小説の原型は、そんな近代科学の隆盛期に産声を上げた。常識のフルモデルチェンジに混乱する庶民にとり、娯楽小説の中で最新科学の知識をかみ砕いて紹介されるのは、なじみやすい方法だったにちがいない。それは同時に、科学に振り回されてしまう人間社会に警鐘を鳴らす意味にもなった。

▼『フランケンシュタイン』の誕生

女流小説家**メアリ・ウルストンクラフト・シェリー**が、『フランケンシュタイン』を世に送り出したのは、一九世紀も落ち着き始めた一八一八年のこと。当時は恐怖小説が流行していて、その流れに創作性を触発されて執筆した作品だった。

早い話が、はじめは他の作品の真似をして恐怖小説を書いてみようと思っただけだった、とシェリー自身が正直に告白している。まさかその作品が、二〇世紀においてドル箱ジャンルの起源的作品に位置付けられることになるとは夢にも思わなかっただろう。また別の見方をすれば、シェリー自身に思想的な強いこだわりがなかっただけに、この原型遺伝子は映像文化の洗礼を受け入れて自在に変異していくことになる。

主人公は生命の秘密を解き明かした若き天才科学者ヴィクター・フランケンシュタイン博士。それがどのような原理であるかは作中ではほとんど語られない。SFにおける科学考証などにシェリーは関心を示さない。彼女のテーマは、人間が新しい人間を創造することの恐怖におかれている。狂気の好奇心に駆られたフランケンシュタイン博士は死体を部品にして新しい人間を創造するが、その覚醒の瞬間に恐怖に襲われてその場を逃げ出してしまう。

この時の恐怖こそが、この物語の全編を貫くテーマとなる。至上の美となるはずだった創造物が、なぜにおぞましい姿の怪物になってしまったのか。また、その誕生時に博士が感じた恐怖の正体とは何か。最後まで名をつけられることさえなかった怪物の逃避行とフランケンシュタイン博士の苦悩の中で、その姿は徐々に明らかになっていく。

創造の恐怖。それゆえ人は神になりえない。

▼第一次大戦と怪奇映画

『フランケンシュタイン』は出版当初から現在に至るまで劇作化や映画化が繰り返されて人気を博していった。特に一九三一年に映画化（一九一〇年の作品もあるが……）された作品の影響で怪奇小説の古典として扱われているが、誤解である。小説の内容からは明らかにSFのパイオニア的作品だった。科学知識の解説やSF考証など皆無でも関係ない。あくまで純粋な好奇心と科学への警鐘が、物語の背景にあるからだ。

SFの意義を文明批評の精神におくなら、やはり『フランケンシュタイン』はSFの原型遺伝子たりうる。そして作者のシェリーは、そんなことなどまったく意識しないまま、その時代の流れを嗅ぎ取る感性でこの娯楽作品を書き上げた。作中に文明批評の精神を読み取ったのは、読者の〝勝手に〟したことだった。著者がそれを意図していたかどうかは関係ない。刺激を受けた読者の解釈が新しい遺伝子の可能性をつくりあげていく。

一九三一年版の**映画化作品『フランケンシュタイン』**に登場する怪物は、死体を寄せ集めて作り上げられたゾンビの元祖のような存在にリフォームされていた。しかも科学者の脳を使うはずが、手違いから破壊された異常者の脳を埋め込まれてしまった。その結果、蘇った怪物はホラー映画にふさわしい狂気のキャラクターに変身していた。醜い巨体こそ原作のコンセプトと共通だったものの、知性は皆無の存在になっていた。

また原作にはないシーンだったが、完成した人造人間を覚醒させるためにフランケンシュタイン博士は雷のエネルギーを使った。現代医学でも心停止状態の急患の蘇生に電気ショックを用いるが、このアイデアは如何にも一九三〇年代らしい。

人間の体が微電流で動いていることは『フランケンシュタイン』が書かれる以前から知られてい

た。ちなみに、脳自体が電流を発していることが確認されたのは一八七五年のこと。さらに脳波の存在が確認されたのは、この映画の公開から少し前の一九二〇年代になってのことだった。
二千万人近い死者と二千二百万人以上の負傷者を出した第一次世界大戦が、傷の後遺症の研究などによって脳の構造や生理機能をはじめとする人体の神秘の解明を飛躍的に発展させていた。戦争による医学の発展が、皮肉にもSF小説『フランケンシュタイン』を怪奇映画『フランケンシュタイン』に変えてしまったのかもしれない。

小説『フランケンシュタイン』の物語

生命の謎を追求していた若き天才科学者ヴィクター・フランケンシュタイン博士は、腐乱していく屍の観察を続けていくうちに、ついに生命誕生の秘密を解き明かした。そして彼は、屍の生体組織をつなぎ合わせて人造人間を誕生させようと決意する。

フランケンシュタイン博士は失われつつあった錬金術と最新科学の叡智を用いて理想の美しさを持つ生き物をくり出そうとしたが、新しい命を得て目覚めたものは、高い知能と強靭な肉体をもつおぞましい姿の怪物となってしまった。醜い姿への嫌悪と生命を作り出した罪悪感の恐怖から、彼は怪物の存在そのものを拒否する。

しかし博士のもとを逃げ出した怪物は、孤独の逃避行の中で知識と心を獲得していくが、それは鋭敏な感性と善悪を備えた人間性そのものだった。孤独の悲しみに耐えながら人間たちを観察して言葉を覚え、本を読み、自らの出生の秘密を知るに至って、創造主であるフランケンシュタインを憎悪した。そして怪物は愛を注げる伴侶の創造をアインシュタインに求めて、彼の近親者たちを次々に殺していく。怪物の要求を拒否する博士に業を煮やした怪物は、婚礼を目前に控えていた彼の婚約者さえ手に掛けてしまった。

二人を結ぶ憎悪の絆。フランケンシュタインは怪物を追って北へ。物語の結末は、北極へ向かう探険家ウォルトンの手紙に綴られる回想の中で語られていった……。

▼〝蘇った死者〟(ゾンビ)の原型

原作小説の中でヴィクター・フランケンシュタイン博士が創造した個性的な怪物は、いわゆる人造人間。いくつかの死体をパーツにつかっているが、それらが生存中だった時の記憶など一切残っていない。新たに誕生した怪物には、人間の手によってつくり出された存在としての苦悩と強烈な生存本能がある。死体からつくられた醜い肉体の奥底では、人造の魂さえ育っていった。怪物の苦痛の根源は、急速な進歩を遂げる彼の高い知性にある。それゆえにヴィクターの憎悪は、怪物の心の成長に伴って、逆に激しくなっていく。

一方、三一年に映画化された『フランケンシュタイン』では、人造の怪物には知性の欠片もない。外部からの刺激に反応する、昆虫のように単純な本能だけの存在。魂などもたず空ろな顔で緩やかに彷徨い歩く、死体の寄せ集め。それが恐怖映画としてビジュアル化された怪物だった。その姿は、墓場から蘇った死体のイメージを決定付けた。

この恐ろしげな怪物の姿こそ、〝蘇った死者〟(ゾンビ)の原型のように思う。

もともと、キリスト教思想において死者の復活はおぞましいものではない。肉の身で地上に降臨した救世主(キリスト)本人が十字架で処刑された後に復活を遂げているし、聖書の記述にも神の救済によって死者の復活が謳われている。エジプト王家のミイラも、死後の復活を願って肉体を保存した結果だった。東洋においてはもっと寛大だ。怨念を抱いた亡霊さえ、暖かく迎え入れてしまう。御伽噺において蘇った死者に対する偏見や恐怖は極めて薄かった。それが、恐怖映画によってこのイメージが変わった。

フランケンシュタインの怪物に少しだけ残っていた人間性が完全に剥落すると、〝蘇った死体〟（ゾンビ）というキャラクターは脇役として、いわゆるB級恐怖映画の中で重要な地位を占めるようになっていった。邪悪な吸血鬼や呪術師たちの、奴隷以下の僕《しもべ》として。不気味な歩き方以外に個性など皆無だから、主役などはれるわけがない。例外は〝ミイラ〟シリーズぐらいだが、こちらは蘇った死体というよりは怨霊の仲間。犠牲者の姿をした怪奇人形。魂を持たぬゾンビなど、恐怖でヒステリーを起こしたヒロインにぶちのめされてしまう惨めな存在にすぎない。……と、六〇年代頃までは思われていた。

ところが一九七八年以降、突然ゾンビは人気が翳っていたホラー映画の救世主となる。

▼〝ゾンビ〟ブームの波及効果

ジョージ・A・ロメロ監督が『**ゾンビ**』のタイトルで銀幕に描き出した悪夢は、それまでの「生ける死者（リビング・デッド）」のイメージを覆した。もっとも「ゾンビ」とは日本版のタイトルとして付けられたもので、語源はブードゥ教の伝説に登場する「魂のない生き物」を意味する。作品中ではそういう言葉で呼ばれてはいないから伝説のゾンビと無関係かもしれないが、混乱しないように一応このまま話を続けよう。

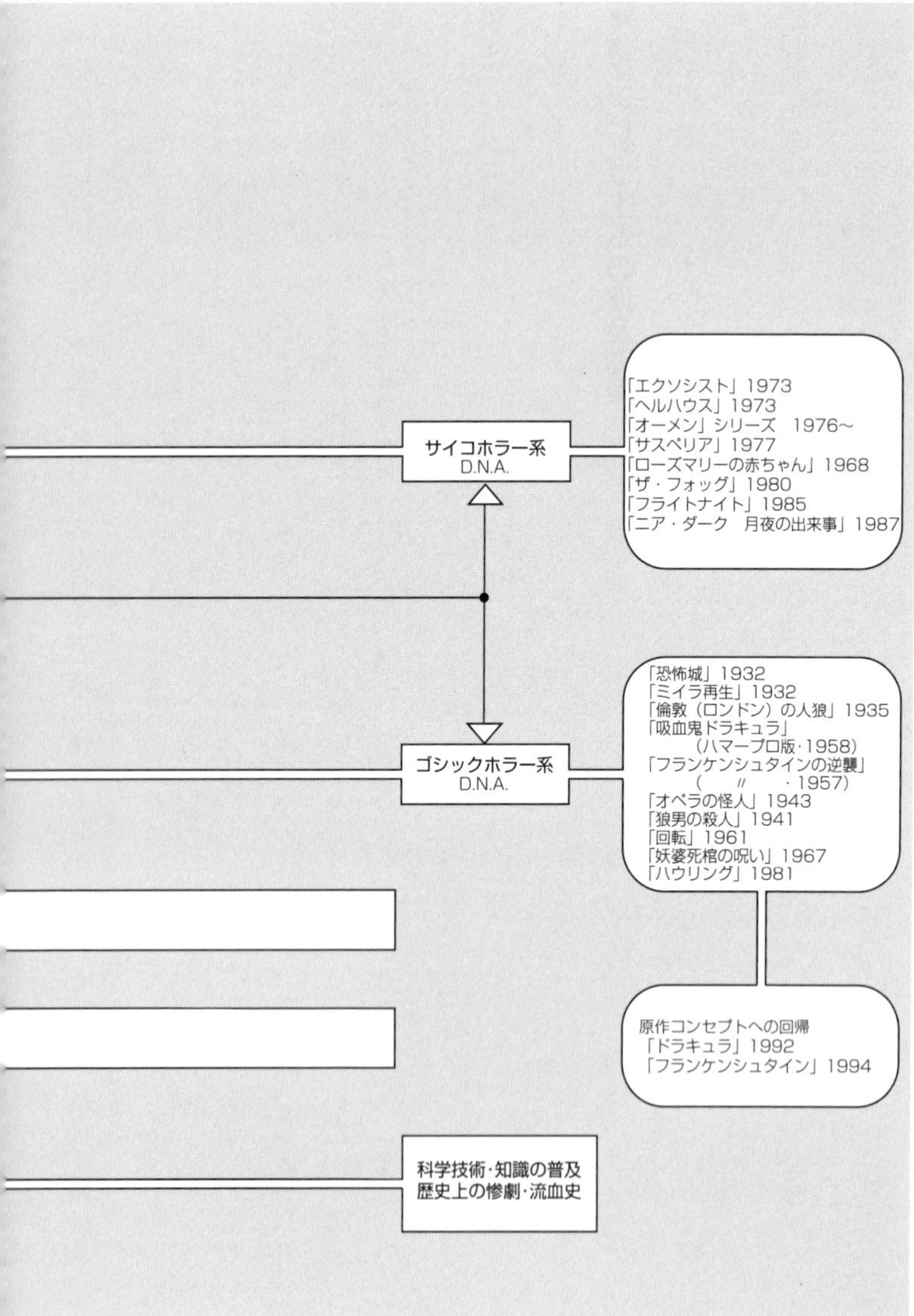
サイコホラー系
D.N.A.
「エクソシスト」1973
「ヘルハウス」1973
「オーメン」シリーズ　1976〜
「サスペリア」1977
「ローズマリーの赤ちゃん」1968
「ザ・フォッグ」1980
「フライトナイト」1985
「ニア・ダーク　月夜の出来事」1987
ゴシックホラー系
D.N.A.
「恐怖城」1932
「ミイラ再生」1932
「倫敦（ロンドン）の人狼」1935
「吸血鬼ドラキュラ」
（ハマープロ版・1958）
「フランケンシュタインの逆襲」
（　〃　・1957）
「オペラの怪人」1943
「狼男の殺人」1941
「回転」1961
「妖婆死棺の呪い」1967
「ハウリング」1981
原作コンセプトへの回帰
「ドラキュラ」1992
「フランケンシュタイン」1994
科学技術・知識の普及
歴史上の惨劇・流血史

古典ホラーからの展開

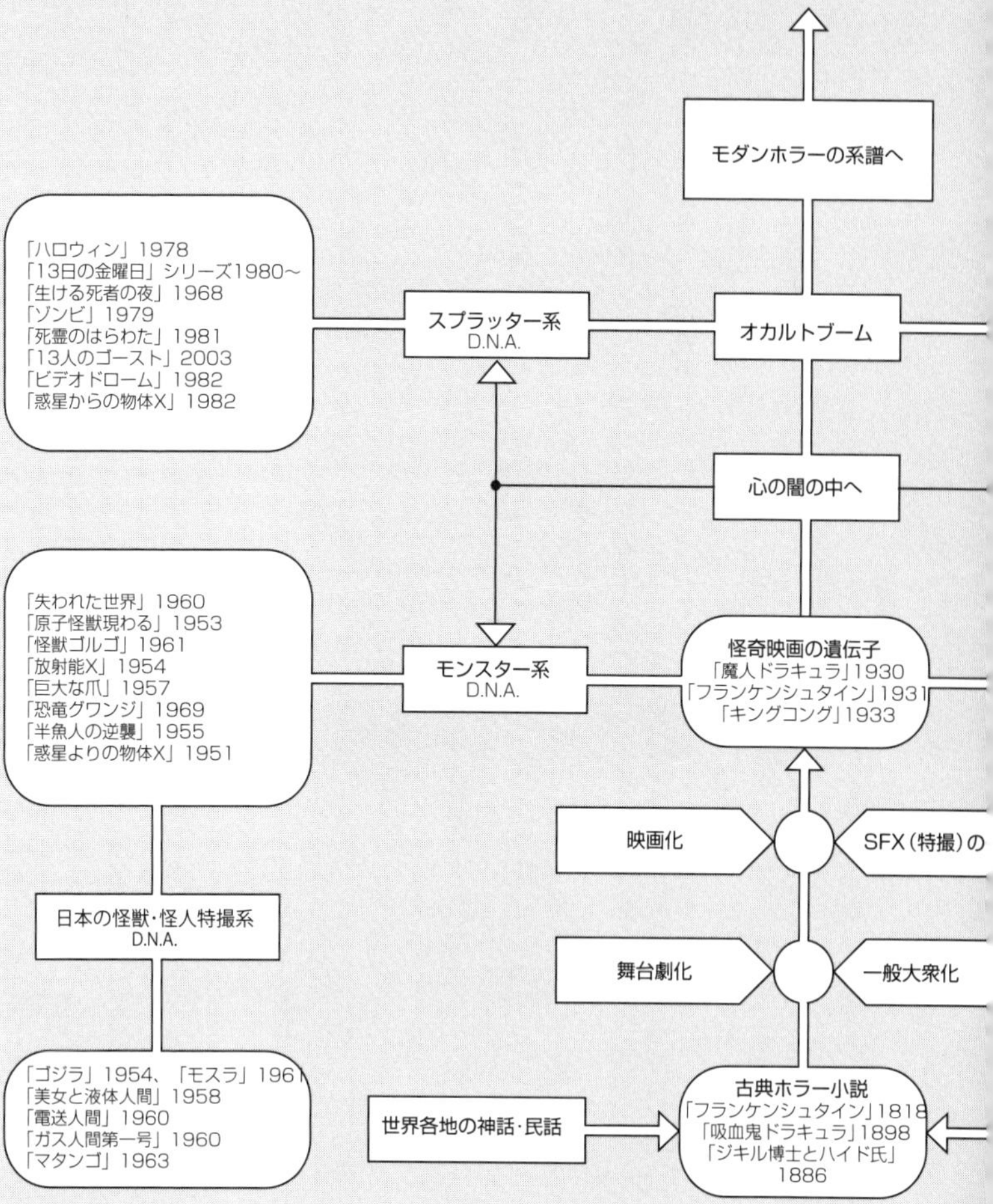

モダンホラーの系譜へ
「ハロウィン」1978
「13日の金曜日」シリーズ1980～
「生ける死者の夜」1968
「ゾンビ」1979
「死霊のはらわた」1981
「13人のゴースト」2003
「ビデオドローム」1982
「惑星からの物体X」1982
スプラッター系 D.N.A.
オカルトブーム
心の闇の中へ
「失われた世界」1960
「原子怪獣現わる」1953
「怪獣ゴルゴ」1961
「放射能X」1954
「巨大な爪」1957
「恐竜グワンジ」1969
「半魚人の逆襲」1955
「惑星よりの物体X」1951
モンスター系 D.N.A.
怪奇映画の遺伝子
「魔人ドラキュラ」1930
「フランケンシュタイン」1931
「キングコング」1933
映画化
SFX（特撮）の
日本の怪獣・怪人特撮系 D.N.A.
舞台劇化
一般大衆化
「ゴジラ」1954、「モスラ」1961
「美女と液体人間」1958
「電送人間」1960
「ガス人間第一号」1960
「マタンゴ」1963
世界各地の神話・民話
古典ホラー小説
「フランケンシュタイン」1818
「吸血鬼ドラキュラ」1898
「ジキル博士とハイド氏」1886

ゾンビたちは誰の命令も受けずに自由にゆっくりと彷徨い歩き、手当たり次第に生者の人肉を食らう。しかも白昼堂々と、群れをなして。また屋内においても、明るい照明のもとで泣き叫ぶ人間たちを貪り食うのだ。ドキュメンタリータッチのリアルな食人（カニバル）の光景は観客の心胆を寒からしめた。公開前は大した宣伝もしていなかった『ゾンビ』は、スプラッターホラーとしては異例のロングヒット作品になった。

まだインターネットどころか家庭用パソコンなどない時代。クチコミの力は絶大だった。そして、まだホームビデオなどない時代。巨大なスクリーンで血みどろの凄惨な悪夢を見せつけられた観客たちは心に〝深い傷〟を負った。心の血が新しい観客を引き寄せた。

『ゾンビ』の原題は、『DAWN OF THE DEAD』。一九六八年に製作されたホラー映画『**生ける死者の夜**（**Night of THE Living DEAD**）』の続編にあたる。アメリカでは五〇年代から六〇年代にかけて低予算のスプラッターホラーやB級SF映画が量産されてドライブシアター（車に乗ったまま映画を観る）などで人気を博したが、その流れの中で誕生したヒット作品だった。

当時の良識的な批評家たちには嫌われていたそれらの作品は、エンターテインメント文化が混迷する七〇年代中期になって再評価を受けることになる。ホラーとSF。まずはホラージャンルに火がついた。七〇年代前半に始まったオカルトブームは、ドライブシアター的スプラッター（血みどろ）ブームへと形を変えていったが、過激になっていくだけの表現にも飽きてきた一般の観客たちはゆっくりとホラー離れを起こしていた。

『**スター・ウォーズ**』（↓158頁）のメガヒットによって、空前のSF映画ブームが始まった頃。ホラー映画は一部の固定ファンを獲得しつつも、一般の好みからは遠ざかりつつあった。そこに『ゾンビ』が登場した。宇宙活劇（スペースオペラ）ブームを迎撃するほどの力はなかったが、〝恐怖〟の遺伝子をその中に潜ませる影響力は十分にあった。リドリー・スコット監督の『**エイリアン**』（↓85頁）やジョン・カーペンター監督の『**遊星からの物体X**』（↓82頁）などのヒット作はホラー的要素を存分に含んでいた。

また『ゾンビ』のヒットによって空前の〝ゾンビ〟ブームが起こり、食人嗜好の彼らを主人公にして伝統的なスプラッターを過激にしただけの『**サンゲリア**』（**ルチオ・フルチ**監督）や『**ゾンゲリア**』（**ゲーリー・A・シャーマン**監督）、『**死霊のはらわた**』（**サム・ライミ**監督）などのネオB級ホラーが量産されていった。

異色なところでは八二年に**マイケル・ジャクソン**が「**スリラー**」のビデオクリップで自らゾンビ役を演じて話題となり、国際的なメガヒットとなった。このビデオクリップによって、彼の名を知ったおじさんやおばさんたちは大勢いた。

一躍時の人になったロメロ監督はいくつかの話題作を手がけた後、八五年に『**死霊のえじき**』を製作して〝ゾンビ〟シリーズ三部作を完結させた。これによって予想外に長く続いた〝ゾンビ〟ブームも、一応の終焉を迎えることとなる。

余談になるが二〇〇四年には『ゾンビ』のリメイクになる『**ドーン・オブ・ザ・デット**』が公開

され、アメリカでは大ヒットを記録していた。

以後のゾンビ作品はぞくぞくと制作され、すっかり人気ジャンルとして定着してしまった。二〇一〇年からはアメリカ製TVドラマ『**ウォーキングデッド**』シリーズが放映され、強い人気を誇ったまま長寿番組として二〇一八年現在まで存続している。

『ゾンビ』の物語

世界中で大量の死者が蘇り、生きた人間の肉を求めて彷徨いだした。彼らに噛まれた人間もやがて死に、再び死者として蘇る。原因は宇宙の彼方のある惑星が爆発し、死者を蘇らせる謎の放射線が地球に降り注いだためだ。軍や警察は死者たちを駆逐すべく行動を開始した。蘇った死体を再び殺すには、彼らの脳を破壊するしかない。

「生きた死体」の処理に疲れたSWAT隊員のピーターとロジャーは服務からの脱走を決意し、TV局に勤めていた友人のスティーブとその恋人フランとともにヘリコプターで郊外へ逃れた。しかし彼らの行く先でも地獄の光景が繰り広げられる。人を食い殺す死体たちだけではない。逆にその死体たちを、ゲームのように殺して楽しむ人間たちもいた。

やがて四人は無人の大型スーパーマーケットを占拠し、しばらくの安息を得る。たがふとした油断から、ロジャーが「生きた死体」に噛まれてしまう。三日後、朦朧とした意識の中で仲間たちに後始末を託して彼は死ぬが、蘇った瞬間にピーターの銃で再び永遠の眠りについた。

残った仲間は三人。あり余るスーパーの食料を狙って、暴走族たちがバリケードを破壊して進入してきた。そこからなだれ込んでくる暴走族と「生きた死者」たち。ピーターたちと暴走族たちと死者たちの三つ巴の死闘が始まった。

はじめは面白半分に死者たちを殺していた暴走族も、数に勝る彼らに押され、何人かが食い殺されてしまう。そしてスティーブは生きた死体たちの牙にかかり、怪物として蘇生した。ピーターはフランを屋上のヘリポートに逃がし、自分は彼らを引き付けるおとりとなって自殺を決意する。だがその刹那、生への執着から屋上へ逃れ、フランとともにヘリコプターでスーパーマーケットを後にした。

▼〝恐怖〟から〝おぞましさ〟への展開

古典的な恐怖映画には約束事がある。闇の中に潜むものへの恐怖だ。闇の中から密かに忍び寄って素早く人を殺すという怪物の行動パターンは、大型の肉食夜行獣に由来する。遥か古代、人間は彼らの牙に怯えて暮らしてきた。原始人の恐怖は現代人の遺伝子にも受け継がれ、夜行獣のイメージが増幅されて怪物の姿をつくり上げる。その意味では、怪物の下僕だった古典的なゾンビは死肉漁りの食肉虫のような存在だった。

ジョージ・A・ロメロ監督はまず『ゾンビ』の中で、夜行獣的な恐怖を否定した。生きた死体はのろのろとしか動けず、闇の中からの襲撃シーンもほとんどない。そして怪物たちへの恐怖心を描くよりも、その状況のおぞましさの描写に重きをおいた。

『ゾンビ』が日本でロードショー公開された直後、私は人肉を食らう無数のゾンビが人間に襲い掛かるスプラッター作品だ、という程度の予備知識だけで、ふらりと立ち寄った映画館でこの作品を観た。すでに時代遅れの、よくあるゲテモノホラー映画程度のものだろうと、高をくくって。

ところが、衝撃は強烈だった。あろうことかそれから十数年にわたって、この映画の悪夢に繰り返し魘《うなさ》れることとなった。内容は毎回、大筋は同じものだった。

夢の中で、私は幾人かの仲間たちと必死で逃げている。夕暮れとも朝焼けとも区別のつかない赤黒い空の下、廃墟の大地を埋め尽くすゾンビの群れと血みどろの戦いを繰り広げているのだ。仲間たちは顔見知りのものもいれば、見覚えのないものもいる。しかし彼らは次々にゾンビどもに殺され、手足をもぎ取られて貪り食われていく。素手の私は全力で走り、掴みかかってくる無数の手を振り払い、へし折った。蹴り倒した化け物の顔を摑みつぶし、はらわたを引き裂いた。どす黒い返り血のために、私の体は闇色に染まっている。無表情なゾンビと同じくらい、私の心も虚無に満たされている。救いのない凄惨な殺し合いを果てしなく続けても、心は何も感じない。やがて私は仲間たちを失ってひとりきりになるが、それでも戦いは終わらない。稀に、ゾンビたちに食い殺されて終わる時もあったけれど……。

そして、うんざりするような不快感と少しばかりの汗とともに目を覚ます。そんな悪夢との遭遇が、半月に一度は確実に訪れた。

悪夢の担い手は、生者の人肉を貪り食うゾンビの存在ではない。ゾンビたちと共生することになった世界のおぞましさのほうにある。

映画の中で、物語のオープニングから十分ぐらいのうちに、状況説明とゾンビの恐怖は十分に語り尽くされる。明るい部屋の中で、巨大な蛆虫のようにうごめく血まみれの死体。引きちぎられた無数の手足。散乱する内臓。それらをガツガツと食いちぎる無表情のゾンビたち。そしてそれらの怪物たちを、淡々と処理していくＳＷＡＴ隊員たち。歩き回る死者たちを面白半分に撃ち殺し、殴り倒しては悦にいるハンターや暴走族たち。

世界は地獄に変わり果てた。恐怖ゆえの地獄ではない。凍りついた人の心が世界を地獄に変えたのだ。人々の恐怖はやがて薄れていき、ゾンビの存在を受け入れて新しい秩序を構築していった。知人の死を悼む人間性は失われ、相互の殺戮が日常化した。

恐怖の日常化と地獄の秩序。

それこそが『ゾンビ』という映画のおぞましいメインテーマだった。

5 B 古典SFからモダンホラーへの系譜

冒険小説、探偵小説、『エクソシスト』、そしてスティーブン・キングへ

この5―Bでは、SFとホラーの歴史について考証してみたい。一九世紀に原型が作られたSFとホラーの遺伝子が、分化しつつも互いに影響し合いながら進化していった過程を知ることで、現代の物語づくりに応用するためのヒントを探っていく。すなわち、温故知新。

考察対象は大きな転換期になった八〇年代頃のサイバーパンク登場の前まで。

▼古典SFの誕生～ヴェルヌとウェルズ

SF小説の原点は『フランケンシュタイン』だという定説は既に述べた（↓191頁）。だが作者の**メアリー・シェリー**はSF作家ではない。どちらかといえば、当時の流行作家だった。

科学の時代の流れを洞察した本格的なSF小説家の登場は、一九世紀中頃から。フランスの**ジュール・ヴェルヌ**がまず名乗りをあげることになる。原爆ミサイルの登場を予言した『**悪魔の発明**』や、万能潜水艦ノーチラス号を駆使して軍艦や死の商人たちと戦う天才科学者ネモ船長の生き

ざまを描いた『**海底二万哩（リーグ）**』など冒険色の強いSF小説を送り出して世界的な大ヒットを記録した。当時はまだ潜水艦は発明されておらず、各国の海軍が密かに研究していた程度だった。余談だが、潜水艦の実戦配備は第一次世界大戦のドイツ軍Uボートの出現から。

少し遅れてイギリスからは、**ハーバート・ジョージ・ウェルズ**がデビュー。退廃した八十万年後の未来世界を一九世紀の人間の視点から描いた『**タイムマシン**』や、動物を人間につくり変えようとした狂気の天才科学者の悲劇を語る『**モロー博士の島**』など、超発明による文明批評をテーマとした中短編作品を次々に発表してこちらも大ヒットを記録した。

火星人の地球侵略を描いた『**宇宙戦争**』は、戦争被災者である一市民の敗走記として描かれた異色作。後にアメリカで**オーソン・ウェルズ**によってラジオドラマ化され、その迫真の演出によって本当に火星人が侵略してきたと勘違いしたリスナーたちが大パニックを引き起こした。幸か不幸か、この事件でH・G・ウェルズと『宇宙戦争』は有名になった。この作品の映画化は一九五三年になる。

もっともヴェルヌやウェルズは、SF作家であることにこだわったわけではない。ヴェルヌが残した八十余りの作品の中には『**十五少年漂流記**』や『**八十日間世界一周**』などの冒険小説の名作も数多い。代表作に挙げられる『**地底探検**』なども、冒険小説のジャンルに属する。熱血冒険小説を描くための道具として、空想科学を物語に応用していたといったほうがいいのかもしれない。

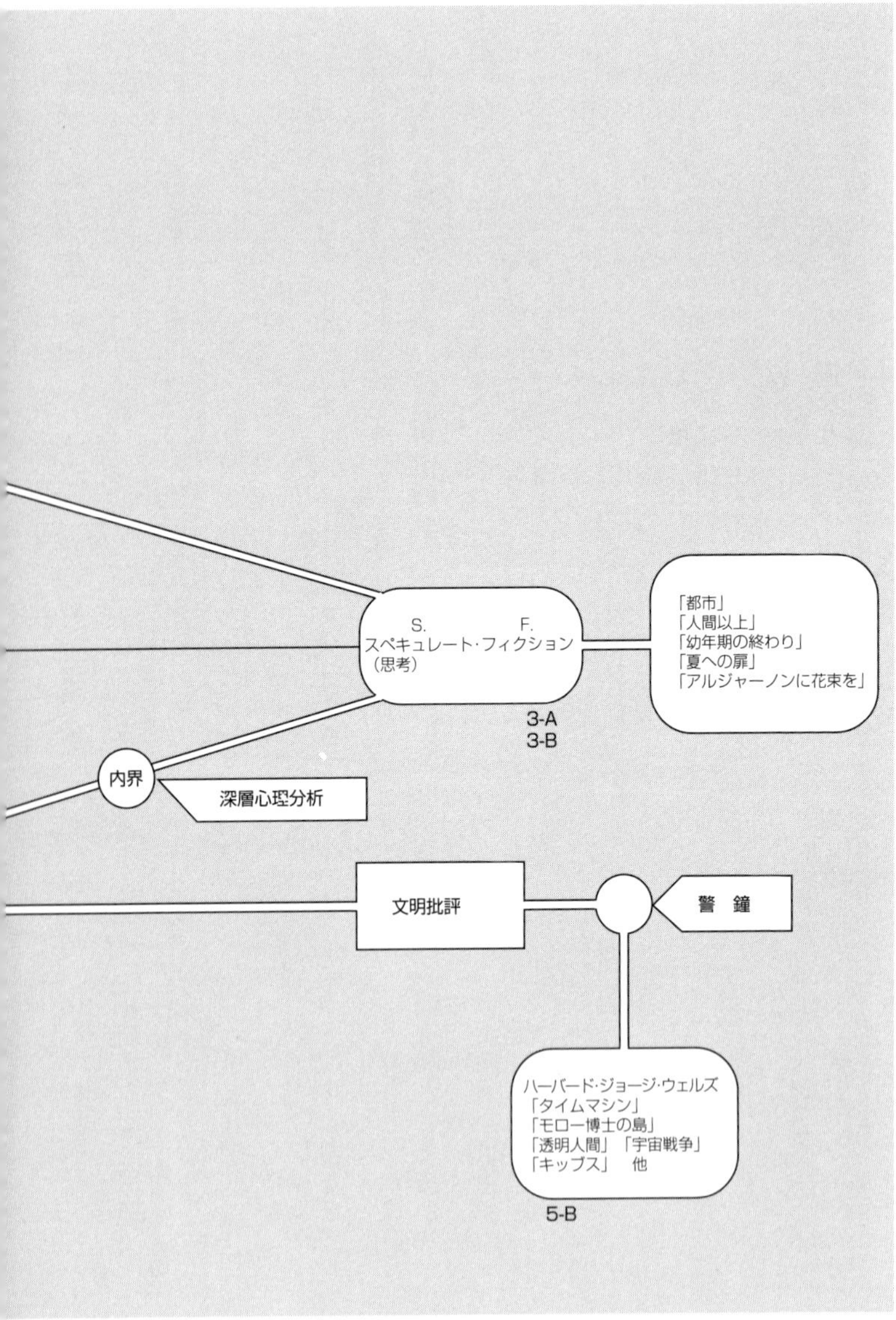
S.　F.
スペキュレート・フィクション
（思考）
3-A
3-B
「都市」
「人間以上」
「幼年期の終わり」
「夏への扉」
「アルジャーノンに花束を」
内界
深層心理分析
文明批評
警　鐘
ハーバード・ジョージ・ウェルズ
「タイムマシン」
「モロー博士の島」
「透明人間」「宇宙戦争」
「キップス」　他
5-B

古典・近代SFの系譜

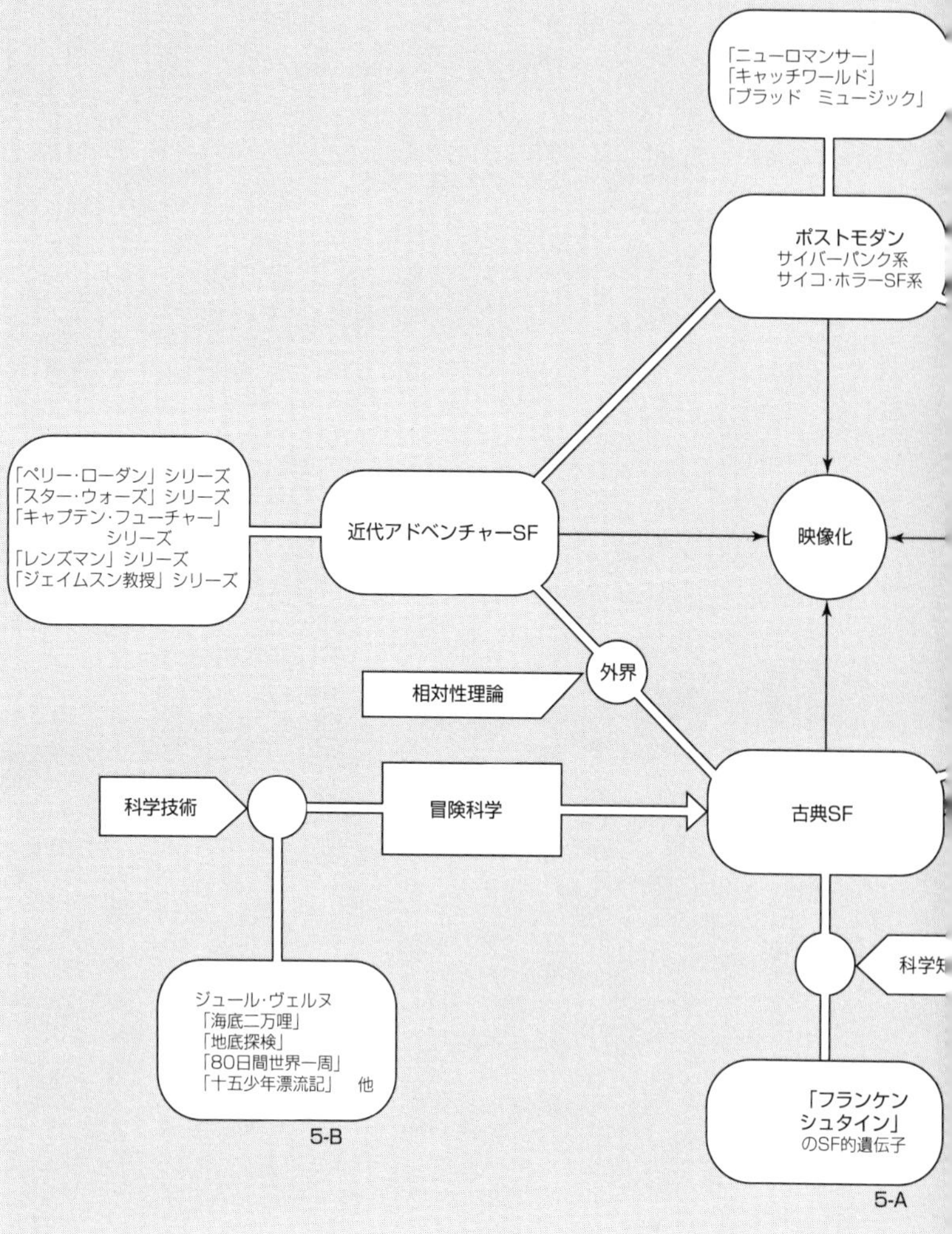
「ニューロマンサー」
「キャッチワールド」
「ブラッド　ミュージック」
ポストモダン
サイバーパンク系
サイコ・ホラーSF系
「ペリー・ローダン」シリーズ
「スター・ウォーズ」シリーズ
「キャプテン・フューチャー」シリーズ
「レンズマン」シリーズ
「ジェイムスン教授」シリーズ
近代アドベンチャーSF
映像化
外界
相対性理論
科学技術
冒険科学
古典SF
科学知
ジュール・ヴェルヌ
「海底二万哩」
「地底探検」
「80日間世界一周」
「十五少年漂流記」　他
5-B
「フランケンシュタイン」
のSF的遺伝子
5-A

良質の冒険小説全般にいえることだが、ヴェルヌ作品の本質は常に人間の心をテーマにする。傷つき、血を流し、ひねくれながらも逞しく生きようとする不思議な人物を、平凡な主人公たちの視線で捉えていく。そのあたりのスタンスは、個人の内面を掘り下げるのが好きなフランス人らしい。

科学者並の知識を持っていたウェルズの場合、いかにも議論好きのイギリス人らしく、そのスタンスの本質はジャーナリスト精神に尽きる。SF小説以外にも『キップス』などの一般文学作品をも手がけ、歴史や科学の解説書まで書いている（一応、正直に告白しておくが、現時点で私は彼の純文学作品は読んだことがない）。良くいえば旺盛な好奇心の発露、悪くいえば浮気症、といったところか。

ウェルズの興味の中核に位置するものは常に社会の姿だ。その視線は、急激な発展を遂げていく一九世紀という時代そのものを情熱的にみつめている。ある時は圧倒的な科学力で武装した火星人たちに侵略戦争を仕掛けさせたり、またある時は透明人間を市街に放って人々の生活を脅かしたりと、シリアスにまたはユーモラスに、大小のSF的道具を使ってあらゆる角度から社会を揺さぶった。結果、ウェルズは輝かしい進歩を続ける社会の影に潜む危険性や、新しい可能性を誰よりも早く見つけ出していった。現代社会の断面を通して未来を探る。できれば理想の未来像に修正して。それが文明評論家の肩書きで知られるSF作家のスタンスとなった。

視点の異なるヴェルヌとウェルズも、科学が内包する危険性への警鐘については共通の主張を掲げている。科学は神秘への扉であり、その向こう側にある未知の知識は人類にとって両刃の剣になる。科学は、善と悪の両面をもつ魔神だ。言い換えればSFとはそんな神々の物語を綴った、一九世紀に誕生した新手の神話だった。これらの予言書は未来の人間社会の姿をよく言い当てた。そしてSF小説や映像SFの進化に伴い、それらの中から、新世紀の妖怪たちが誕生してきた。

▼ミステリー王国・イギリス

ところで一九世紀を代表するSF作家がイギリスに、もう一人。古代の恐竜たちが棲息する秘境を旅する『**失われた世界**』で、SF作家としての才能も認められた**アーサー・コナン・ドイル**だ。これは、偏屈なインテリの野蛮人〝**チャレンジャー教授**〟**シリーズ**の第一作目に当たる。ドイルはウェルズより七つ年上だったが、どちらかといえばヴェルヌを彷彿とさせる冒険SFシリーズへと発展していった。

ドイルはこの時すでに〝**名探偵シャーロック・ホームズ**〟**シリーズ**で世界的に名を知られていた。ホームズのキャラクターはいかにも一九世紀のイギリスにふさわしい。徹底した理詰めと観察力、加えて化学やあらゆる犯罪記録の知識などを武器に、難事件の謎を解いて犯人を追いつめていく。今風にいえば、プロファイリングの元祖。

〝ホームズ〟シリーズの第一作になる『**緋色の研究**』は、港町の開業医だったドイルが暇に任せて貧乏のどん底で書き上げた作品だった。一八八七年にイギリスの出版社から世に送り出されたが、売れ行きは芳しくなかった。失意の中で執筆活動も断念していたドイルに突然の続編執筆の依頼が来たのはその二年後。〝ホームズ〟シリーズの可能性に注目していたアメリカの出版社からのオファーだった。『緋色の研究』の事件の背景はアメリカの西部開拓期であり、宗教的結社への復讐劇が物語の骨子だった。アメリカで第一作が受け入れられたのも、この設定によるところが大きかったからかもしれない。

そして書き上げられた第二作目のタイトルは『**四つのサイン（署名）**』。この成功によって、ドイルはミステリー作家として不動の地位を獲得した。アメリカ人は、ドイルはたしかにイギリス人かもしれないが、彼を見出したのは自分たちだと主張する。だから、ミステリーやハードボイルドの伝統はイギリスではなくアメリカにこそあるのだ、とも。

推理小説史上最初のシリーズ探偵といわれる「オーギュスト・デュパン」の生みの親であるミステリーおよび怪奇小説家**エドガー・アラン・ポー**もアメリカ人だった。ちなみにドイルはデビュー作の中で、デュパンの推理についてホームズの口を通して辛辣な意見を述べている。物語の語部でホームズの相棒でもある元軍医ジョン・ワトスンは、このホームズの言葉に不快感を示して反論していた。もっとも、ワトソンも作者の分身的キャラであることはいうまでもないが……。

ミステリーの本家がどこかはさておき、「ホームズ」が手がける事件は不気味だったり猟奇的犯罪であったりする場合が多い。もっとも、犯罪小説はおしなべて人の心の暗部をテーマにしている娯楽作品だから、当然かもしれない。

ホームズ探偵自身についてでは、ワトスンの視点からはすっかり変人扱いだ。私は、小さい頃に読んだ子ども向け世界名作小説集のホームズシリーズのせいで、ホームズ探偵がイギリス紳士の代表的存在と誤解していた。しかし物心のついた時に一般の文庫本で読み返して、そのキャラクターの相違に大いに驚いた。当時も今も、私はワトスンの意見に賛成している。名探偵ホームズは変な奴である。偏屈で、自信過剰で、個人主義の皮肉屋。それでも圧倒的な推理力と犯罪捜査のための知識のおかげで、ホームズは多くの仲間たちから敬意を払われることになった。一歩間違えれば、ただの嫌なオタク野郎だった。

▼探偵小説の遺伝子

ホームズ以降、二〇世紀前半にかけてイギリスを中心に推理小説は量産されてくる。そして一九二〇年に**アガサ・クリスティ**の創作した「**エルキュール・ポアロ**」の登場をまって隆盛期を迎えた。その間、イギリスとアメリカでは空前のオカルトブームが吹き荒れていたというが、その痕跡は怪奇映画の歴史に名残りをみつけることができる。

フランスでは一九世紀の終わり頃、猟奇犯罪をテーマにした不気味な演劇が庶民の人気を博していた。グラン・ギニョール劇場で演じられるそれらの芝居は、人体を切り刻んだり残酷な拷問を再現する類のグロテスクな代物で、これが後のスプラッター（血みどろ）映画の原点になったものであったといわれる。フランス革命終了後もギロチンの処刑台が数千人の犠牲者の血を求め、ナポレオンの登場によってさらに長い戦乱が続いたこの国でも、ようやく流血の美学（？）を娯楽作品の中に表現できるだけのゆとりが生まれたのだろう。

また同じ頃、ミステリーブームにあやかる形で作家の**モーリス・ルブラン**がユニークなキャラクター「**怪盗アルセーヌ・ルパン**」を創作した。犯罪者を主人公にしたこのシリーズは大人気を博した。さらにルブランはドイルへの対抗意識から、ドイルの許可も得ずに勝手にルパンとホームズを対決させる物語を書いた。これもまた人気を博して二人の対決は幾度かを数えるようになると、さすがに静観していたドイル側から「ええかげんにせえよ！」とクレームがついた。でも、その程度。案外、ドイルもこの対決を面白がっていたのかもしれない。

ルパンはやがて日本にもやって来て、名探偵明智小五郎と対決してコテンパンにやられてしまうが、こっちの物語は**江戸川乱歩**の創作だ。おそらく、ミステリーの研究家としても高名だった江戸川が勝手にルパンを日本に招いたのだろうが、ルブランに怒る資格はない、と思う……。ちなみにルブランは晩年にルパン創作の功績によって、フランス政府から国民栄誉勲章に相当するレジォン・ドヌール勲章を受章している。

SF小説と同様に、デュパンやホームズの登場によって探偵推理小説もまた一九世紀にその雛形が確立されたといっていい。猟奇的な犯罪の謎を科学的捜査と論理で解き明かしていく探偵たちの活躍を描きつつ、その犯罪の影にある犠牲者たちの悲しみに主人公たちは同情する。探偵は一九世紀に発展した科学合理精神の象徴だ。彼らの平凡なパートナーである語り部たちは当時の庶民感情そのものだった。

ＳＦもミステリーも、そのコンセプトは大きく価値観の変わった一九世紀の産物。**グリム兄弟**が民俗学の研究から編纂した「**グリム童話**」の出版も、**ハンス・クリスチャン・アンデルセン**の記した百五十編あまりの童話や小説が出版されたのも、一九世紀という文化の一大転換期がなせるわざだった。そして映画の発明が、こうした傾向に拍車をかけていった。空想イメージのビジュアル化は、ＳＦやミステリー作品を受け入れる土壌を広げ、知識階級から子どもたちにまで高く支持され始めた。

しかし活字の分野において、ホラーだけは貧乏くじを引き続けた。

▼ポーとラヴクラフト

アメリカにおけるオカルト・エンターテインメントの歴史をひもとく時、まずは怪奇小説の娯楽性を世界に示した二人の人物を挙げなければならない。

ひとりは、ホラー作品のみならず探偵ミステリー分野においてもパイオニア的存在となった**エドガー・アラン・ポー**。もうひとりは、「クトゥルー神話」の創造で後世並びに同時代の作家たちに絶大な影響を残しながらも貧乏のどん底で薄幸の生涯を送った**ハワード・フィリップス・ラヴクラフト**。

ポーは一八〇九年に、エドガー・ポーとしてバルチモアで生まれた。両親は役者。二歳の時、母の死を機にポーは町の有力者だった金持ちのアラン家に養子入りした。

これ以降、ポーはエドガー・アラン・ポーと名乗るようになる。

その後、ポーはイギリスに移る。一八二〇年に帰国するが、この時幼心に残ったイギリスのイメージがポーの作品に強い影を落とすことになった。やがてポーを溺愛していたアラン夫人の死後、再婚した父アランは新妻との間に子どもをもうけた。

ポーは作家の名声を獲得する前に相続権を失ったといわれているから、正式な養子縁組ではなかったのかもしれない。もっともミドルネームにアランの名を、生涯を通して入れていたことを考えれば、アラン一家とは比較的円満な関係にあったようだ。大学中退、兵役拒否、陸軍士官学校入学と中退。これらの奔放な履歴を築くことができたのは、父アランの援助によるところが大きかった。またその間、ポーは数冊の詩集を自費出版している。

知力体力に優れ、才色兼備といわれた道楽者のポーは、若くして詩人の才能を開花させ、二十代半ばで『サザン・リテラリー・メッセンジャー』という雑誌の編集長に抜擢された。結果、天性の構造解析能力と卓越した文章が遺憾なく発揮されることとなった。この頃の鋭い評論が話題を呼んで、ポーの名を世に知らしめた。

そして、まだ十三歳だった従妹と結婚。これに前後して、数多くの短編小説も書き始めている。就任から二年後に編集長の職を辞し、以後さまざまな雑誌の編集を手がけながら執筆活動に従事した。屈折した性格と酒乱の傾向により、当時のポーの人格について評価は二分している。ロマンチックで献身的な人物だったという賛辞と、自己中心的な夢想家の嫌な野郎だったという罵声と。

それでも彼の作品には誰もが最高位の評価を下した。海外の評論を鵜呑にすれば、詩人としては天才の域だったという。残念ながら漢字文化圏で育った私には、翻訳本でポーの空想力の片鱗を味わうのがやっと。アメリカでは不人気だった彼の怪奇小説についてもヨーロッパでは高い支持を受け、後にアメリカ国内で再評価された。

一八四九年十月、出先のニューヨークの路地裏で死去。酒に酔っての野たれ死には、詩人の生涯を締めくくるにはふさわしいものだったのかもしれないけれど……。

現代におけるポーの肩書きは、間違いなく作家。探偵小説の開祖であり、低俗視されていた怪奇小説に一般文学よりも深く心の闇を見通す可能性を示した。存命中の肩書きは編集者であった。生活の基盤を築くには、作家以外の職業が必要だったのだ。また、アラン一族という支援者がいたことも幸いした。

▼ラヴクラフトと「クトゥルー神話」

ハワード・フィリップス・ラヴクラフトにとって不幸だったことは、ポーの創作活動を支えたそれらの後ろ盾を一切もっていなかったことにある。

ラヴクラフトの肩書きは、今も昔も作家以外の何者でもない。それも、よりによって当時はもっとも幸薄い怪奇小説家だった。時代を超えた天才の生涯にふさわしく、世間一般には認められないまま赤貧のうちに四十七歳でこの世を去った。彼がポーと同等以上の評価を受けるのは、さらに三十年以上過ぎてからのことになる。

ラヴクラフトは一八九〇年、イギリス文化の影響を色濃く残したニューイングランドで生まれた。作品に漂うイギリス風の残り香はこれに基づくもののようである。

常に泥酔するほど頑健な体をしていたポーとは逆に、ラヴクラフトは小柄で虚弱体質だった。二歳で文字を読み、四歳で文章を記したという神童だったにもかかわらず、病弱と貧困のために満足に学校にも通えなかった。職につくこともできずに作家を志すが、人気のない怪奇小説の原稿料では食べていけるはずもなく、主な収入源は文章の添削に頼った。

ポーと比べて、人付き合いの幅も狭かった。文化人との交流の華やかな雑誌の編集者とは雲泥の差。友人も少なく、孤独な日々の中のささやかな楽しみは、ひとり旅に出ること。それも旅費が安くて済むバス旅行を常とした。

救いのない抑圧された日常と高度な知性は、必然的に己の心の闇に向かって踏み込んでいく。それも、物語の創作という道標を辿って。

ラヴクラフトの初期の作品はこうした不幸な日々から生まれた。ラヴクラフトの鬱屈した暗い情念はそのまま小説に反映されたが、それらはポーの影響こそ受けているものの、比較的平凡な病的恐怖小説にすぎなかった。そのまま生涯を終えていれば、後世においてポーの作品と比較されるようなことなど絶対になかったと思う。

大きな転換期は、二〇年代後半に書かれた短編小説『**クトゥルーの呼び声**』のリリースだった。

これが、暗黒の宇宙神話として現在においても数多くの熱烈な支持者を持つ「クトゥルー神話」を背景にした恐怖小説シリーズの始まりになった。ラヴクラフトが幼い頃から抱いていた天文学への興味が、ホラー作品の中に結実した結果だった。

クトゥルー（または、**クトゥルフ**）**神話**とは、遥か古代に創造主である旧神と邪神たちとの戦いを物語った宇宙神話。旧神たちは壮絶な戦いの果てに邪神たちを打ち破って、宇宙のあらゆるところに彼らを封じ込めた。やがて旧神たちはこの宇宙から去り、人類が誕生するほど長い時が流れると、邪神の復活をもくろむ者たちが地上に現われてきた。それらは邪神たちに仕えていた魔物たちや、彼らを崇拝する信者たちだった。その復活のために必要な糧となるものは、〝恐怖〟の感情。彼らは恐怖という収穫を得るために、この世界に地獄絵図を現出させようと目論んでいく。そしてこれらの秘事は「ネクロノミコン」などの禁断の古文書に記されて近代まで語り継がれてきていた……、という設定。

このクトゥルー神話をつかってラヴクラフトが記したのは、神々の戦いの様子ではない。この神話や付随する伝説に魅せられた人間たちが引き込まれて行く、現代を舞台にした悪夢のような物語をつくりだした。

一九三七年に公の救貧院で死去するまで、クトゥルー神話に纏わる多くのエピソードを残したが、その体系は『**サイコ**』を記した**ロバート・ブロック**やSF作家の**リン・カーター**などの多くの作家たちに受け継がれ、原作者を上回る膨大な数の新しいエピソードが書き加え続けられて現代にいたっている。

一九六〇年代頃からは、盛んに映画化されるようになった。特にSFXの全盛期になる八〇年代以降には、グロテスクな怪物の登場するエピソードの映画化が激増していった。そのためか、現在でもこのシリーズの人気は衰えをみせていない。

小説や映画化作品のみならず、ゲームの分野でも新たなクトゥルー神話体系に類する作品が今も次々に登場し続けている。近ごろでは、PPG（ロールプレイングゲーム）などでクトゥルー神話に接することになった若い世代が多い。

クトゥルー神話はラヴクラフトの手でひっそりと世に送り出され、彼の死後は友人の作家たちの手で、その波紋の描く同心円が広げられていった。さらに新しいファンや次世代の作家たちがその世界観を掘り下げて、波紋は着実に大きくなっている。作り手と受け手による複数の思いが交錯して織り上げられていく虚構の歴史。薄幸の生涯を送った故人の創作した暗黒神話は八十年近い歳月を経て、ようやく本当の神話になりつつあるのかもしれない。

▼『キングコング』における神殺し

映像化されたSFやホラーの歴史は、映画の歴史そのもの。

空想の産物を動かしてみることは万人の夢であり、そのフィールドには異世界こそふさわしいと考えるのは当然のことだ。一九一〇年には、あの発明王**トーマス・エジソン**でさえプロデューサーとして『フランケンシュタイン』の映画化を手がけている。

映画の黎明期には比較的わかりやすいSFやホラーが量産され、一九二〇年代になるとドイツを中心に数々の大作や話題作が発表されるようになっていった。代表的なものとして、SF作品では空前の製作費のために制作会社があやうく倒産にまで追い込まれかけた『メトロポリス』（フリッツ・ラング監督、一九二七年）、ホラー作品の『吸血鬼ノスフェラトゥ』（F・W・ムルナウ監督、一九二二年）や『カリガリ博士』（ロベルト・ウィーネ監督、一九二〇年）などがある。

そして三〇年代に入ると『魔人ドラキュラ』（トッド・ブラウニング監督、一九三一年）のヒットを皮切りに、アメリカ映画がホラージャンルをドル箱市場につくり替えていく。もっともこれはあくまで映画分野だけのことで、スティーブン・キングの登場（↓236頁）によりホラー小説が一般に広く受け入れられるまでには、さらに四十年近い歳月を要した。ちなみに、ラヴクラフトが貧困のどん底で死を迎えねばならなかったのは、この怪奇映画ブームの最中のことだった。

一九三一年に公開された『フランケンシュタイン』は『魔人ドラキュラ』の二倍の興行成績を収め、どちらもシリーズ化されていった。以後数十年にわたり商業主義の原則に従って、ひっそりと闇に潜んでいた妖怪たちはシナリオという罠に捕獲されては、次々に銀幕のスクリーンに引きずり出されていった。

こうして姿のあやふやだった妖怪たちは、不気味な輪郭を纏って〝恐怖〟の人気者になると同時に、ただの怪物に成り下がってしまった。伝説のバンパイアや人造人間から始まり、狼人間、ミイラ男、透明人間、さらには宇宙怪人たちにまで〝犠牲者〟は広がっていった。

一九三三年に公開された『**キングコング**』（**メリアン・C・クーパー＆アーネスト・B・シュドサック監督**）は、図らずもこのことを色濃く示している。

孤島の森に住む神として原住民たちに恐れられていたキングコングは、科学で武装した白人に捕獲されてアメリカに送られてしまう。学術的研究のためなどではない。ただの見せ物として晒しものにされるためだ。森の守り神から見せ物小屋の怪物に貶められたコングは、やがて怒りを爆発させて脱走。夜のニューヨークを原始的な恐怖に陥れた。が、魔神コングの神通力もここまで。出撃した空軍の機銃掃射により全身を撃ち抜かれ、当時のアメリカ近代建築を象徴するエンパイア・ステートビルの最上階から落下して死んで行く。

アメリカ人のヒロインたちには神殺しの罪悪感など微塵もない。彼女らの心に沸き起こるのは、無垢な怪物のキングコングをアメリカに連れてきたために死なせてしまったことへ反省だけだ。これは、縁日ですくい取った金魚をコップに入れておいて死なせてしまった子どもの嘆きと同じ程度のもの。異国の神は、二〇世紀の歴史を動かしていくことになるアメリカという新しい国の、新しい信仰ともいうべき科学の前に徹底的に敗北した。

▼「ただの怪物」の安住の地

その後。『キングコング』の続編は制作された。日本にやって来て、ゴジラとも戦った。キングコングはアメリカンモンスターとしてすっかり定着し、六〇年代にはテレビアニメ化されて主人公である少年の、巨大で心優しい親友になってしまう。

　一九七六年にはロボトロニクス（機械仕掛け）を使って『キングコング』はリメイクされ、賛否両論の評価を受けた。その続編は八六年だというが、私はこちらは見ていない。二〇〇五年にはCGをふんだんに使ったアクション大作『**キング・コング**』として再びリメイクされて大ヒット。監督は『ロード・オブ・ザ・リング』の**ピーター・ジャクソン**だった。二〇一四年には『ゴジラ』のハリウッド版『**GODZILLA**』がメガヒット。この巨大怪獣のコンセプトを受け継いだようにして制作された『**キングコング　髑髏島の巨神**』は、二〇一七年度のメガヒット作品となった。そして『…髑髏島の巨神』のエンディングパートでは、GODZILLAやキングギドラの登場を匂わせるサービスカットが用意されていた（個人的な趣味で、私はとても期待している）。

　神々から悪霊へ、そして怪物へ。西欧文明の侵略によって、精霊たちは次第にその地位を転落させていった。映像文化もまたそれに拍車をかける道具になった。奈落に落ちた怪物たちは、より〝下賤な〟SFペーパーコミックや三文ホラー小説に登場し、好奇心の強い子どもたちの心に安住の地を見いだしていった。

　そうした子どもたちの中に、七〇年代以降の映像文化に革命をもたらすことになる少年期の**スティーブン・スピルバーグ**や**ジョージ・ルーカス**、**ジョン・カーペンター**や**ジェームス・キャメロン**、**ジョージ・A・ロメロ**などが含まれていたことはいうまでもない。下賤だがインパクトの強烈なそれらの作品が、新しい世代の心に新しい闇を育てていった。

デビュー作でいきなり高い評価を受けた**リドリー・スコット**を例外にすれば、彼らはおしなべて低予算のエンターテインメントであるB級SFやホラー作品で、映画界の門をたたいた。それらの作品は、深夜映画館やドライブ・イン・シアターなどで繰り返し上映され、じっくりと長年にわたって若い世代から絶賛を受け続けた。

二〇世紀後半になると、家庭に普及したテレビが大きな影響を及ぼすようになり、小説だけでは食べていけなかった一流のホラー作家や物好きなSF作家たちが**『ミステリーゾーン**（**原題はトワイライト・ゾーン**）**』**や**『アウター・リミッツ』**などのシナリオの執筆に参加するようになっていった。上質なコンセプトに裏打ちされた作品が家庭のブラウン管に映し出されるようになり、モダンファンタジーの楽しさを広く世に知らしめていった。

これらの事情が、七〇年代に入ってブレイクするオカルトブームからモダンホラーブームへの流れを築くための礎となっていく。

▼現代のオカルトブーム

ドイツからアメリカへ。そして第二次世界大戦後はイギリスへ。ホラー映画の中心地は時代とともに拠点を替えながら、地味なファンの支持を集めていった。

一九六〇年代に入ると、再びアメリカが台頭してくる。多重人格の異常心理による猟奇犯罪をテーマに描いたミステリーホラー小説『**サイコ**』が**ロバート・ブロック**によって書かれ、**アルフレッド・ヒッチコック**監督が映画化して記録的なヒットになった。動物パニックの走りとなる同じくヒッチコック監督の『**鳥**』はこの三年後の公開だ。

低コストのＢ級ＳＦ・ホラー作品が量産され、ドライブシアターやＴＶの深夜映画などで繰り返し放映されて、新しい映像世代の若者たちの間にゆっくりと浸透していった。

一方、巨匠監督による大作ホラーも登場してくる。悪魔の子を宿した平凡な女性の恐怖をテーマにした**ロマン・ポランスキー**監督の『**ローズマリーの赤ちゃん**』（一九六八年）は、やがて到来することになるオカルトブームの予兆を感じさせる作品だった。

そして一九七三年。**ウィリアム・フリードキン**監督による『**エクソシスト**』は、全米の映画館を恐怖の渦に巻き込んだ。これが空前のオカルトブームの始まりだった。

▼『エクソシスト』の衝撃

映画の衝撃で失神した観客たちを運ぶ救急車が病院と映画館を往復する様が、やや大袈裟に日本のニュース番組でも紹介された。おどろおどろしい内容とは裏腹の、妙に悲しげな美しいテーマサウンド「チューブラー・ベルズ」が強く印象に残った。話題が話題を呼んで、日本公開時でもこの種の映画としては異例の大ヒットになった。

貧しい高校生だった当時の私は、空手映画以外のロードショー映画を観ることなどなかった。興味はあったものの、わざわざ怪奇映画を劇場まで観に行く気にはなれなかった。映画を観てきて興奮気味にしゃべる友人たちから「たしかに怖いけど白人少女の〝お岩さん〟映画だったよ」と聞かされて、余計観る気が失せた。映画評論家といわれる人たちのコメントも、メーキャップや映画の怖さばかりを強調していた。

だから、**ウィリアム・ピーター・ブラッティ**が七一年に書いた原作小説を数年後に読んだ時、他人の話など信じるべきではなかったとつくづく後悔した。まだホームビデオなど存在さえしていない、〝オタク未開時代〟だった。数年遅れて、この作品がテレビ放映された時にようやく鑑賞できて、残念ながらあの後悔が正しかったことを知らされた。

映画は原作に忠実に、そのコンセプトをしっかりと踏襲して見事に映像化されていた。テーマサウンドも、これ以上は望めないほどに内容にふさわしいものだった。キリスト教文化圏の心優しい人たちが劇場でひっくり返ったのも存分に頷けた。

▼古代アッシリアの悪魔

物語の舞台は現代。映画の撮影のためにワシントンに来ていた高名な女優クリス・マックニールのひとり娘リーガンの周囲で、次々に怪現象が起こり始める。突然、揺れ出すベッド。謎の声。正気を疑うようなリーガンの奇妙な言動。やがて華やかなパーティ会場での彼女の失禁を機に、悪霊はあからさまにその力を振るい始めた。

部屋を凍りつかせ、手を触れずに家具を動かす激しいポルターガイスト現象を引き起こす。その顔は悪鬼の形相に変貌し、汚物を吐き散らしてキリストを冒瀆する淫蕩な言葉を叫び続けた。近代医学のあらゆる検査と治療を嘲笑するように、リーガンの症状は日に日に悪化していく。そしてリーガンにつき添っていた友人が悽惨な屍になって路上で発見された時、クリスは絶望のどん底で悪魔払いの儀式を教区のデイミアン・カラス神父に依頼する。

主人公は、悪魔に取り憑かれる哀れな少女リーガンではない。どちらかといえば、彼女は悪霊が取り憑くための依り代、すなわち〝道具（アイテム）〟だ。悪霊の目的はリーガンを苦しめることではなく、リーガンを苦しめることによって、大勢の人間たちの精神により強い苦痛を与えることだった。すなわち善良で無垢な少女リーガンは、悪霊によって彼女の家族とその近しい関係者たちに苦痛をもたらすための道具にされた。だからこの場合の悪霊の犠牲者は直接的にはリーガンだが、間接的にはリーガンの関係者全員になる。

「悪霊がなぜ人に取り憑くかは誰にもわからないが、私はそう考える」と、作中において語るのはエクソシスト（カトリック教会に正式に任命された悪魔払い師）のランケスター・メリン神父。彼は悪霊の正体が、古代アッシリアの悪魔パズズであると感じていたが、それを口には出さない。

ちなみにアッシリア王国は紀元前一八世紀から紀元前七世紀にかけて栄えた王朝。紀元前六〇六年に南バビロニアのカルデア軍に滅ぼされるが、その約二十年後、カルデア軍はユダ王国の首都エルサレムを陥落させている。この亡国によってユダヤ人は流浪の民となった。旧約聖書のヨブ記は、彼らのこの苦境の中で記されたものとされている。ヨブ記は艱難辛苦の中で家族や友人たちを次々に失い、救いを示さぬ神への嘆きを訴える主人公の話。作者が意識したかどうかは不明だが、これはそのまま『エクソシスト』のコンセプトに重なってくる。

▼エクソシストの〝神学〟

物語の中で心の真実に苦悩するのは、心理学者でもあるデイミアン・カラス神父。自らの修行のために、脳障害を患った母を孤独のうちに死なせてしまったことで、キリストへの信仰に自信を失いかけていた時に、この事件に巻き込まれていく。

悪魔の存在はおろか、神の存在さえ無意識に疑いはじめていたカラス神父は、自らの疑念に挑むべく、数々の憑依現象や超常現象に纏わる科学知識を駆使してリーガンの謎に立ち向かっていった。そのスタンスは、神父というよりも科学者のものだった。

カラスはリーガンのためよりも、むしろ自分自身のためにリーガンの調査を引き受けた。悪魔払いの儀式の遂行はともかく、あくまでその前段階の審問として。

リーガンの中に潜む〝何か〟は彼女自身が作り出した別の人格であり、超常現象は彼女自身の潜在能力であるのではないか、と彼は仮定した。悪魔が存在するなら神も実在する、という二元論に基づいて。もしこの仮定が誤りで、外から何らかの人格や能力がリーガンに憑依したものなら、それは悪魔の存在の証明であり、逆説的にカラスは再び神を信じられるようになる。すなわち、キリストへの完全な信仰を取り戻すことができる。

　リーガン＝悪魔と対峙したカラスは、言葉巧みに悪魔自身にその正体を語らせようとする。外から何らかのキャラクターが入り込んでいる証に、〝彼〟しか知り得ない知識を引き出そうとして。しかしそれは悪魔との対話であり、知らぬ間にカラス自身を、苦界の闇へと至る暗黒の道に誘うことになった。真実と虚偽を織り混ぜてカラスを翻弄する悪魔。日々、憔悴していくリーガンの肉体。万策尽きたカラスは、悪魔の存在を確信できぬまま、暗示療法のひとつと解釈して悪魔払いの儀式執行を決意する。

　カラスの依頼を受けて、大司教は悪魔払いの経験を持つ老神父ランケスター・メリンを派遣した。少なくとも三つ以上のパーソナリティがリーガンの心の中に認められると主張するカラスに対してメリンは、敵はただひとりであると断言する。そして悪霊と言葉を交してはならないと助言するメリンの言葉に、カラスはそれまでの経緯を思って動揺した。

　やがてメリンとカラスの二人の神父は、リーガンのいる二階へ。

　二人のエクソシストとリーガン＝悪魔の壮絶な戦いが始まった。大気を凍てつかせ、壁を裂いて怒りに絶叫する悪魔を前に、不動の信仰心で立ち向かうメリン神父。おびえつつもその指示に従うカラス神父。しかし長く続いた戦いの中で、メリンの老いた体は力尽きて死を迎えた。突然の死による戦線離脱に激怒した悪霊は、メリンの屍を侮蔑する言葉を吐きつけた。逆上したカラスはリーガンに摑みかかり、悪霊を罵りながら自分に憑依するように強要する。次の瞬間、悪霊の憑依を感じたカラスは自らの意志の力で窓から身を投げ、街路の階段に叩き付けられた。知らせを聞いて現場に駆けつけたダイアー神父は涙に震えながら、死にゆく友人に最後の懺悔を問う。その時、ダイアーは弱々しく彼の手を握り返したカラスの瞳に、歓喜と平和の光を認めた。

かくてリーガンに憑いていた悪霊は去り、信仰の中で二人の神父が死んだ……。

▼七〇年代オカルトブームの骨子

『エクソシスト』は絶対的な〝悪〟と人間の戦いを描いている。この物語に神は登場しない。神への信仰心が垣間見えるだけだ。平たくいえば、近代科学思想に精神を浸食されたデイミアン・カラス神父が、信仰を取り戻して死んでいくまでの物語。

悪霊との対決は、カラスにとって絶望的な戦いだった。カラスは、自分が助けようとしたリーガンがどのような少女だったのか最後まで知らない。それどころか、命を捨てて戦った悪霊の正体さえ知らない。神が彼らに与えた武器の聖書や聖水も、リーガンの肉体を傷つけるだけで悪霊を払う役には立たなかった。不動の信仰心で挑んだメリンさえ先に死んだ。しかもカラスは、精神的に依存していたメリンの死の瞬間に立ち会ってさえいない。最後にカラスの中に残ったものは、ひとりの人間として絶対悪を憎む激しい怒りだった。神への疑惑や、理性の駆け引きさえ焼き尽くす心の業火。

悪霊の誤算は、怒りに我を忘れてリーガンに摑みかかったカラスが信仰を放棄したものと判断したことだ。悪霊はカラスに憑依した。神を信じていた神父の籠絡は、無垢な少女を虜にするよりも悪魔にとっては魅力的だったのだろう。悪霊に憑依された時、当初のカラスの目的は達成された。これ以上ない確かな方法で、悪霊の存在が証明されたのだ。この瞬間にカラスは神父の精神に立ち返り、自己犠牲によって悪霊の意志を制した。

血みどろの戦いの中で奇跡を起こす存在は悪魔であり、人間だった。そして神の影は信仰の彼方に霞みみえるだけ、という図式が七〇年代オカルトブームの骨子となった。

作者のブラッティはこれ以降ホラー小説を書いていない。お笑いものの作家に転向したらしい。それでも映画『エクソシスト3』では自らメガホンを手に取ってはいた。ホラー映画としては血しぶきや怪物の姿に頼らぬ正当な秀作で、たしかに怖かったけど……。より観念的なシナリオが特色の『エクソシスト2』にも言えることだが、最初の作品とは別のものと考えれば、それなりに楽しめるのだが……。

▼オカルトからモダンホラーへ

その昔、この世界から神々は去り、人間と悪魔が残された。

そして古い神々の歴史を語る神話から信仰が生まれた。すでに姿を消した神は頼るに能《あた》わないが、それでも人は神に祈りを捧げた。信仰の本質とは神々への敬意であり、苦痛から逃れるための依存心ではない。祈りはその敬意にふさわしい自分になるための勇気を訴える意志だ。精霊の守護を

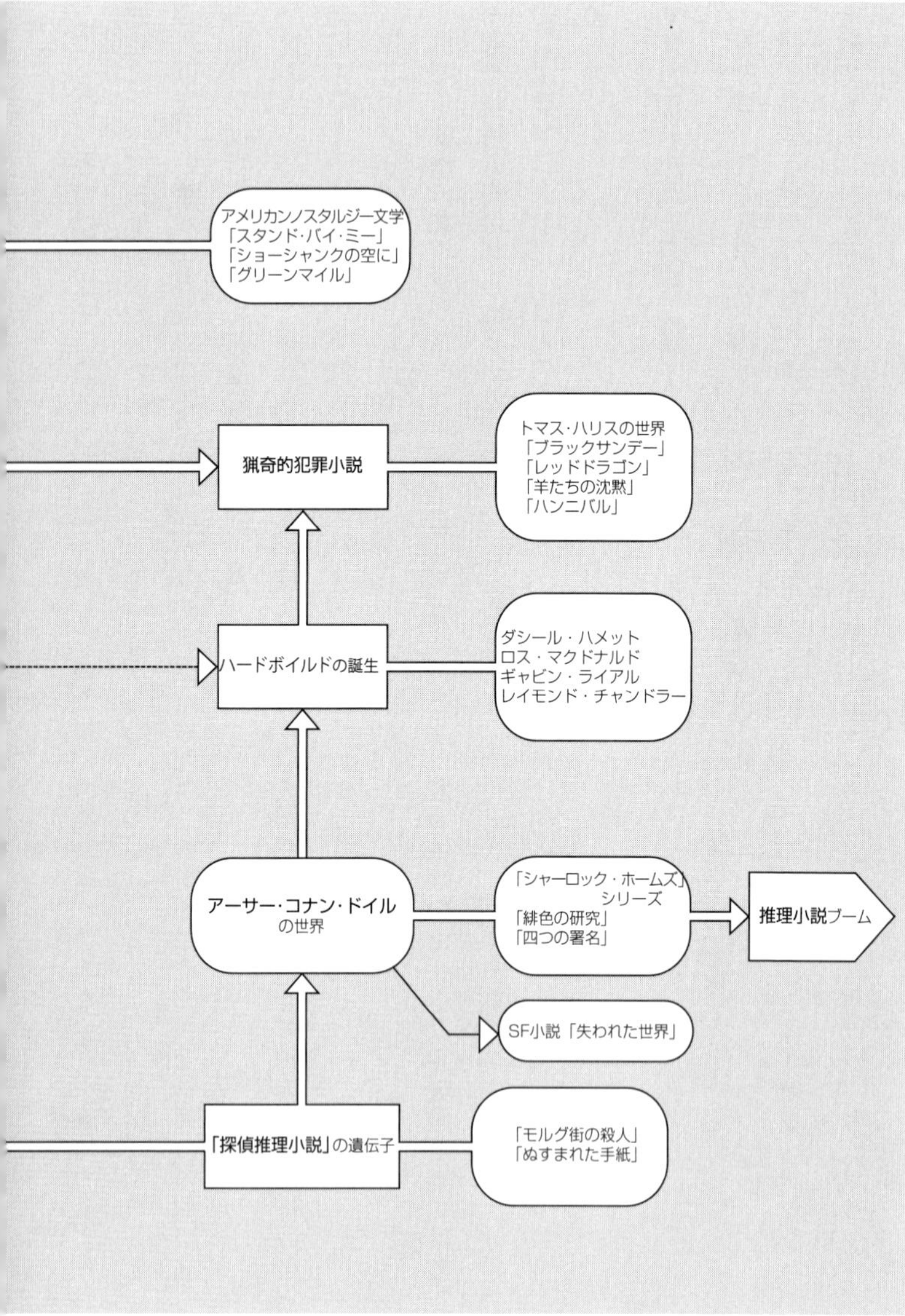

アメリカンノスタルジー文学
「スタンド・バイ・ミー」
「ショーシャンクの空に」
「グリーンマイル」
猟奇的犯罪小説
トマス・ハリスの世界
「ブラックサンデー」
「レッドドラゴン」
「羊たちの沈黙」
「ハンニバル」
ハードボイルドの誕生
ダシール・ハメット
ロス・マクドナルド
ギャビン・ライアル
レイモンド・チャンドラー
アーサー・コナン・ドイルの世界
「シャーロック・ホームズ」シリーズ
「緋色の研究」
「四つの署名」
推理小説ブーム
SF小説「失われた世界」
「探偵推理小説」の遺伝子
「モルグ街の殺人」
「ぬすまれた手紙」

モダンホラーの系譜

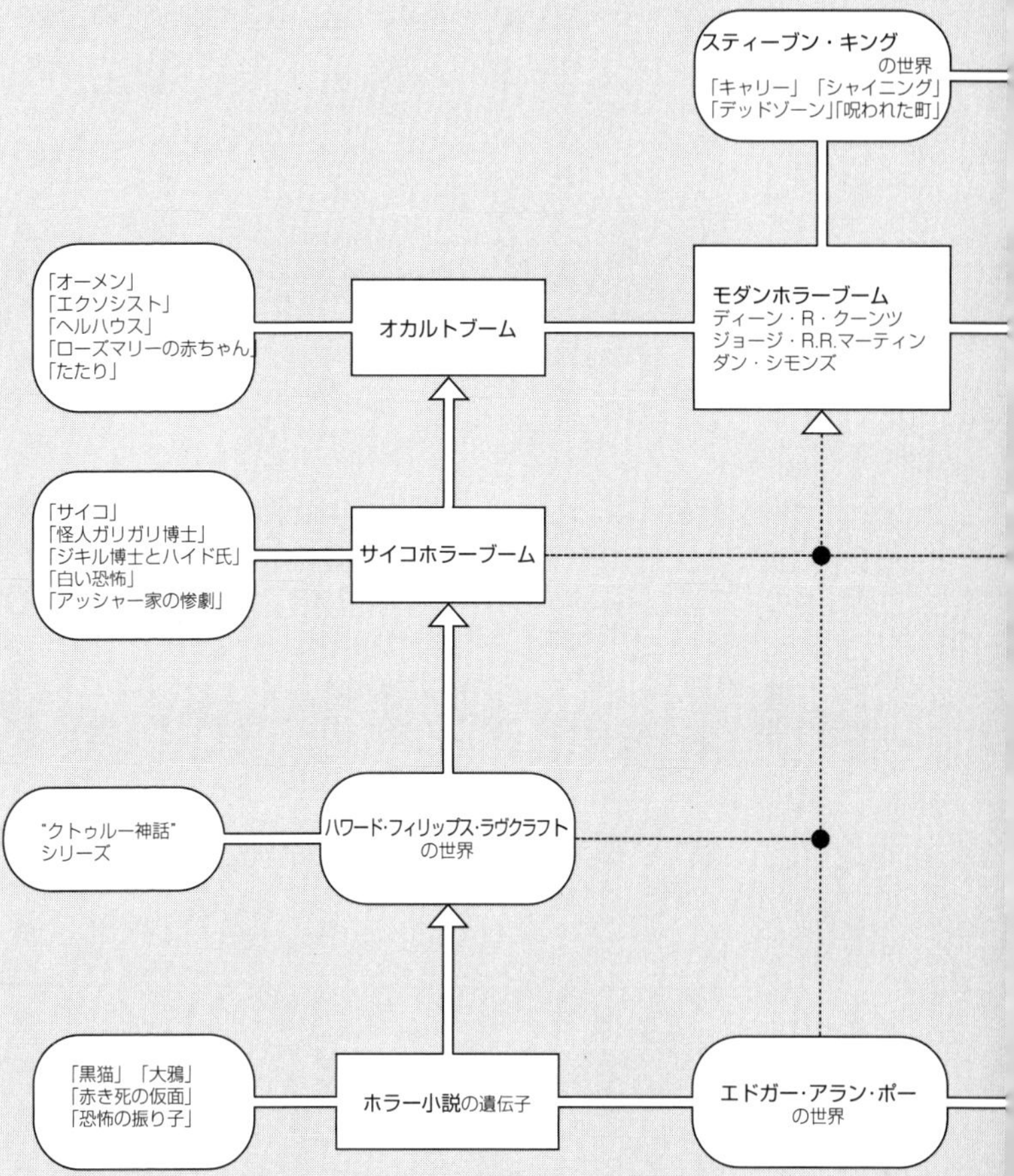

スティーブン・キング
の世界
「キャリー」「シャイニング」
「デッドゾーン」「呪われた町」
「オーメン」
「エクソシスト」
「ヘルハウス」
「ローズマリーの赤ちゃん」
「たたり」
オカルトブーム
モダンホラーブーム
ディーン・R・クーンツ
ジョージ・R.R.マーティン
ダン・シモンズ
「サイコ」
「怪人ガリガリ博士」
「ジキル博士とハイド氏」
「白い恐怖」
「アッシャー家の惨劇」
サイコホラーブーム
"クトゥルー神話"
シリーズ
ハワード・フィリップス・ラヴクラフト
の世界
「黒猫」「大鴉」
「赤き死の仮面」
「恐怖の振り子」
ホラー小説の遺伝子
エドガー・アラン・ポー
の世界

頼って勝利を求めるものは邪《よこしま》な術者にすぎない。悪に立ち向かう者は、胸を張って死んでいくために自らの強さを祈りに託す。

七〇年代中期において、アメリカを中心に巻き起こされた空前のホラーブームの核にはこの祈りのコンセプトがある。悪を打ち破るのはごく一般的な人間の正義を貫こうとする心であり、創造神の力の代行者ではない。神に祈りを捧げても頼ることはできず、だからこそ自力で苦難に立ち向かう人間たちの姿を、作家たちは盛んに描いていった。

頼るものは自らの信念と、家族や仲間たちとの強い絆。暗黒の恐怖の中で、光り輝く人と人との絆をリアルに描くことこそが七〇年代モダンホラー小説の特色となった。

その礎は『エクソシスト』によって構築され、**スティーブン・キング**の出現によって大きく発展した。ちなみに、**H・P・ラヴクラフト**のクトゥルー神話の再評価もこの頃から。この宇宙神話においても善神である創造主はこの世界から姿を消しており、残された邪神の悪意に翻弄される人間たちの恐怖をテーマにした作品群だったことはすでに語った(↓219頁)。

▼スティーブン・キングの位置

スティーブン・キングのデビュー作は『**キャリー**』。一九七四年に出版された。この時はまだ、ホラー小説というよりは青春残酷SFだった。狂信的な母親に育てられた孤独で薄幸の超能力少女キャリー・ホワイトの短い生涯を描いた物語。

舞台は一九七九年のアメリカの田舎町。母親の狂気と無知のために孤独を強いられてきた少女キャリーが、初潮を迎えたところから物語が始まる。股間からの突然の出血で恐怖に蹲るキャリー。彼女の無知をあざ笑う同級生たちと、反対に彼女に同情していく同級生たち。キャリーを挟んで、彼らの善意と悪意が交錯する。

そして心を開きかけたキャリーが誤解と憎悪から圧倒的な念動力を発現させた時、物語は町の破壊にとどまらない無残な結末へと展開していく。

キャリーがようやく築きかけた人と人とのささやかな心の絆と温かな灯火。しかし、それこそが死と破壊をもたらした悲劇の源となった。いじめられっ子でいたならば、何も起きず誰も死なずに済んだかもしれない。「どうして、そっとしておいてくれなかったの……」と、友人の心を読んで呟いたキャリーの最後の言葉は痛々しい。

アイデア的には決して新しいものではない。それでも『キャリー』はSFやホラーなどのジャンルを超えて読者に受け入れられた。コミニュケーション不全による悲劇と悲哀に彩られたこの物語は、野心的な新人のデビュー作にふさわしく、少なくとも七〇年代に書かれたキング作品を貫く叙情性の起点となっている。

『キャリー』は大ヒットしたが、キングが本格的なホラー作家の肩書きを獲得していくのはこれ以後の作品による。現代に復活した吸血鬼と町の人々との絶望的な戦いを描いた『**呪われた町**』、雪に閉ざされた山奥のホテルの管理人として雇われた小説家とその家族に襲いかかる悪霊たちとの戦いを描いた『**シャイニング**』、事故による長い昏睡状態から目覚めた時に超知覚能力（サイコ・メトリー）を身につけてしまった男の悲劇的な生涯を詩情豊かに描きあげた『**デッド・ゾーン**』など、七〇年代後半にかけてたて続けにメガヒットを放って、アメリカを代表する作家として不動の地位を獲得していった。

少なくともこのころのキング作品は、彼自身が自嘲気味に批評しているような「ハンバーガーやフライドポテトによく似た大衆向け商品」などでは断じてない。アメリカ文学や近代思想を語るうえで、絶対に考察から外すことはできない珠玉の物語だ。父と娘の心の絆を中心に描いた『**ファイアースターター**』などは、どう読んでもホラー作品ではない。

七〇年代、新人ながらベストセラー作家になってしまったキングは、出版社との契約で年に一本以上の作品を発表できなかった。モダンホラーという新しいジャンルの旗手と位置付けられていたため、強い拘束を受けていたのだろう。それでも創作意欲の強かったキングは、書きたいものを書いて寝かせておいた。そして、出版社との独占契約が終わった頃の八二年、キングは書き溜めていた中編作品のうちの四つを『Different Seasons』というタイトルで出版した。日本では『**恐怖の四季**』と翻訳された。四篇とも、ソフトホラー的なスパイスが効いた作品と言ってよいと思う。

その中に収録されていた作品の一つが〝秋〟の『**スタンド・バイ・ミー**』であり、〝春〟の『**刑務所のリタ・ヘイワーズ**（後に『**ショーシャンクの空に**』に改題）』だった。前者は一九八六年に、後者は一九九四年に映画化されて、どちらも、映画も小説も、今なお名作として知られている。

もっとも、日本では恐怖の四季・秋冬編『スタンド・バイ・ミー』と恐怖の四季・春夏編『ゴールデンボーイ』に分かれて文庫本として発売された。映画『ショーシャンクの空に』のヒット以降、表紙のタイトルは『ゴールデンボーイ』から『ショーシャンクの空に』に差し替えられた。

ひとつのジャンルをドル箱に変えた才能は、ホラー作品の領域を大きく広げた。

▼その後の展開

キングによって確立されたモダンホラーはドル箱ジャンルになり、その後に**ジョン・ソール**（『**暗い森の少女**』『**クリーチャー**』など）、**F・ポール・ウィルスン**（『**城塞**』『**マンハッタンの戦慄**』など）、女流作家の**アン・ライス**（『**夜明けのバンパイア**』＝原題『インタビュー・ウィズ・バンパイア』で映画化）などの、数多くのホラー作家たちを続かせることになった。

八〇年代になるとブームはさらに拍車がかかり、『**フィーバードリーム**』の**ジョージ・R・R・マーティン**や『**ウルフェン**』の**ホイットリー・ストリーバー**、SF作家からモダンホラー作家に転身した**ディーン・R・クーンツ**、かつての本家イギリスからは短編集の〝血の本〟シリーズで世界的に注目された**クライヴ・バーカー**などが登場してくる。

また日本における海外モダンホラーの伝来は、**スタンリー・キューブリック**監督の手で八一年に映像化された映画『**シャイニング**』のヒットによる。キングの作品が小説のヒットチャートに次々に登場するようになったのはこれ以降のことだった。

＊

一方、『エクソシスト』から始まった映像分野でのオカルトブームも七〇年代中ごろになると大きく様変わりしていった。かつてはマニア向けの低予算B級作品と見下されていた悽惨な血みどろ映画（スプラッタームービー）やホラー映画が、闊達な資金と急速な進歩を遂げた最新特撮技術で武装して次々に表舞台に飛び出してきた。

考えようによっては**スティーブン・スピルバーグ**監督の『**ジョーズ**』（七四年制作）もその類だったのかもしれないが、正当（？）なところでは『**悪魔のいけにえ**』（**トビー・フーパー**監督、七四年制作）、『**シーバース**』（**デヴィッド・クローネンバーグ**監督、七五年制作）、『**オーメン**』（**リチャード・ドナー**監督、七六年制作）、『**ハロウィン**』（**ジョン・カーペンター**監督、七八年制作）などがその代表例といっていい。残酷で、不気味で、センセーショナルな映像は、マニアの枠を超えて一般の映画ファンにまで広く注目されるようになった。

＊

過激な恐怖映像を見せることがホラー映画の主目的になり、モダンホラー小説においては人の絆を輝かせるための手段が恐怖シーンの描写になった。

目的としての恐怖と、手段としての恐怖。八〇年代に入るとこのふたつのベクトルは交錯して、映像と小説の両分野を変えていった。ホラー小説はビジュアルイメージを連想するような娯楽性を重視していき、すぐに映画化できるようなストーリー展開が主流となっていった。すでにモダンホラーの巨星といわれていたキング作品さえ、この洗礼から逃れることはできなかった。

同じ頃、ホラージャンルと再統合されつつあったSFでは、現実のコンピュータの進歩によってサイバーパンクの誕生を迎えることとなる。肉体とメカニズム、情報ネットワークと意識が融合する世界観の中で、人間の精神がどう変わっていくのかをテーマとするサイバーパンクは、ビジュアル化してきたSFを再び哲学的な思考実験の場に引き戻した(↓108頁)。

＊

時代とともに移り変わる人の心。それを知るための手段もまた、娯楽性を強化したホラーから文明批評を背景に纏うSFへとそのすそ野を広げてゆく。ジャンルやメディアを超えて映像と文学が、SFとホラーが融合しながら、新しい姿に進化していった。

PART Ⅲ
日本民俗の遺伝子

6 『千と千尋の神隠し』解析による〝応用〟講座

神々と妖怪の世界のつくり方

二〇〇一年の夏に公開されたジブリ作品の長編アニメ映画『千と千尋の神隠し』は、いわずと知れた宮崎駿監督作品。公開直後から圧倒的な支持を受け、同じ宮崎監督が九七年に製作した『もののけ姫』の観客動員数をわずか二カ月足らずで追い越し、その数日後には『タイタニック』の持つ日本記録も更新してしまった。

そしてこのブームの波紋は海外へと広がっていった。

二〇〇二年二月のベルリン国際映画祭（第52回）での金熊賞受賞後は、日本アカデミー賞から翌年のアメリカでの長編アニメ部門アカデミー賞受賞に至るまで、数多くのメダル獲得ラッシュを記録することになる。

▼宮崎民話の遺伝子

『**千と千尋の神隠し**』は原作・脚本も**宮崎駿**監督自身によるもの。支持層は子どもから大人まで幅広い。特にリピーターはOL層が多かった。子どもたちからの支持が思わしくなかった『**もののけ姫**』とは異なり、小中学生にも好評だった。

＊

八四年公開の劇場用長編アニメ作品『**風の谷のナウシカ**』では、文明が滅んだ一千年後の世界で、主人公のナウシカは「腐海」と巨大な虫のために死の縁に追いやられていた人類の救世主的存在となる。しかし同じ宮崎監督が漫画家として描いた原作コミックの最後でナウシカは、擬似的な存在とはいえ世界を浄化した後に再生の役目を担った「神」を殺してしまう。汚れた世界に生きる、汚れた体を持つひとりの人間として。

この原作コミックの終了とともに宮崎は『もののけ姫』のシナリオ執筆に入った。ナウシカの苛烈な〝生〟は、そのまま『もののけ姫』の「エボシ御前」に引き継がれた。

『もののけ姫』の舞台は戦国時代。生きることをテーマとしたこの物語は、死の呪いを受けた少年アシタカと「もののけ姫」と恐れられる山犬神の娘サンの複雑な絆を中心に展開していくが、もうひとつのテーマである神殺しの宿命を背負わされるのは「たたら場」を束ねるエボシ御前。人間が生きていくために、エボシは神々の中の神であるディダラボッチを殺してしまい、その代償に片腕を失う。そのために古い森は死滅。ディダラボッチの屍は新たな風となって、それまでとは異なる森の命の芽となった。

ナウシカとエボシによる神殺しは同じ類のもので、古い神からの独立宣言に等しい。そして自分たちが崇めてきた古い神を失った森の神々もまた、古い掟の拘束から解放された。やがて彼らは人間たちと新しい絆を結ぶことになるのだろう。あるものは信頼の絆、あるものは憎悪の絆にもなり得る。

主人公のアシタカとサンの絆の行方もその延長線上にある。異なる価値観をもつ者同士が相手を認め、自らの信念を譲らぬまま絆を深めていこうとする。

世紀末における神殺しの物語は、宮崎監督にとっておそらく重大なテーマだったと思う。予定調和の古い神を廃棄することで、自らにとっての新しい神話創造の基盤を構築した。

だから、自らの思いのすべてを作中で表現した『もののけ姫』に対してはあまり多くを語らなかった作者も、『千と千尋の神隠し』については公開前からさまざまなキャンペーンで、その内容とコンセプトを饒舌に語った。

自らのために磨き上げた神話を映像化した作品が『もののけ姫』なら、『千と千尋の神隠し』は大人が子どもたちのために築き上げた新しい〝民話〟だった。

▼物語の始まり

物語の舞台は現代。平成ニューファミリーを思わせる父親と母親とひとり娘の千尋が新しい町に引っ越してくるところから始まる。

意に染まぬ転校に不平をグチる千尋に対し、母親は突き放すようになだめる。父親はそんな千尋の態度など無視して、新居を目前に近道をしようと狭い山道に分け入って行く。フルタイム四駆のスポーツカーの乱暴な疾走をとがめる母親の声に耳を貸さず、森の奥に向かって父親はアクセルを踏みこんだ。やがて彼らの前に現われた、遺跡のように古びた門。そこから暗く細いトンネルが延々と続く。

このオープニングでの主人公は千尋ではなく、その両親のほうだ。そして千尋は両親の好奇心とわがままの被害者になる。今でのアニメのパターンなら話は逆。新しい街に引っ越してきて浮ついた気分の主人公の少年、または少女。主人公は旺盛な好奇心によって奇妙な建物を発見し、そこを通って不思議な世界に誘われてしまう。自らの常識を逸脱した行動が、健全な現実の社会や善良でやさしい両親に被害を及ぼしたことに気づいた子どもは、その責任をとるべく振る舞うことで成長をみせるというかんじの。

千尋の両親、特に父親はそんな昔のアニメの主人公キャラを彷彿とさせる。

彼らはそれなりに個性的な存在だ。それなりの良識を持ち、欲望には率直。ちっぽけな虚栄心と好奇心を秘め、誰にもわがままを戒められることなく育ち上がった平凡な中年。核家族の中で青年期を過ごしてきた今風の父親像と母親像の典型なのかもしれない。父親はいわゆる〝オタク〟や〝ヤンキー〟として柔らかくてぬるい自由な十代を過ごし、母親はブランド少女やOLとして多趣味で自己主張の強い若い時代を駆け抜けて結婚後に落ち着いて、結局は皆と同じような大人になっていったのだろう。

彼らは現代の社会人としては健全だ。規則を原則と考えてある程度の幅で尊守し、時には少しだけ逸脱する。四〇キロの制限速度の標識があれば、五〇キロ前後の速度域までは良識の範囲で容認する感覚をもつ。そして高度な情報社会で育まれたこの良識は、同じ時代を生きる者たちにとってコミュニケーションの要であり、地域限定の合理主義精神としては正しい。ただしあくまで、狭い範囲内での規則という範疇においては。

この良識を〝異世界〟に持ち込む時、異世界は彼らを拒絶するか、あるいは何らかのペナルティを与える。時には、致命的な報いさえ要求する。

かつては大人と子どもの世界の間には明確な境界があった。国家と国家、民族と民族の間にも同じような境界が存在していた。子どもは大人の世界に畏敬の念を抱き、大人は子どもの世界の不可解さに頭を悩ませて自らの過去を顧みたりした。異国へ赴き、異民族とふれ合おうとする時、好奇心とは裏腹にある種の恐怖に似た緊張を抱くものだった。

現在はこうした境界が灰色のゾーンになりつつある。あらかじめ情報で武装し、自分の価値観を基準に異文化への接触を目論む。理解しようとするよりも理解されることを求める。義務を果たすより権利を主張することのほうが個性的スタイルと考える。

これはひと昔前の子どもの感覚によく似ているが、千尋の両親はそうした不遜な世代の代表。ある程度は不思議な町の呪縛を受けていたのかもしれないが、無人の食べ物屋の店先に並べられた料理を勝手に食べてしまう。知らない誰かに叱られることを恐れる千尋を尻目に、二人は店の者が来たら金を払えばいいと言い放つ。千尋の制止にしても異世界への畏敬や謙虚さから出た発言ではない。両親よりも小さな世界に住んでいる彼女は不吉な予感を動機にしているだけだから、二人を止めようとする強い意志はない。それでもこの怖じ気によって両親の振舞いを無意識に嫌悪し、結果として千尋自身を救うことになった。

この原始的な怖じ気の本能こそ、失われた神話世界への道標になる。

▼不思議な街へ　規則と掟

人間の世界で子どもたちは社会に守られて成長する。しかし時として、ぬるま湯の秩序と十分過ぎる情報によって、精神の肥満児を作り上げてしまう場合がある。

個性の教育が社会の各方面から叫ばれるようになって久しいが、実際には逆に自由とわがままを履き違えたシステムが大手を振ってまかり通っている。

子どもたちが大人の世界に踏み込んで行こうとする時、彼らは努力によって自らのわがままと折り合っていかなければならなくなる。場合によっては大人が築き上げた枠組みを自らの力で、知恵と勇気と全身全霊の意志をもって打ち破らなくてはならない。

誰もが情報という鎧で武装している今日、新しい価値観との軽い接触だけでは驚かなくなっている。何らかの形で脅かされるような目にあって初めて真剣に考えるのだ。その時こそ個性の真偽が試される。対応の仕方によって、心のあり様は決まっていく。

無気力だった千尋は両親の安易な行動によって突然危機的状況に放り込まれ、生きてゆくために必死になる。皮肉にも人間が来てはいけない世界に住むことで、活力に満ちた人間らしさを取り戻していった。

代わって彼女が頼りにするのは、その地で知り合った怪人たちと、破れば死につながる残酷な掟。社会秩序と人間の権利を保障する規則とは異なり、不思議な町の掟は単純だが絶対的だ。だから千尋は掟のために強くならなければならない。

▼言霊の力

千尋が油屋での労働を望む限り、湯婆婆はその申し出を拒否できない。せいぜい脅かして諦めさせようとすることが限度らしい。ここで大切なものは言葉。千尋は心底から働きたいわけではない。湯婆婆が怖くても生きるために仕方がないからそう主張している。手段としての言葉。千尋の心根がどうであれ、その強い言葉に応じて契約が結ばれる。

現代社会では言葉よりも紙に書いた文章を重視しがちだ。特に欧米では口約束では法的根拠にならず、たいてい紙の契約書が約束合意の証になる。

人間が魂を悪魔に売り渡す契約の話は、中世ヨーロッパで盛んに語られた伝説だが、その源はヘブライ系商人たちの仕事上のしきたりによるものといわれている。魂を商品とした悪魔と人間の売買契約の手続きに契約書が登場してきた。

千尋が魔女と契約することになった形式は、魂を売り渡すケースに似ているが、実のところはまるで違う。油屋で働く約束の合意はすでに言葉の上で決まっていた。千尋と湯婆婆との契約書は労働契約の類になる。約束の代償として千尋の名を奪う魔法をかけた。湯婆婆の魔法によって「千尋」の中にもう一人の人格「千」が生まれた。

「千」はある意味で人間ではない。人間ではないから不思議な町の掟に適応できる。だから「千」の人格が強くなるほど「千尋」の時の記憶は薄れていく。豚になった両親を識別できないほどに。しかしそれでも、その不思議な町で生きるために千尋は二つの呪術を必要とした。言霊の力と契約書の魔法だ。

強い言葉は言霊であり、意志を宿す呪文。「呪い」というと何だかおどろおどろしいイメージが浮かんでくるが、「呪」という字を二つに分けると「兄＝優れたものを口＝口にする」の意になる。

密教思想の真理に導く簡易化された「真言」で、その源になる長句の呪文は、善法をして悪法を遮る力をもつとされる「陀羅尼」につながる。かなり大雑把にいうと、陀羅尼は正確に経文を読むこと。一字一句に深遠な「義趣」を蔵した言葉を口にすることで悪しき障害を除き、諸々の功徳を得るとされる。

▼西洋的錬金術とその源

東洋的な呪術が言葉によって命を吹き込まれるものとすれば、西洋的な呪術は〝もの〟によって起動するといっていい。ゲーム的ないい方をすれば「アイテム」だ。契約書もそうしたアイテムのひとつ。言葉よりも道具によって〝もの〟の姿を変えようとする。東洋の呪文は術者の強い精神に裏打ちされたもの。それとは異なり、魔術アイテムの場合はそれ自体が力を蔵している。アイテムさえ手に入れれば厳しい修行などしなくても目的を達成できることになる。この怠け者の理想こそ、錬金術の夢だ。

錬金術というと土くれを黄金に変える術のことのようなイメージを抱くことになるが、本来は〝もの〟の変化を司ろうとする技術であると同時に、自然界に存在する物質の本質と人の心との関わりを解き明かそうとする思想大系でもある。

土を黄金に変えることはその象徴的な到達点だが、その物質的な究極の目的は、ファンタジー小説などですっかり有名になってしまった「賢者の石」といわれるアイテムをつくり出すこと。賢者の石は土を黄金に変えるだけでなく、万病を直し、不老不死の命を約束するものとされていた。俗っぽく考えれば、どんな夢でも叶えてくれるドラゴンボールのようなものだ。

錬金術は英語で alchemy。al は冠詞で、chemy は変化を意味するもの。化学の英語である chemical の語源がこの chemy にあることは明らかだ。実際、錬金術は化学のみならず近代科学の礎として多大な影響を残した。近代科学が物理的な実験検証による証明に則って築き上げられたものなら、霊的要素を加味していく錬金術は、弁証的思考実験を受け入れる人文哲学的側面を持つ。

錬金術はヨーロッパのルネッサンス時代に流行し、魔女狩りの嵐が吹き荒れた一三世紀から一七世紀にかけては地下に潜って緩やかに衰退していった。

源は紀元前三〇〇〇年の古代エジプト文化圏だといわれる。「死者の書」やピラミッド内部の壁画に記された象形文字の言葉の中などに、永遠の命を求めた歴代エジプト王朝の情熱の深さをかいま見ることができる。自らの死体を保存しようとしたのも、いずれ完成すると信じた錬金術によって復活する姿を夢見た結果だった。

▼ギリシャや東洋では

やがてエジプトの衰退とともに、秘術は古代ギリシャやイスラム文化圏に受け継がれていった。世界を構成する火・水・空気・土の四つの各要素が条件次第で別のものに置き換わるはずであると主張したアリストテレスや、不滅の霊魂と肉体の二元論によって万物の姿が決定されるとするイデア論を提唱したプラトンなど、多くの哲学者たちが示した物質の変化と流動する世界観を受け入れて、錬金術の理想は更に発展していく。

ほぼ同じころ、東洋でも老子を祖とする道教の思想をもとに、不老不死を求める神仙思想や陰陽五行の世界観で構築された陰陽道が大衆に広く支持されていた。

神仙術のひとつの煉丹術が目指すのは丹薬の製造。丹薬は不老長寿の妙薬とされ、さしずめ東洋版「賢者の石」といったところだ。もっとも水銀と他の金属粉を混ぜただけの怪しげな贋の丹薬が時の権力者たちに愛好され、そのために水銀中毒で早死にした皇族たちが意外な程数多くいたことが後世で明らかになった。洋の東西を問わず、永遠の命はどの時代の権力者にも理想のようだ。

また陰陽五行とは、一切の万物は陰と陽の二つの〝気〟のバランスによって成り立つとする思想で、その要素は火・水・木・金・土の五つ。火と木は陽、水と金は陰になり、土はその中間に位置する物質とされる。これらを厳しい修行によって十分に理解し、自在に操ることで森羅万象を手に入れて宇宙の真理に迫ろうとするものだった。

非常に大ざっぱな解説だが、こうした東洋の神仙・陰陽道にみられる物質観や目的は、西洋の錬金術に語られるものと非常に良く似ている。

洋の東西を問わず、人は古代より物質と精神の本質を探り、それらの征服を求めてきたということなのだろう。そしてそれらの究極の目的が永遠の若さにあるという俗っぽい滑稽な結末は、いかにも陰の文化の人間臭い側面を物語っている。

▼「湯婆婆」の謎〜ジプシー文化

ガチャポン戦士のような二頭身キャラであることを除けば、油屋の湯婆婆の容姿は西洋の魔女だ。皺だらけの顔に大きな目と大きな鷲鼻。暗い色のロングドレスや身につけている大粒の宝石などのきらびやかな装飾品もまたその証し。そして彼女が座る部屋の中には、中東文化の匂う調度品の数々。これらは流浪の民・ジプシーの姿を思わせる。

*

ジプシーは英語で Gypsy。エジプト人(Egyptian)が訛ったものといわれるが、元は四千五百年以上前に西インドから流れていった民だという。現代の考古学をもってしても解明できない謎の多いインダス文明を築いたドリビア人の血を引きながら、近接するエジプトの名を流用していたところを考えると、彼らは難民として暫くエジプト王朝に受け入れられていたのかもしれない。その知識を嘱望されて……。

ジプシーは小集団に分かれ、定住する土地をもたずに生涯を旅空の下で暮らす。そのためにどこへ行っても、その土地の現金に換金できるように宝石や貴金属を持ち歩いている。そして各地に伝えられた薬草や数理術をはじめとする自然界のさまざまな知識や異文化を、生活のために吸収していった。

数千年にわたり、ジプシーが国境に拘束されずに自由に世界中を行き来し、独特のネットワークを構築していたことは想像に難くない。特に十字軍の遠征期では、ローマ教会側がヨーロッパから中東にかけてジプシーの行動を制約しなかった見返りに、彼らを情報源として利用した。いやむしろ、積極的に彼らの放浪を支援していたのかもしれない。アジアに端を発した彼らの流浪の足跡が、キリスト教とイスラム教文化圏に数多く残されている理由も、そのあたりにあるようだ。

▼漂白の民への蔑み

かつては日本においても、ジプシーのように特定の居住地をもたずに自由な流浪の旅をして暮らす者たちがいた。芸事や職能にすぐれ、異国の知識をもつ彼らは古来より自由に国境を越えて行き来し、秘密結社のように朝廷や武家の力も届かぬ奇妙なネットワークを形成していたといわれる。

古くは宗教的結束によって「同胞衆」とも呼ばれていた。「まつろわぬ（従わぬ）者たち」とされた漂泊の民だった彼らは、さまざまな権力者から協力を求められ、乱世の戦国期には多くの大名たちが彼らの情報網を頼りにしていたという。

やがて江戸時代になると、彼らは逆に権力者側から疎まれ、士農工商の身分制度からはじき出されて歴史の陰の中に葬られていった。ちなみに、**隆慶一郎**の伝奇小説『**吉原御免状**』や『**影武者徳川家康**』は、彼ら一族を主人公に据えた物語だった。

同じことが、中世ヨーロッパでも起こっていたと思う。

一二世紀頃になると、ジプシーたちを包むヨーロッパの事情も様変わりしていく。外側の世界への布教活動によって大きくなったキリスト教各会派では、その宗教上の解釈をめぐって血なまぐさい内部抗争が起こってきた。

三世紀ごろ、神秘的な異教のグノーシス主義さえ受け入れたほど柔軟だったかつてのキリスト教会のスタンスは、政治権力の中枢を宗教思想家たちが担うことで神の理想から大きく逸脱していく。異教徒どころか同門の信者たちに対しても、意に従わぬとあれば残虐な弾圧を加えていった。

公権力による拷問や殺人が人々を恐怖に陥れた。後に魔女狩りの呼び水になった異端審問は、この世の地獄絵であったという。疑惑は不信感を呼び、審問の場はあらゆる拷問の実験場になっていった。

そして権力側に有益な情報をもたらしていたジプシーたちに対して、庶民からは密告者を見る蔑みの視線が向けられるようになっていった。ある時は土地の有力者に乞われて不思議な知識や医療技術を披露して重宝がられる反面、ある時は怪しげな魔術を使う異端者として追いたてられた。折悪くペストがヨーロッパ全土で流行してくると、各地に伝染病を撒き散らす悪しき一族という偏見を受けて迫害されもした。

自由を求めたために異能の力を身につけなければならず、その異能ゆえに一般社会の民衆から恐れられ、忌み嫌われた。子どもの童話などで描かれる怖い魔女のイメージは、こうした悲劇的なジプシーの女呪術師に由来するところが大きい。

▼永遠の時を自由にさすらう

話は大分それてしまったが、さて、再び「油屋の湯婆婆」について。

湯婆婆は魔女である。やがては「河の主」になる龍さえ操ることができる力を持った魔王のようなオババだ。彼女はどういうわけか日本にやって来て、その地の掟を守りつつ巧みに支配した。土地の神々と戦って不思議な町を勝ち取ったのではない。逆に八百万の神々を客としてもてなすことで、その地の妖怪たちを支配してしまった。

だから湯婆婆は巫女でもある。いろいろな神々の声を聞き、その望みを叶えてやる。放浪の民ならば、世界中のどこに行ってもその地の神々と上手くつき合わねばならない。そして強い魔力と適応力を持つ湯婆婆には、容易にそれができたのだろう。

古来、日本の神々は特定の場所に住んでいるわけではないといわれる。神々は、時々その地に訪れてくるお客様なのだそうだ。神社は神々の住居ではなく、人間が神々を招くために築いた客間らしい。神主は常に客間を清浄に管理する役割を担い、代理としてさまざまな神事をつかさどる。神楽や祭りは神々が社に降臨したことを庶民が祝う賑やかな儀式なのだ。

その意味では、油屋にやってくる神々もまたジプシーたちと同様に、仰々しい神話による権威の格づけを拒否して、永遠の時を自由にさすらう旅人なのかもしれない。

▼神さまと妖怪の処遇

日本においては、古来より神々と妖怪に大きな違いはない。どちらも姿形どころか、意思や神（人）格さえない通り過ぎる〝風〟のような、あるいはその場所を包み込む雰囲気そのものの存在とされていた。人や動物たちの心やその思いによって何らかのキャラクターを獲得し、神話や民話によって空想の姿形を持つようになっていった。

油屋では、神々だけが客として招かれるようだ。仮面妖怪とオクサレさまをサンプルにすればわかりやすい。仮面妖怪のような妖怪たちだと、いくら当人が望んでいても招かれていないので誰かに導かれなければ油屋の中には入れなかった。一方、神々ならオクサレさまなどの嫌われ神（もの）でも、入浴を望まれれば入れないわけにはいかない。

どうやらそれが油屋のある不思議な町の規則らしい。

油屋の湯につかりに来るのは庶民的な神々が多かったが、一般に広く知られているのは古い神話に登場してくる神々だ。そして高名な神々と、忌み嫌われる妖怪や悪霊たち、さらに名もない神々との間には深くて暗い因縁の絆がある。

▼記紀の神々の名

日本の天地創造を物語る神話は『**古事記**』と『**日本書紀**』。

ともに奈良時代の初期に（前者は西暦七一二年、後者は同七二〇年）に公にされた。内容はほぼ同じものでも、なぜか神々の名が違う。一般には皇族のために記されたものが『古事記』で、皇族以外の豪族や他国に対して、大和朝廷が権威の正当性を紹介するために記されたものが『日本書紀』とされている。神々の名が異なるのはこの事情によるものだ。

日本を創世した神々の直系子孫に当たる皇族がその名を呼ぶ場合と、有力な地方豪族でも人の子にすぎない一般庶民が名を口にする場合で、あえて変えておいたのだろう。

また、威厳と力を誇るひとりの神が複数の名を持つのはよくあることだ。天地創造に携わった伊弉諾（いざなぎ）・伊弉冉（いざなみ）の間に生まれた最初の子である蛭子（ひるこ）神が七福神の恵比寿様になったり、インドの三大神のひとりであるシヴァ神が浅草・雷門では帝釈天と呼ばれているようなものだ。

あるいは皇族側は、創世神たちの本当の名を公にはしたくなかったのかもしれない。実は『古事記』と『日本書紀』の両方とも本当の神の名ではなく、それ以前にあったとされる幻の書『帝紀』と『旧辞』にこそ本当の名が記されていたとすれば、どうだろうか。言霊を信じる古代の社会では、神の名を口にすることで祈りは聞き届けられ、呪術は成就する。強大な力を持つ神々の本当の名を伏せておけば、その力を他の者たちが徴用することはできない。強い呪術を一族で独占するためには有効な手だてだった。神々の名を知りそれを口にすること、または記すことは古代社会ではそれほど重要なことだった。

呪術は、心の中にある思いだけで決まるのではなく、誰が誰の名のもとに何を訴えるのかを明示して、はじめて発動するプログラムのようなもの。名を伏せること、または名を奪うことは、自分の記憶にアクセスするキーワードを勝手に変更して本人には教えないでおくことと同じだ。千尋やハクが湯婆婆に名を奪われたことは、自分の過去へアクセスするキーワードだった本名を失ってしまったようなものだった……。

▼「鬼」の正体

とまあ、あまり根拠のない憶測はさておき、かつては実体を持たなかったという古代の創世神たちや国造りに貢献した仰々しい神々は『古事記』や『日本書紀』によって擬人化され、それなりの姿形と複数の名を威厳と共に獲得した。そして大和朝廷に敵対した各地の土着の古い神々や豪族は、悪霊や鬼の地位に貶められてしまう。

戦う前は強大な精霊どうしでも、その後の勝敗によって神と悪霊に位分けをされてしまった。「勝てば官軍、負ければ賊軍」の理は、神話の時代からすでに決められていた原理だった。当然、負けた神を奉じていた一族も新しい神に従わなければ「鬼」として扱われてしまう。ちなみに当時の「鬼」とは死霊や悪霊のこと。

「鬼」という字は「思」に似ている。人の強い「思い」が変じて生まれた魔物を指す意味だ。死を目前にした人間の思いが、ある時は生への執着を求め、ある時は強い憎悪から生者への復讐を願う。

そんな呪詛の念が凝り固まって生まれたものが鬼になる。

「鬼」の生まれは古代中国といわれる。虎皮のパンツを履く角のはえた屈強な地獄の番人を連想させる怪物的な鬼のイメージは、後世につくり上げられたもので、はじめはむしろ幽霊のようなものに近かったようだ。香港のホラー映画に出てくる「キョンシー」のほうが、よほど鬼本来の姿に近い。映画の中で正しい「キョンシー」は陰陽道師に操られている。

日本でも術者がいろいろな鬼を使役していたという話は数多く残っている。修験道の開祖である役小角（役行者・えんのぎょうじゃ）は前鬼・後鬼と呼ばれる二匹の鬼をいつも連れていたという し、歴史上もっとも有名な陰陽師の安倍晴明は、十二匹の鬼を自在に操っていたとされてきた。そして地獄の鬼たちもまた、役人として閻魔大王に仕えている。

思えば鬼も哀れだ。生前の妄執ゆえに、死後も術者に隷属しなければならない。鬼たちが自らの心の内で燃え燻る誰かへの怨念や何かへの執念を捨てれば、彼らは魂の拘束から解放される。もとが人間である者ならおそらく成仏するということになるのだろうが、強烈な執念や恨みが凝り固まってできた鬼、または人間の心が生み出した鬼の場合は、そうスッキリとはいかない。

妄執が消えても、何らかの理由で成仏を拒否して人間界に留まる霊魂の場合も恐らく同様。彼らは鬼から妖怪に生まれ変わるのだろう。

▼河童という妖怪

怨霊や鬼と妖怪たちの決定的な違いもここにある。

家を守る良い妖怪といわれる「ざしきわらし」は子どもの妖怪だが、その源は飢餓などで間引かれて死んだ子どもの霊だという。もし「ざしきわらし」が怨念を背負っていたなら、子どもの悪霊になってしまう。少なくとも家を守護する妖怪になれるはずはない。

河の童（わらべ）と書く「河童」は中国からやって来た妖怪といわれるが、別の説では、川で間引かれた子どもの霊が姿を変えたものともされている。同じ姿形でよく似たキャラクターの河童伝説が日本全国で語られているところをみると、後者の説のほうに説得力があるように思う（ちなみに、中国の妖怪「水虎」は河童と同じ扱いをされている）。

河童には良い奴と悪い奴がいる。良い河童は人を助けたり、子どもたちと遊びたがり、悪い河童はものを盗んだり、生き肝を抜き取って人馬を殺したりもする。悪い河童が悪さをするのは、そいつ自身が悪い奴だからで、河童になる前の間引かれた時の恨みをはらそうとしての行為ではない。悪い妖怪は、妖怪になった後に悪い奴になったのだ、きっと。そのあたりの都合は、生まれた後に環境によって悪党になる人間と一緒。

良い妖怪は人間と共存し、時には守り神として丁重に扱われたりする。怨霊・鬼から妖怪へ、そしてついに神の頂きへ。人間たちとの関わりの中で精霊たちもまたさまざまに姿形やその有様を変えていく。ただし、この怨霊を守り神に変えるのは呪術師ではない。死んでしまった子どもたちを哀れみ、その魂を祠や家に導こうとする庶民の心だ。可哀想な霊への優しさというよりは、生き残った者たちの自責の念なのだろうけれど。

▼妖怪カオナシと〝食人鬼〟〜『雨月物語・青頭巾』

仮面の妖怪、すなわち「カオナシ」は、いかにも今風のキャラクターだ。

他者とのコミュニケーションが上手くとれないために孤独で、それでも誰かとの触れ合いを求めていた。橋の上に佇んでいたカオナシは自分に挨拶してくれた「千」の後を追って油屋の敷地に入り込み、青ガエルを食べた。青ガエルを食べることでその心と記憶を奪い、他者とコミュニケーションができるようになった。

カオナシが求めたものは、自分を気遣ってくれる誰かの心だ。

雪だるまのように欲望を肥大化させたカオナシは「千」のために懸命に料理を勧め、砂金を作り出すが、「千」の関心は傷ついたハクのことでいっぱいだった。

自分に心を開こうとしない「千」に業を煮やしたカオナシは、彼女を食べてその心を自分のものにしようとする。仮に「千」がカオナシに少し優しく接しても、人の心に限りがある。結局最後には、欲望の雪だるまをさらに肥大化させたカオナシによって、やはり食べられてしまう運命だったのだろう。

だからもしカオナシが望み通り「千」を食べてしまったとしても、カオナシは後悔や反省などしない。「千」の心と思い出を身につけてますます醜く膨れ上がりし、心を開いてくれそうな次の獲物を求めるだけだ。

妖怪カオナシの哀れさと恐ろしさは、ここにある。

思えば伝説で語られる妖怪と呼ばれる類のものは、どれも似たような哀れさと恐ろしさを併せもつ存在なのかもしれない。江戸時代に**上田秋成**が記した怪奇短編集『**雨月物語**』の一編『**青頭巾**』は、食人鬼の恐ろしさと悲しさをうたいあげた物語だった。

山寺に住んでいた阿闍梨は、可愛がっていた童子の突然の病死を悲しむあまり、その腐肉を骨まで食べてしまう。以来、阿闍梨は食人鬼と化して夜な夜な屍を求めて村の墓を彷徨い歩くようになった。徳の高い旅の僧がおびえる村人たちからこの話を聞き、双方を哀れんで、食人鬼の僧侶を諭しに山へ向かう。

旅の僧を食おうとした食人鬼は、朝になると我に返って救いを求めた。旅の僧は仏心を蔵する二句の証道歌と青頭巾を授けて立ち去った。

一年後、再びその地を訪れた旅の僧は、影のように痩せさらばえた体で二句の証道歌を細々と唱え続けている、変わり果てた食人鬼の姿を見る。旅の僧がその頭を杖でうつと、食人鬼は青頭巾と骨を残して、その執念とともに灰塵に帰してしまった……。

この物語の中で阿闍梨は、愛しさゆえに童子の亡骸を食べてしまい、その妄執が祟って生きながら食人鬼になってしまった。食人鬼の童子への歪んだ愛情は、人肉嗜好のきっかけにすぎない。永遠に満たされぬ飢え。この欲望こそが食人鬼の本質であり、童子への愛情は阿闍梨の人格消滅とともに消えてしまっている。

カオナシは食人鬼によく似ている。満たされることのない自らの心の空虚を、他人の心と記憶で、あるいは酒と料理で埋め尽くそうとした。だから心の飢えに気づいてしまったカオナシは、「千」のやさしい心が飢えを満たす最高の肉になるものと結論づけた。「千」を食べてしまえば、孤独で哀れな妖怪だったカオナシは、恐ろしい食人鬼に生まれ変わることができた。

もし「千」に罪があるとすれば、カオナシを油屋の中に導いたことではなく、カオナシに心の飢えを気づかせてしまったことのほうだったのかもしれない。

▼東洋の呪術と西洋魔法

ところで、銭婆について。

湯婆婆と銭婆は双子の魔女。しかも犬猿の仲だ。

人間や妖怪を別のものに変えてしまう術は西洋的な魔法でも同じもののようだが、銭婆の紙人形を式神として使う呪術は東洋的なもの。紙に呪力を込めることは、日本だけでなく東洋では広く用いられている。経文や神仏の名を記した守り札などもその一例だ。特に人や動物の姿に刻んだ紙人形（式人形）や札に術をかけて神霊を宿らせ、生き物のように自在に操ろうとする式神使いの術は陰陽道のもの。歌に合わせて人形を操る遊芸の傀儡師が、平安時代以降に庶民文化の中に登場してくるのも、陰陽道の影響によるといわれる。

「紙」は「神」に通じる。高度な技術と職人芸によって作り出される当時の紙は貴重なハイテク製品であり、呪術の道具としても重く用いられた。式神とはこうして作られた式紙に、姿形はおろか魂の形態さえもたぬ神霊が憑依したものと考えてよい。安倍晴明が宿敵だった芦屋道満の呪術を破るために使ったとされる白鷺の式神は紙の鳥であったというが、銭婆がハクを空中から追い落とした紙人形の群れも同じようなもの。銭婆は東洋的な陰陽の呪術と同じものを使う。

一方の湯婆婆は西洋的な契約書によって名を奪い、相手を思い通りに操ろうとした。契約書は自由をしばる傀儡の術だ。ハクと千尋は名を奪われ、自由を奪われた契約者だった。千尋は「千」という名を貰うが、ハクを助けたい一心から心の奥で眠っていた記憶を目覚めさせてしまった。千尋と「千」の心がひとつになろうとしはじめたその時、東洋呪術と西洋呪術が引き合い反目し合ってきた双子の魔女の因縁にも、何らかの変化があらわれようとしていた。

▼静かな終盤

千尋のいた不思議な町を包む世界は鮮明になり、物語はいよいよ終盤に向かっている。中盤までの展開が不思議な町に迷い込んだ千尋のドタバタ奮戦記とするなら、終盤は詩情豊かに描かれた静かな時間の描写になる。

動と静。海の上の不思議な町と、「沼の底」駅の森。そしてこのふたつの異界に住む双子の魔女の間に淀む諍いと絆。それがどれほど深い複雑な溝であるのかは知る由もないが、銭婆も噂通りに湯婆婆と同様の怖い魔女のはず。気にいらない相手なら殺して食べてしまうぐらいには。実際、銭婆はハクを殺そうとした。その銭婆が覚悟を決めてきた「千」を温かく迎え、居られる場所を失ったカオナシを救い、魔女の契約印を盗み出したハクを許した。

双子の魔女が支配するふたつの異界とふたつの心を結んでいるのは、どこから来てどこに行くのかわからない一方通行の奇妙な電車。雨が降ると現われる海の上に敷かれた軌道の上を静かに走り去って行く。そして光と影の遠い風景と幽霊のような乗客たち。

「千」が乗った電車を見て誰もが連想するイメージは**宮沢賢治**の『**銀河鉄道の夜**』だ。

▼『銀河鉄道の夜』

ケンタウル祭り（銀河祭り）の夜、星の好きで孤独ないじめられっ子のジョバンニは、友達になりたいと思っていた同級生のカムパネルラとともに銀河鉄道に乗って幻想銀河の宇宙へ旅立っていく夢を見る。

乗り合わせる乗客は死者たち。タイタニック号とおぼしき海難事故で死んだ兄弟もいた。列車の赴くさまざまなところでさまざまな人々と出会い、さまざまな経験をして、最後に二人は「みんなのほんたうのさいはひ（本当の幸い）」を捜すために、ずっと一緒に旅を続けようと約束するが、直後にカムパネルラは消えてしまう。驚いたジョバンニが夢から覚めると、カムパネルラが友人を助けようとして水死したことを知らされる……。

宮沢賢治は、原稿用紙で八十三枚のこの物語を十年にも及ぶ歳月をかけて手を加え続け、未完のまま昭和八年九月に三十七歳の若さで薄幸の生涯を閉じた。結核だった。

バラバラだった『銀河鉄道の夜』の原稿は、彼の死後に編集者の手でまとめ上げられて世に送り出され、児童文学の金字塔的作品になった。ただし複数の編集者たちによる構成に対しては、各方面からさまざまな声が寄せられており、また謎の多いこの作品解釈上の文学論争も加わって、今もなお議論の余地を存分に残している。

存命中はまったく認められなかった宮沢賢治の多数の詩と童話作品はその死後に高い評価を受け、現在では日本文学の最高峰に位置する童話作家として世界的に認知されていることはいうまでもない。根強い仏教思想を底流にもちながらも、その作品群には難解な専門用語による恫喝や抹香臭い教訓色はまったく感じられない。

もっとも根源的なところで輝きながら、語り合い、殺し合い、血を流し合い、疑問を抱き、そして理解し合おうとして花のように咲き乱れるあらゆる命たちの宴。そこにはどんぐりたちの裁判をうまくまとめてやろうとする猫がいたり、お化けたちの宴会があり、熊を殺す猟師と返り討ちにして涙する熊がいる。

山や草木が笑い、虹が嘆く。神様がいて、妖怪がいて、楽器を奏でる動物たちがいて、もちろん普通の大人に子どもも善人も悪人がいる。どの物語でも作中の住人たちは懸命に生きようとすることで何かを得て、時には何かを失ってしまう。

そんな宮沢作品の中でも『銀河鉄道の夜』は異色の存在だった。

完璧を追求したその文学性が宮沢自身を苦しめ、ついに未完のまま他界することとなってしまった。他の作品のひとつひとつが宮沢賢治の心を描き出すためのモザイクタイルの一片なら、『銀河鉄道の夜』はその心の領域を押し広げていく輪郭そのものだ。精神の奥底への追求を続けるかぎり、鉄道を誘う軌道は無限の彼方に伸びていく。作者の死後も、列車は今なお走り続けているということなのだろう。両腕を失って不完全なかたちになってしまったからこそミロのビーナスが永遠で完璧な美を人々の心に訴えかけられるように、未完であるからこそ『銀河鉄道の夜』もまた宮沢文学の集大成になった。多くの研究者を引きつけてやまぬ魅力の源泉はそこにある。

▼カオナシ＝ジョバンニ／千＝カムパネルラ

「千」の乗った電車に銀河鉄道の物語を当てはめてみると、主人公のジョバンニは妖怪カオナシになる。カオナシは孤独で寂しがり屋。誰かとの接触を求めながら、口をきくことさえ出来ない。ジョバンニも家庭の事情から孤独を強いられた少年だった。ジョバンニは父親を慕っているが、その父親は異国で何らかの刑に服しているらしく、家にはいない。母親は病弱で、家計を助けるためにジョバンニは印刷工場で働いたり、新聞配達をしたりもしていた。

そんなジョバンニを同級生たちは冷たく笑う。物語のオープニングになる授業中、天の川について問う先生に向かってみんなと一緒にジョバンニも手を上げるが、ジョバンニは指名されると、知っているのに何も答えられなくなってしまう。すると仲間たちが蔑む。

優等生で級長のカムパネルラは蔑まない。同級生たちが心ない言葉でジョバンニを傷つけているその場にいても、カムパネルラはあざ笑ったりしない。以前は父親どうしが知り合いだったこともあり、ジョバンニとカムパネルラとの間に交流があったようだ。別にカムパネルラがジョバンニに優しい言葉をかけたわけではないが、それでもジョバンニはカムパネルラと以前のような友達になりたいと思っている。

カムパネルラは「千」だ。不思議な町に来て間もないのに油屋の中に住み、仕事があり、仲間たちがいる。両親と一緒に現実世界に帰りたいという苦悩を抱えていても喜怒哀楽の日々がある。以前から不思議な町の橋のたもとに佇んでいるのに、油屋の中にさえ入れない孤独なカオナシにとり、「千」は優等生に見えたはず。

ジョバンニが優等生のカムパネルラを羨んだように、カオナシは「千」を羨んだ。船で死んだ女の子と仲良く話すカムパネルラにジョバンニが子どもらしい嫉妬を抱いたように、カオナシはハクを案じる「千」を独占欲から食べてしまおうとした。その心と記憶を、文字通り独占しようとしたのだ。

油屋での騒動は、カオナシにとって夢物語のようなものだったに違いない。騒動の中心には自分がいた。自分の孤独な境遇に対する反動と、飲み込んだ青ガエルや兄役ガエルたちの欲望が混ざり合って、巨大化したカオナシは力ずくで千尋を求めた。元に戻ったカオナシが罪悪感など覚えないのも当然だった。

そして結果としてカオナシの夢がかなった。「千」とともに電車に乗ることができ、その傍らにいることができた。

銀河鉄道に乗って夢がかなったのはジョバンニも同じだった。そしてサウザンクロスの駅を過ぎて天の川に開いた真っ黒い穴の傍らを過ぎる時、カムパネルラとの友情を繰り返し確認しようとした直後にカムパネルラの姿は消えてしまった。ジョバンニは涙に濡れて目を覚ます。

勝手な解釈が許されるなら、ジョバンニを銀河鉄道に誘ったのはカムパネルラなのではないかと私は思う。死の世界に赴こうとするカムパネルラの思い、すなわち魔法がジョバンニを取り込んだ。動機は、死出の旅の道連れがほしかっただけなのか、あるいはジョバンニをいじめた子たちと一緒にいながら止めもしなかったことへの自責の念によるものだったのかもしれない。

カムパネルラは列車の中でジョバンニと会っても動揺せず、優しい言葉もかけはしない。川でおぼれた友人のザネリのことを語り、死の世界で待つ母の許しと「本当の幸い」は何かを自らに問いかける。ある時はジョバンニの過激な行動を規則に則って制する。その結果、カムパネルラとの友情を望んでいたジョバンニの夢は一応かなった。そしてカムパネルラが母に会うことができた時、ジョバンニにかけられた魔法は解けた。

▼依存対象の乗り換え

電車で水面をいく「千」たちの周りに広がる景色は影絵のように美しく、幻想的だ。夕闇の踏切に佇む親子らしき影。彼方に浮かぶ祭りの風景。夜の闇。それらから何となく感じられる懐かしさは、無条件に見るものの心をとらえる。

ピンクネズミとハエドリもその景色に見入られているが、「千」とカオナシは関心を示さない。「千」の心は「沼の底」とそこで待つ銭婆との出会いへ、満たされているカオナシの心は自らの内側へと向かっていた。これはそのまま、死の世界にいる母を思うカムパネルラと、カムパネルラの友情を求めるジョバンニの心に対比させることができる。

銀河鉄道は遥か宇宙の虚空を飛翔するイメージで捉えられがちだが、原作にあるのは星々の光溢れるきらびやかな地上を行く幻想風景だ。銀河鉄道は天の川のある地表の軌道を南に向かってどこまでも走る。駅があり、橋があり、次々に死者たちが乗り込んできては降りていく。

＊

これと同じ光景が水面を行く列車の中でも繰り広げられていった。

やがて電車は「沼の底」駅に到着し、一行は銭婆の家に迎えられた。ピンクネズミとハエドリはすでに魔法が解けているにもかかわらず、元の姿に戻ろうとはしない。呑気に旅を楽しんでいるからだ。変身を解くことは旅の終わりにつながる。

カオナシにとっても、旅の終わりは「本当の幸せ」の終わりになる。「千」が千尋に戻って元の世界に帰るということは、不思議な町の住人だったカオナシにとって「千」が死んでしまうのと同じことだからだ。「千」と銭婆の出会いは、カムパネルラと死の世界にいる母との再会に等しい。カオナシはこの出会いを阻止できないし、銭婆との出会いの意味も解さない。

やがて銭婆はカオナシに仕事を与え、住む場所を与えることになる。そしてカオナシは自分を必要としてくれる場所を見つけることができた。穿った見方をすれば、孤独を癒してくれる依存先を「千」の心から銭婆の家に乗り換えた。「千」はもちろん銭婆やカオナシにとって幸いなことは確かだ。同時に、知らぬ間に「千」がカオナシにかけてしまった心の魔法を、銭婆が解いてくれたことになる。魔女の契約印を返しにきた「千」の勇気に報いる代償は、お守りの髪飾りだけではなかった。

*

そして『銀河鉄道の夜』のラストシーン。

泣き濡れて目を覚ましたジョバンニは、川に落ちたザネリを助けようとしてカムパネルラが行方不明になってしまったことを聞いて愕然とした。ザネリが助かったことは銀河鉄道の中で聞いて知っていた。水没してから長い時間が過ぎ、カムパネルラの父親は時計を見て息子の死を覚悟する。ジョバンニはカムパネルラの父親に彼を銀河鉄道で見たことを告げようとするが、どう切り出せばいいのかわからなかった。するとカムパネルラの父親は、ジョバンニの父親がもうすぐ町に戻ってくることを彼に教えた。

ジョバンニは友達の死を憂いながらも、父の帰還を早く母親に知らせようと家路を急いだ。この時のジョバンニは友達の死よりも自分たちの父の帰還を優先する。そしてジョバンニの依存心が向く先は、友達から父親へと還って行く。

カオナシと同様の依存対象の乗り換えがここでも起きていた。

7 神話と民話の遺伝子〝活用〟講座

『遠野物語』から現代日本の妖怪ファンタジーまで

ここでは古くから語られてきた民話や神話と現代の日本の関係について考えてみたい。

民族の意識の奥に潜む精神を探ろうとする時、神話と民話はよく似ていることに気づく。どちらも物語を通して自然の中で生きていくための知恵を教え、社会の戒律を知らしめる。そして破れば恐ろしい報いを受ける掟の基本精神になる。

古来、日本は民族意識よりも周辺地域への帰属意識を重視する村社会。村の数だけ民話があるといってても過言ではない。ひとつの出来事も、村の都合に合わせて解釈され、異なる物語に生まれ変わっていった。

毎年、日本国内で量産され、海外にまで向けて発信されている膨大な数のアニメやＴＶゲームソフト、それに伴うキャラクター商品。それらの物語やサブカルチャーグッズは、二一世紀に創造された新しい〝民話と民具〟であるのかもしれない。

▼『遠野物語』の「オシラサマ」

岩手県の遠野周辺（旧遠野郷）に伝わる数百にも及ぶ伝説を紹介した民俗学者・**柳田国男**の『**遠野物語**』の一編に「オシラサマ」の話がある。

オシラサマの「オシラ」とは、蚕のこと。東北地方に広く信仰される養蚕の神様で、家の守り神にもなる。一軒の家に複数のオシラサマ人形がおかれている場合がよくあり、オシラサマと並んで飾られることの多いオクナイサマの「オクナイ」は、おそらく屋内育によるもの。ちなみに屋内育とは、蚕を屋内で飼うことである。

同じ東北でも土地によっては、オシラサマは目の神様だったり子どもの神様だったり、または狩猟の神様にされている。肉食を忌み嫌って、時には暴れ出すオシラサマもいるという。キャラクターについての意見は多数。ひとりの神様というよりは、オシラサマ一族と考えたほうがいいのではないかと思うほどだ。

遠野では古くから一月十六日にオシラ神祭りが催されてきた。「オシラ」遊びともいわれ、オシラサマを迎えて賑やかに一年の始まりを祝う。そして祭りの最後には「オシラ」を「オシラセ＝お知らせ」とダジャレにして、その年の吉凶の神託伺いが行なわれるという。

桑の木で作った馬頭のもの、烏帽子姿のもの、紙細工のものなど、さまざまな姿のものが伝えられているが、どれもシンプルにデフォルメされている。最もポピュラーなものは丸頭か烏帽子頭の紙人形だ。姿形からキャラクターまでいろいろなオシラサマがいるようだが、不思議に人気のある神様なのは間違いない。

▼オシラサマ伝説のバリエーション

オシラサマ誕生には悲劇的な伝説がある。

昔、貧しい百姓屋に父と美しい娘の親子が住んでいた。ある時、二人は一頭の馬を飼いはじめたが、やがて娘は馬に恋をして夫婦の契りを結んでしまった。この様子を覗き見てしまった父親は、明くる日に馬を桑の木に吊り下げて殺してしまう。その夜、馬の死を知った娘は桑の木に走り、死んだ馬の首にすがりついて泣いた。激怒した父親はこの馬の首を斧で切り落とすと、首は娘を連れたまま昇天していった。娘は二度と戻ることはなく、馬の首と娘はひとつになってオシラサマになったという。

『遠野物語』に記されているのはここまでだが、後に追加された『**遠野物語拾遺**』では、貧しい父娘が長者の親子に、桑の木が松の木になっている別のストーリーバージョンも紹介されている。そちらの伝説では殺した馬の皮を松にかけておいたら、皮が娘をくるんで昇天してしまったことになっている。

また別のバージョンでは、馬の死を嘆いた娘はその皮で小舟を作って海に出たというものもある。娘は屍となって海岸に打ち上げられ、その腐肉から蚕が生まれた……。さらに貧しい家の孝行娘の場合では、娘は馬を父に殺された悲しみに家を出る決意をするが、自分が家を去っても父親が困らないように、庭の臼の中に蚕を残していく、という話も紹介されていた。

どのケースでも基本的な部分に差異はない。父と娘と馬の間に起きた悲惨な出来事を物語っている。孤独な娘が愛した馬を父親が殺し、悲観した娘はその後を追って死んだ。実際に起きた出来事はこのようなものだと思う。そんな悲劇から伝説が生まれた。

冬の厳しい東北地方では「曲り屋」といって、間取りをL字形にする農家が多かった。家畜と同居するためのものだ。オシラサマ伝説の百姓屋がそうだったとは言い伝えられていないが、貴重な労働力の家畜を家族と同様に大切にする土地柄だったことは確かだ。

オシラサマ伝説は一歩間違えれば動物と人間の愛というグロテスクな物語に聞こえてしまうが、それは歪んだ深層心理を取り上げたがる現代の視点からのもの。獣に心を魅かれてしまった孤独で貧しくも美しい娘の悲劇として、土地の者たちは同情したのだろう。哀れな娘への同情であり、罪のない馬への同情だった。殺された馬と死んだ娘の魂を怨霊とせずに守り神にしたのは、恐らくそうした心づかいだろう。

オシラサマ伝説のさまざまなバリエーションへの展開は、日本民話の典型的な姿を鮮明に示してくれている。物語の大筋は変わらないが、細部の変更は村々どころか各家の都合で勝手におこなう。オシラサマのキャラクターさえつくり変えてしまう。

遠野から遠く離れた海岸地方で養蚕が盛んな土地では伝説を修正して、娘の亡骸がその土地の海岸に流れ着いたことにするために馬の皮の小舟で旅立ったようにアレンジする。そして御神体を築いてオシラサマを招く。また養蚕など縁遠い土地では、馬を吊した木を桑から松に変えて、針葉樹である北の山の緑に縁を繋ぐ。そして荒ぶる狩猟の神ができ上がる、というわけだ。

こうして人気のある神様は人間の都合で姿形を変えていく。時には妖怪や怨霊にしてしまったりもする。このパターンスケールを村から地域に、さらに地方から国へと拡大して当てはめて考えてみると、神話に潜む別の姿が見えてくる。

▼民話のなかの神々や妖怪

土地の八〇%を山岳地帯が占める日本の地理的事情もあって、古代では〝日本〟民族という意識が稀薄だった。距離的には近くても、四季の変化などによる環境上の地域格差も激しい。人の気質や貧富にも違いが出てくる。似た言葉を話していても、山や川ひとつ隔てれば違う〝国〟になっていた。当然のこととして、その地を治めている一族の持つ神話も変わる。その結果、狭くて縦長の日本列島には八百万の神々と八百万の神話が誕生した。

『**古事記**』と『**日本書紀**』は、八百万の神々によって綴られる八百万の神話を駆逐して政治的な統一を果たした大和朝廷の手で世に送り出された。しかしどうやら庶民感情は、政治的な圧力で押しつけられた神話を鵜呑にするほど素直ではなかったようだ。

八百万の神々と妖怪たちは、さまざまな妖気漂う物語として時代の流れのなかで立ち現われてくる。『**かぐや姫**』が収録された『**竹取物語**』や『**今昔物語**』をはじめ、歴史的考証の材料にも使われる『**平家物語**』や『**吾妻鏡**』、江戸時代の『**雨月物語**』や明治時代に**小泉八雲**（**ラフカディオ・ハーン**）が編集した『**怪談**』などの暗く怪しげな物語の中には、駆逐された神々の呪詛があり、民族感情の暗い側面に根ざした神話の亜種として位置づけることができる。いわば、神話から生まれた民話の遺伝子だ。

日本の場合、この神話的物語やオシラサマ伝説のような民話のほうが、『古事記』などよりも遥かに民族意識の姿を如実にあらわしているのではないかと私は思う。

庶民の思考は柔軟でしたたかだ。そして何よりも、薄幸の中で死んでいかねばならなかった名もない霊魂たちに対してとても優しい。

民話に登場する神々や妖怪は、時代や土地と共にその姿を変える。または、新しく生まれ変わる。時代の移り変わりに応じて名を変え、キャラクターを変え、新しい物語を紡ぎ出す。

▼現代の九十九(つくも)神

古い町並みには古い民具がよく似合う。田舎の景色には欠かせないアイテムだ。道具は百年を越えて使われることはあまりない。大抵は壊れてしまう。木は腐るし鉄は錆びる。物を大切にしてきた昔の人も、九十九年目で道具を捨てたという。

百年以上にわたって人の手に使われてきた道具は〝付喪（つくも）神〟になるといわれているか

らだ。それゆえに付喪神の「つくも」の意味は、もとは九十九（つくも）という数に由来する。

釜、蓑、琵琶や傘などのさまざまな姿の付喪神の姿が妖怪絵図に描かれている。どれもぶんぶく茶釜のような狐狸の類が化けたのではなく、それ自体が意思をもった妖怪だ。別に酷い悪さをする妖怪ではないが、だからといって古道具と友情を分かち合おうとは誰も思わないし、突然話しかけられたりしたらあまり気持ちのいいものではない。

命などない物が命をもつ。人の思いが物に移って仮の魂となる考え方なのか、ごく自然に道具の中に命が生まれるとする考え方なのか、あるいは姿形を持たぬ妖怪たちがその中に宿るのか、起源の説はいろいろ。またそのすべてが正解なのかもしれない。

人形もそうした道具のひとつ。長く人に接することで命をもったという人形の伝説は各地に残っている。今も髪の毛が伸び続けているという〝お菊人形〟の伝説は有名だ。また平安時代に傀儡師たちが捨てた使い古しの人形が川の妖怪になったという説もある。こちらは河童の起源説のひとつとして知られている。

人形に祈りを託して報われぬ死者たちの魂を鎮めようとしたケースもある。コケシがそうだ。コケシは〝子消し〟を語源とする。東北の貧しい寒村では望まない子どもが生まれると間引いてしまった。殺さねばならなかった赤子の霊を鎮魂するためにコケシ人形が作られた。

翻って現代。消費文化の現代では百年も使える道具はそうざらには登場しない。飽きっぽい子どもの玩具なら余計そうだ。お雛様や五月人形は末永く使われるが、日の目を見るのは一年のうちの数日程度。機械モノになるとせいぜい十年。パソコンや携帯電話に至っては一年で骨董品扱いになってしまう。流行り廃りによる消費サイクルの激しい現代では百年がかりで育つ付喪神はもはや生まれそうもない。

それでも、新しい付喪神の亜種は登場しているようだ。

現代人が示す人形への執着は古代人にも引けは取らない。各種キャラクターブームに端を発するフィギュアへのマニアたちの情熱は、移り気な子どもたちではとても及びもつかないものがある。またその子どもたちにしてみても、さまざまなブームの渦中にあるヒットキャラクターへの思い入れは大人たちの理解を遥かに超える。

特に八〇年代以降、気まぐれのように起きるヒットキャラクターのブレイク状況は予想も分析も困難なものになっていった。新世紀を迎えてさらに急成長を遂げたキャラクター商品市場は推定一兆円を超えて不振に喘ぐTVゲーム業界を追い抜いた。もっともゲームとキャラクターは密接な関係にもあるから、異業種と分けて考えないほうがいいのかもしれないが。

とにかく国内市場だけでも『**ポケットモンスター**』で四千億円、二〇〇一年度のメガヒットキャラクターとなった『**とっとこハム太郎**』は三千億円にもなっている。さらにこれらの商品は海外へと流れ出し、いつの間にか日本はアニメやオタク文化と並んでキャラクター商品の輸出大国になってしまった。

アニメやTVゲームなどの物語の中で活躍する無数のキャラクターたち。そしてその人形たちの中に宿る子どもたちの思い。大人たちには理解できない虚構世界の中で、キャラクター商品に託された物語が、子どもたちの心に強い光と影を落としていく。そして子どもたち一人一人の心の中でも、ひとつひとつ異なる解釈に発展した物語が紡ぎだされていく。

特定のキャラクター商品に群がる子どもたちの熱中した表情は、何かに憑かれているかのようだ。たぶんブームという呪縛にかけられて、取り憑かれているのだろう。ヒットキャラクターという新しい妖怪に。時には子どもに限らず、大人たちもまた。

▼高度成長期の妖怪

小松左京の古い短編小説に『**さとるの化物**』という作品がある。

「さとるの化物」は北陸の伝説に出てくる妖怪で、人の心を読むことができる。この妖怪とひとりで対峙して心を読まれ続けていると人は不安になり、混乱し、恐怖し、やがて心が無防備になってしまうのだそうだ。その瞬間に、「さとるの化物」は人の心に襲いかかってこれを食べてしまうという。

ある時きこりが「さとるの化物」と遭遇し、たき火を挟んで心を読まれ続けて、やがて混乱に陥った。その時、たき火の炭が突然弾けてこの妖怪を直撃した。驚いた「さとるの化物」は、人間が予想外のことをしたと誤解してあわてて逃げ出してしまう……、これがこの妖怪に纏わる伝説のあらまし。

小松左京の小説では、現代が舞台。バーで酒を飲んでいる主人公に、ある青年が「さとるの化物」の伝説を知っているかと問いかけてくる。青年はその伝説を語り、自分も人の心が読めるのだと笑う。心を読む青年に苛立ちながら主人公は話を聞いているが、やがて機が熟すと突然、主人公は青年の精神に襲いかかってこれを食べてしまう。青年はバーテンや客たちに気づかれぬまま廃人と化してしまった。実は主人公のほうが「さとるの化物」から進化した妖怪だった。少しばかり心を読める青年の過信を巧みに誘導して主人公自身の心を読ませ、慢心と酒によって無防備になったところに襲いかかったのだ。

私がこの作品を読んだのは中学生の時だったと思う。

ストーリー的な面白さもさることながら、最も驚かされたのは妖怪が人間社会に適応して進化しているとするアイデアだった。蓑や編笠をかぶっている妖怪の古めかしい姿は、彼らが人間たちと共存していた当時の人間たちの標準的な服装なのだ。

現代に妖怪を想定するなら、きっと彼らは人間と寸分違わない姿でいる。背広を着て、あるいは制服を着て、何気なく周囲を歩き回っているはず。しかしその姿の内側に、人にあらぬ闇が潜んでいる。姿形を持った妖怪が実在するなどということではない。それぞれの時代に応じて、闇に異形を与える人の心の中に住む妖怪の実在を意識して震えた。そんなことを考えて、妖怪というものの存在感をリアルに思い描いていた。

この短編小説の『さとるの化物』が最初に世に送り出されたのは昭和三十九（一九六四）年、東京オリンピックの年。第二次世界大戦の敗戦から十九年。神話を失い、古い家族制度や風習を放棄して、日本は高度経済成長の真っ只中にあった。

平野部の少ない、山国国家の宿命だったのかもしれない山河の開発によって、かつては明確な境界で区分されていた異界の光と影が、町の中にも降りてきた。西洋の先進諸国に近づくほど、戦前の隣組に見られたような下町的な近所付合いは薄まり、核家族の団地住まいが都市生活の標準モデルになっていった。

いつの間にか都市は、がむしゃらに働くための場所に切り替わっていた。故郷という言葉にある癒しの効果は、少なくとも都市からは消えた。ギブ・アンド・テイクの機能原則を重視した西洋的社会構造への転換期だった。

その結果、さまざまな軋轢が人々の肩にのしかかることになった。そして都市の拡大に反比例して人が無防備に寛ぐ場は小さくなっていった。疲れた社会人たちが都会で通う行きつけのバーやスナックは、残された癒しの砦のひとつになった。

もし高度成長期のエネルギッシュな人間社会に妖怪が適応するなら、姿形を持たぬ妖怪が人間に化けているのも頷ける。正確には、町に住む人の心の闇に住み着いているということだが。そしてスナックの片すみに座って、〝犠牲者〟になる無防備な心の持ち主が来るまで待てばいい。人の心の闇は欲望とともに都市の隅々にまで広がっており、その自らの闇に飲み込まれてしまう哀れな者たちも膨大な数に上っている。

結界の綻びとともに妖怪たちは境界を越えて都市の中に。そして、街角から家の中へ。

▼インターネット時代の妖怪

そして、インターネットに支えられた高度情報社会。いつの間にか、癒しを求めて町に出なくてもいい時代になった。少なくともオタク文化の隆盛はその象徴的現象なのだと思う。典型的なオタク少年少女たちはそうざらにはいないが、オタク的要素を纏う者たちは八〇年代以降に激増していく。その結果、貧乏なマニアたちが口コミで仲間のネットワークを広げようとしてきた従来のコミュニケーションは様変わりしていった。膨れ上がったオタクマーケットの経済原理とインターネット環境の拡充によって、家にいながら必要な情報やアイテムを容易に入手できるようになった。

情報を繋ぐネットワークは、必然的に人の心の光と影も繋いでいく。稀薄な人間関係と濃密な情報のコミュニケーション。仲間が直接集う〝溜まり場〟は影をひそめ、間接的な接触で済む電脳空間（サイバースペース）でのコミュニケーションが主流になった。

酒場から自宅へ。おのおのが依存する癒しのキーステーションは居心地のいい自室の中へと引き込まれていった。まるで「さとるの化け物」のように、心の鏡となって人の欲望を映し出すインターネットという名のデジタルの怪物。モニター越しに垣間見える膨大な情報のグロテスクな渦は、まさに人の心の姿そのものだ。煌びやかな現代社会を象徴する必要不可欠の便利なアイテムであると同時に、精神の下水管でもあったりする。

そのネットワークの上下水管を介して、新しい妖怪たちも部屋の中へと忍んでいく。そして部屋の中で情報を糧にぬくぬくと肥え太り、人の欲望が増殖するようにたきつけていく。やがて適度にサシが入って食べごろに熟れた頃、心を喰らいに「さとるの化け物」がやってくるのだろう。モニター越しにではなく、さりげなく、部屋の扉をあけて……。

▼小松左京

ところでやや余談になるが、小松左京についてひと言。

今さらいうまでもないが、二〇一一年に死去した小松は、SF界の巨星として知られている。膨大な知識と知恵を自由自在に応用して紡ぎ出されてくるアイデアの群れは、百貨店の品揃え並だ。もともと六〇年代から七〇年代にかけて活躍していた日本のSF作家たちは、その旺盛な浮気心から面白そうなフィールドに積極的に首を突っ込んでいったが、小松左京はその急先鋒。アニメの原作からシナリオ、映画製作などはいうに及ばず、文化・政治・科学をはじめさまざまな分野での各種シンポジウムなどの、呆れるほどの広範なテリトリーで活躍をみせてきた。大変失礼な言い方をお許しいただけるなら、ある意味では、小松左京という存在自体が、高度情報型の現代社会が生み出した未来型妖怪の先駆的存在そのものなのかもしれない、とさえ思う。

私は高校生の時に、『**果しなき流れの果に**』を読んでから本格的に小松SFワールドに取り憑かれ、片っ端からその作品を読み漁っていった。もっとも読解力不足から、一読では作品の真意が汲み取りきれなかったものも多く、後年読み返してみて幾度も新鮮な衝撃を味わうことができた。コレクション自慢をするわけではないが、私は『**首都消失**』が出版された頃までの全作品は手元にある。たぶん、と思う。ほとんど、文庫本だけど。

あらためて『さとるの化物』を例に挙げるまでもないが、小松左京はホラー作家としてもその力量は圧倒的だ。前述の『さとるの化物』が収録されている自選短編集『**さらば幽霊**』は怪奇作品が多いが、どれも粒ぞろい。ラインナップされている『**骨**』や『**保護鳥**』の怖さ、『**忘れられた土地**』や『**比久尼の死**』の詩情、『**ムカシむかし…**』や『**安置所の碁討ち**』のブラックユーモアなどは、どれも三十年以上前のものながら、色あせることなく輝くホラー中短編作品だ。当時ならではの表現についてはご愛敬だけど。この他にも『**くだんのはは**』『**牙の時代**』『**猫の首**』、そして異色の『**ゴルディアスの結び目**』などの中短編作品は、ホラー小説のファンはもちろん、ホラー小説を書いてみたいと思う者には必読の教科書になると思う。

▼「鬼太郎」の妖怪世界

人間社会の変貌に応じる妖怪の変心は、今に始まったことではない。

もともと姿形のない妖怪にそれを与えたのが人の感性である以上、妖怪の姿がそれぞれの時代を反映するのはむしろ当然。しかし子どもの世界では、時代性以上に魅力的でエポックメイクな作品の登場で、〝闇〟の世界のイメージを大きく変えてしまう場合がある。つまり、人気キャラクターが逆に新しい異世界を創り出す。

妖怪漫画家というよりも妖怪研究家、あるいは民俗学者の肩書きのほうがふさわしい**水木しげる**が描く妖怪世界は、その典型。「鬼太郎」という人気キャラの登場によって、水木妖怪ワールドは変わっていった。

残念ながら、水木しげるは二〇一五年に九十三歳で死去。最後まで漫画家として、あるいはフリーの民俗学者として、現役のまま筆を振るい続けた。日本のみならず世界各地の民話や伝説に登場する妖怪たちを取材しては、そのイメージから姿かたちを絵におこしてきた。

不思議な感性によるそのビジュアル化や色彩感覚は、見るものを魑魅魍魎《ちみもうりょう》の跋扈する異界へと引き込んでくれる。江戸時代の幽霊画と同様に、多くの子どもたちが水木しげるが記した妖怪絵によって異界に接するようになった。実は、私自身もその一人。そうした伝説に生きる妖怪たちのなかで、鬼太郎とその仲間たち（一部）は水木の創作したキャラクター。つまり初期の鬼太郎は、伝説の世界に誕生した架空の存在だった。

鬼太郎の誕生によって、悪戯好きで人殺しさえ楽んでいたような妖怪たちが、子どもたちの人気者になり、ついには正義の味方にまでなっていった。

また「鬼太郎」自身も、戦後間もない紙芝居と貸本時代の**『墓場鬼太郎』**から少年マガジン連載直後の**『墓場の鬼太郎』**へ、さらにＴＶアニメ化の都合で**『ゲゲゲの鬼太郎』**へと改題されていく過程で、悲惨な過去が払拭されていく。

コミックのエピソードでは、鬼太郎は幽霊族最後の末裔だった。それで空飛ぶ下駄や霊毛で編み上げた不思議な力を宿す「ちゃんちゃんこ」を先祖から受け継いで身につけている。鬼太郎の生まれる前、妖怪だった両親は貧困と病に苦しんでいた。妖怪だという理由から人間社会の仕事にもつけないために自らの血を売って生計を立てていたが、やがて父親は病死。身ごもっていた母親も出産前に死んでしまう。これを哀れんだ人間が二人の体を墓に葬った。その母親の屍から生まれ出たのが鬼太郎であり、父親の屍から腐れ落ちた目玉に手足がはえて「目玉おやじ」になるのである。

こうして生まれた鬼太郎は人間に味方をするヒーローなどではなく、異世界と人間界の狭間に生きる妖怪の一人にすぎなかった。腹をすかせて森や人間たちの町をさ迷い歩き、他人に頼られたり、簡単に騙されたりしてはいろいろな事件に巻き込まれていく。時には好奇心にかられて自分からトラブルの渦中に飛び込んだりもするけれど。

その結果、多くのエピソードは異形の妖怪たちと鬼太郎の戦いを中心に展開していくのだが、勧善懲悪の物語とは言い難い。基本的には個人主義の妖怪たちの間にも、人間同様にそれなりの社会があるらしく、鬼太郎もその掟に従っている。

鬼太郎の性格は俗っぽく、いかにも不遜な子どもそのもの。お菓子が好きな子ども妖怪なのに、タバコを吸ったり、車を運転したりもする。ただし、金には無頓着。さすがに、戦後の日本人の欲望を象徴するようなキャラクターとして登場する半妖怪ネズミ男とは、この点が大いに異なるけど。それでも恨みは必ず晴らすし、殴られたら殴り返す。

妖怪のみならず、人間に対しても手加減はしない。鬼太郎は怪奇な超能力や知恵を駆使して、相手が誰であろうと平等に嫌な奴をやっつけた。勝つためには姑息な手段も躊躇わずに使うし、助っ人だって呼んでくる。反面、なまじ不死身なために、生き埋めにされたり、食われてしまったり、怪獣に変えられたり、溶かされたりと、次から次へと悲惨な目にあわされるのだ。それでも苦悩など感じぬままに、貧しくも自由な日々を送る。何が起きても鬼太郎は、学習とか成長とは無縁の存在だった。

小学生の頃の私は、そんな『墓場の鬼太郎』がとても好きだった。妖怪たちとの戦いは結果的なもので、もともとは鬼太郎の怪奇な日常を綴る妖怪日記的な物語だった。妖怪たちの世界も人間たちの世界と本質的には大して変わりはない。これは、水木しげるの書いてきた妖怪漫画の特色であり、鬼太郎シリーズはその一翼を担っていた。

▼テレビ版の水木作品

一九六八年一月から六九年三月にかけて放映されたＴＶアニメ版『ゲゲゲの鬼太郎』の初期のバージョンでは、鬼太郎誕生のエピソードは紹介されない。『墓場の鬼太郎』に描かれた暗いエピソードをそのままアニメ化した作品も多くあったけど。

一九七一年から一年間放映された二度目のアニメ化に際しては、人間の勝手を指摘するエコロジー丸出しのものになってしまい、古くからの鬼太郎ファンを失望させた。まあ、当時は公害問題が社会的物議をかもし出していた頃だったから、仕方がなかったのかもしれない。妖怪の存在が社会事情を反映するものなら、この扱いは当然だったのかも……。

そして一九八五年十月から二年半にわたって放映された三度目のアニメ化では、鬼太郎は完全に子どもたちのヒーローキャラクターになっていた。しかも、母親は人間。母親が生きていることを知った鬼太郎は、その噂を追って旅立つ。

母親は、人間の味方ばかりする鬼太郎を恨んだ妖怪たちに連れ去られてしまっていた。つまり、鬼太郎のせいで母親は拉致された。母親を捜して旅立つ鬼太郎の姿は**『母を訪ねて三千里』**のマルコであり、かつて特撮実写でTVドラマ化された、同じく水木しげる原作の**『河童の三平』**の三平にそのまま重なってくる。

ちなみにTV版『河童の三平』は原作コミックとはまるで異なる。河童の国を守るためとはいえ「不埒にも人間のぶんざいで妖力を身につけた報い」に、母親を大妖怪「もののけ」に拉致されてしまった三平が、その母を捜して河童一族の王女とその付き人の三人で日本中を旅する物語だった。もちろん、その間にさまざまな妖怪たちと出会い、戦い、助け合い、時には涙ながらに別れていく。水木しげる作品の中で初のTV化となった実写版の**『悪魔くん』**とは明らかに一線を画していたことは、子ども心に強く残っている。

もっとも『悪魔くん』は当時の怪獣ブームの影響を受けて、原作とは一線を画す特撮怪奇アクションという新しいジャンルを打ち立てて、子どもたちに大人気を博していた。

映像化というだけで捉えれば、原作に忠実でありながらグロテスクな部分を隠蔽するためにタイトルの頭部を『墓場の〜』から『ゲゲゲの〜』に変えなければならなかった鬼太郎シリーズよりも、『悪魔くん』のほうが巧みにテレビ番組に即したものに置き換えることに成功していたのかもしれない。

▼鬼太郎の〝転職〟

六〇年代、子どもたちは「墓場の鬼太郎」という妖怪キャラクターを案内人にして人間界に隣接する不思議な世界へ入っていった。この時の鬼太郎は間違いなく妖怪世界の住人。古びた神社、祠、空き地、戦後に残った焼け跡や未開の何気ない森など、異界へと誘う闇の扉が街の周囲にまだ残っていた時代だった。

七〇年代になると、明確に区分されていた人間の町と不思議な世界は境界があやふやになっていく。妖怪の世界に迷い込んでしまった人間を助け、または人間の世界に迷い込む妖怪を助ける番人が必要になった。そのためのキャラクターとして、妖怪世界に精通する鬼太郎とその仲間たちが指名されたということ。

二度目のTVアニメ化の時期にあたるこの頃の鬼太郎は、実に気の毒。田畑を潰し、都市開発を急ぐ人間たちの横暴で住むところを奪われて消えていく妖怪たちに同情して怒りに震える姿も描かれている。境界の番人は、義理と人情の板ばさみで苦悩する中間管理職によく似ていた。もちろん、原作コミックにはないコンセプトだったが。

八〇年代に入ると、妖怪たちは都市の暗がりへと居を移してくる。街角の暗がりでひっそりとしているのではない。姿形を変えた妖怪たちは人間化していき、人間社会に巧みに溶け込んできた。

やがて九〇年代に入ってからブームになる、〝トイレの花子さん〟や〝口裂け女〟などの都市伝説への伏線はそうして創られていった。

この流れに応じて、鬼太郎も中間管理職の軛轢から解放されて、より人間化するはめになっていく。人間のガールフレンドができ、母親さえ生きていたことになる。人間にとっては護り神になり、妖怪にとっては裏切り者になっていく。こうなると逆に鬼太郎自身の苦悩は薄らぐ。人間と自分自身のために活躍すれば良い。妖怪に同情する比重は母親を奪われることによって軽くなってしまった。不幸を背負った鬼太郎は、堂々と悲劇のヒーローとして地位を獲得することができた。

冷戦の終了とともに共産圏は崩壊。そして逆に世界は複雑なものに変わってしまった。住んでいる地域の違いで敵と味方を識別することはできなくなり、民族主義や宗教的対立が表面化してきた。国境の意味が稀薄になって情報と人の行き来が自由になった代償に、戦争よりもテロや犯罪が身近な恐怖の対象になってしまった。

現代は、国家間の価値観の違い以上に個人の価値観の違いを、より深く認識しなければならない時代へと変わりつつある。国境という結界では止められない脅威が、急速に日常に浸食してきている。この価値観の違いからくるひずみの中に新しい闇が潜む。人間界と異界の境が薄れた時、妖怪たちが住んでいた闇が身近なものになってしまった状況は、こうした国際社会の変容と重ね合わせて理解することができる。

人が闇の領域を変え、闇が人のあり様を変える。河童の姿を変え、鬼太郎のキャラクターを変え、遠野の町並みを作り替え、人の心を変えていった。TVアニメによってアイドル化した鬼太郎は闇の住人ではなくなり、人間社会で生きることを選択した。光の中に出てきた、電視の闇。闇と人が親和し始めた時、闇への恐怖が薄らぐにつれて、結界の向こう側に潜むおどろおどろしいものへの畏敬の念もまた稀薄になっていった。

しかしそれでも、闇の奥にある本質は不動だ。知らずとも掟を破れば引き裂かれる現実は、今もなおこの世の中のいたるところに根づいている。

▼不滅のキャラクター

水木しげるによれば、鬼太郎は、いわば「妖精」であるという。

元来は水木しげるの創作キャラクターだったが、長年の子どもたちの強い支持と作者の思いがひとつになって、二〇世紀に生まれた新しい妖怪なのだ。

日本において妖怪と神々は、どちらも姿形を持たぬ霊のようなもの。架空のキャラクターだった鬼太郎も、誕生直前まではその仲間だった。人間界と妖怪世界の狭間で苦悶しながら、誕生から四十年の歳月をかけてようやく現在の立場に落ち着いた。

見るものの視線によって千変万化する人気妖怪のキャラクター。しかし、原作者が見据えている鬼太郎の姿は、その誕生以来寸分変わらぬものなのかもしれない。

鬼太郎出生の背景には水木しげるの心の闇がある。世界各地の妖怪伝説を探り、比較し、洞察する時には、基準になる原点を自らの心の奥にある闇の中に求めざるをえない。鬼太郎は、そのために具象化された原点。敗戦とともに兵役から帰ってきた水木しげるは、戦後の日本の姿を映し出す鏡として鬼太郎という妖怪を創作した。悲惨な混乱期に赤貧の中で死んでいった鬼太郎の両親は、敗戦によって失われた戦前の日本を象徴する庶民の心の影だ。

そして鬼太郎が出会う人間や妖怪たちもまた、戦前と終戦直後を体現するキャラクターたち。欲望剝き出しの「ねずみ男」は終戦直後の日本を象徴する存在だし、鬼太郎の将来を案じて完全に死に切れなかった父親が「目玉おやじ」として復活した経緯の背景も、ＧＨＱの強権でさえ払拭できなかった民俗的郷愁によるものだったのかもしれない。

戦争の悲惨さを後世に伝えるために綴られる物語は数多くある。『ゲゲゲの鬼太郎』はそれらの作品とは異なるが、移り変わりゆく戦後日本における庶民の心の影を色濃く残している。戦前のままの、姿形の妖怪たちの有様を通して。そうした妖怪というキャラクターたちを介してひとつの時代の姿を未来に示す、民話的な物語だった。そしてＴＶアニメシリーズは逆に、各シリーズごとにそれぞれの時代を反映していく。

いずれにせよ、いつの世になっても、子どもたちにとっては不気味な姿の妖怪たちは不動の人気を保ち得るキャラクター。空想の世界には欠かせない。だってもともと姿形がないわけだから、これ以上想像力を刺激してくれる存在はない。

ところで九〇年代中ごろからの『ゲゲゲの鬼太郎』の四度目のＴＶアニメ化では、原点に返ってホラー色を濃くしていた。二一世紀になってからの五度目のＴＶアニメ化ではさらに濃くなって、脇役の〝ねこ娘〟は萌え系キャラに変身した。二〇〇八年には深夜アニメに『墓場鬼太郎』が登場。不気味なキャラクターとレトロで怪しげな雰囲気は、昔の水木作品のコンセプトによる忠実な映像化を期待させてくれた。でもやはり、それは無理だったようだ。アダルトな〝ねこ娘〟への思慕の情と悲劇に号泣する鬼太郎の姿は、残念だけど、痛々しくて、らしくない姿になってしまっていた（誤解のないように付け加えるけど、作品の出来に文句を言っているわけではない）。

二〇一三年からゲームキャラとして登場した『**妖怪ウォッチ**』は、翌年のアニメ化によって大ブレイク。〝ポケモン〟に迫る人気を獲得した。鬼太郎たちとは反対に今風の姿をした、怖さとは程遠い友達妖怪のキャラクターたちだ。それが、二〇一七年十二月に公開された四作目の劇場版作品『**妖怪ウオッチ　シャドウサイド　鬼王の復活**』では、伝説の妖怪〝鬼太郎〟たちとのコラボ作品になって人気を呼んだ。そして二〇一八年四月から、『ゲゲゲの鬼太郎』の六度目のＴＶアニメ化が始まるという。偉大な妖怪〝水木しげる〟亡き後も、新しい時代を取り込んで〝鬼太郎〟たちはこれからも生き続ける。

▼手塚治虫の挑戦状〜『どろろ』の意味するもの

一九六七年ごろ、鬼太郎による妖怪ブームの流れを受けて、漫画界の大御所的存在だった**手塚治虫**は自分も妖怪漫画を書くと宣言した。それが『**どろろ**』。

物語の舞台は、戦国時代の日本。それも、きらびやかな東映時代劇の設定とは程遠い、血で血を洗う〝生き地獄〟を背景にしている。貧困と疫病が蔓延し、飢えをしのぐためには盗みに殺人、時には食人さえ躊躇《ためら》わぬ者たちが跳梁する暗黒の時代だった。

土地の豪族だった醍醐影光は、天下を取るための力を魔物たちから借りる代償に、出産前の我が子の体を差し出した。四十八の魔物はその子から四十八の器官を奪い取る。やがて生まれてきた子には、手足も目鼻もなかった。赤子は誕生してすぐにたらいに乗せられ、川に流された(このあたりは日本書紀にある蛭子伝説に被ってくる)。川下でたらいを拾い上げた人形師は、その子にからくり人形のパーツと、「百鬼丸」という名を与えて育てた。

半人半機の肉体を持つこの百鬼丸こそが、この物語の主人公になる。

やがて逞しく育った百鬼丸は、己自身の失われた体を求めて、妖怪退治のための旅に出る。ひとつ妖怪を倒すたびに、体の一部がひとつずつ戻ってくる。完全な人間に戻るためには、百鬼丸は四十八の魔物を倒さなければならなかった。

ある意味では、百鬼丸は妖怪以上の怪奇な存在だ。肉体は戦闘用サイボーグのように作られている。視覚、聴覚、嗅覚のない代わりに、心眼でものを捉える。そして妖怪を倒して少しずつ体が人間に戻っていく百鬼丸は、その心もまた人間らしくなっていく。

タイトルにある「どろろ」とは、百鬼丸と一緒に旅をする泥棒の孤児の名。遭遇するさまざまな悲劇の多くは、「どろろ」の視線を通して語られる。このあたりの設定の妙は、手塚漫画ならではのもの。戦乱の中を生きるために荒んだ暮らしを続けてきた孤独な「どろろ」にとって、百鬼丸の人間性への目覚めはそのまま自身に置き換えることができた。

やがて百鬼丸は実の弟を殺し、父親からの憎悪を一身に受けながら最後の対決へと赴いていく。妖怪たちよりも忌わしい人間の宿業に終止符を打つために。すべての戦いが終わった時に明かされる「どろろ」の体の秘密、そして別れ。

＊

広範なジャンルで精力的に漫画を執筆してきた手塚治虫の作品には、共通して人間性への深い洞察が秘められている。ＳＦ、ファンタジー、歴史モノから医療漫画などでも心の深淵を探ることこそがメインテーマになっている。

手塚的な妖怪漫画といわれる『どろろ』とて、例外ではない。鬼太郎を意識して描かれた作品でありながら、連載を重ねるごとに妖怪たちの話からは遊離して重厚な人間ドラマになっていった。

鬼太郎に代表される水木ワールドは妖怪たちの世界。住人たちは妖怪で、妖怪世界の掟の中で暮らしている。妖怪が主役で人間は脇役だ。一方の手塚ワールドにおいては常に主役は人間だった。妖怪は脇役どころか、人の心の欲望を写し出す意志を持った鏡のような存在になってしまっている。だから『どろろ』は、妖怪漫画ではない。不朽の名作『火の鳥』シリーズでも、火の鳥は脇役だ。永遠の命を持つ火の鳥をめぐる人間模様こそがドラマの中心になる。

妖怪は人の心が生み出したもの。あるいは、人の心が姿形を与えたもの。すなわち、彼らは心の外側に存在する。しかし人の心が創り出したいろいろなものが逆に、人間社会に影響を及ぼす。怖い映画を見て夜ひとりでトイレにいけなくなる子どもの心などもそのひとつ。手違いで殺してしまったペットたちへの懺悔。自分を恨んで死んでいったかもしれないものへの、良心の呵責。嫉妬。憎悪。呪阻。誰の心にも潜んでいるそんな精神の闇にふと目を向ける時、じっと見つめ返してくる黄金色の冷たい瞳に気づくことがある。

その凝視の奥に思い当たるものを見つけた時、妖怪は実在化する。時間と空間を越えて、怯える心の扉の中なら姿を現わす。その結果、単なる虚構だったはずの物語自体もまた、伝説や民話へと変わっていくのだろう。

著者紹介

中村一朗（なかむら・いちろう）

1957年11月6日出生。私立城北高校、武蔵工業大学（現・東京都市大学）工学部建築学科卒業。88年より仲村建設（株）一級建築士事務所・管理建築士に就任。ほぼ同じ頃からTVゲーム企画・シナリオライターとして「弁慶外伝」シリーズや「アウトライブ b.e.y.」等の開発に携わる。94年より非常勤講師として東京テクニカルカレッジでゲーム企画・シナリオの講座を担当。国内ラリー歴32年。創作小説サイト"ノラオニ"主宰。すべて継続のまま現在に至った道楽者。主な著書は『DIY感覚でわが家をつくる』（彩流社）、『幕末明治の「戦争」全部解説します』（彩流社・共著）、『クリエイターのためのゲーム「ハード」戦国史』（言視舎・共著）など。

装丁………山田英春
DTP組版………勝澤節子
編集協力………出川錬

※本書は2004年12月彩流社から刊行したものを再編集したものです。

【改訂新版】
ファンタジーのつくり方
クリエイターのためのファンタジーの系統図

発行日❖2018年4月30日　初版第1刷

著者
中村一朗

発行者
杉山尚次

発行所
株式会社言視舎
東京都千代田区富士見2-2-2 〒102-0071
電話 03-3234-5997　FAX 03-3234-5957
http://www.s-pn.jp/

印刷・製本
㈱厚徳社

ISBN978-4-86565-121-8 C0095